国家社会科学基金项目（批准号10XSH013）

# 当代流行语的
# 社会价值研究

宋子然　王勇　李金来　著

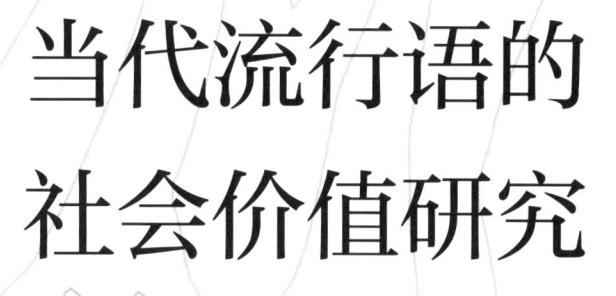

中国社会科学出版社

## 图书在版编目(CIP)数据

当代流行语的社会价值研究/宋子然等著.—北京:中国社会科学出版社,2021.9
ISBN 978-7-5203-8669-2

Ⅰ.①当… Ⅱ.①宋… Ⅲ.①现代汉语—社会习惯语—价值—研究 Ⅳ.①H136.4

中国版本图书馆 CIP 数据核字(2021)第 124537 号

| | |
|---|---|
| 出 版 人 | 赵剑英 |
| 责任编辑 | 郭晓鸿 |
| 特约编辑 | 杜若佳 |
| 责任校对 | 师敏革 |
| 责任印制 | 戴 宽 |

| | |
|---|---|
| 出　　版 | 中国社会科学出版社 |
| 社　　址 | 北京鼓楼西大街甲 158 号 |
| 邮　　编 | 100720 |
| 网　　址 | http://www.csspw.cn |
| 发 行 部 | 010-84083685 |
| 门 市 部 | 010-84029450 |
| 经　　销 | 新华书店及其他书店 |
| 印　　刷 | 北京明恒达印务有限公司 |
| 装　　订 | 廊坊市广阳区广增装订厂 |
| 版　　次 | 2021 年 9 月第 1 版 |
| 印　　次 | 2021 年 9 月第 1 次印刷 |
| 开　　本 | 710×1000　1/16 |
| 印　　张 | 16 |
| 插　　页 | 2 |
| 字　　数 | 201 千字 |
| 定　　价 | 88.00 元 |

凡购买中国社会科学出版社图书,如有质量问题请与本社营销中心联系调换
电话:010-84083683
**版权所有　侵权必究**

# 目 录

**第一章 绪论** ……………………………………………（1）

  第一节 当代流行语的物质考察 ……………………（1）

    一 当代流行语的概念梳理 ……………………（1）

    二 当代流行语的外延界定 ……………………（5）

    三 当代流行语的来源 …………………………（8）

    四 当代流行语的特点及分类 …………………（11）

  第二节 当代流行语的社会属性 ……………………（15）

    一 流行语与社会生活的关系 …………………（15）

    二 当代流行语的社会特性 ……………………（18）

    三 影响流行语的社会因素 ……………………（24）

  第三节 当代流行语的研究现状及本书的研究内容 ……（40）

    一 当代流行语的研究现状 ……………………（40）

    二 本书的研究内容 ……………………………（50）

**第二章 流行语流行的原因** …………………………（53）

  第一节 心理因素 ……………………………………（54）

    一 求新心理 ……………………………………（56）

二　认同心理 …………………………………………（60）
　　三　自尊心理 …………………………………………（65）
　　四　宣泄心理 …………………………………………（67）
　　五　成见心理 …………………………………………（70）
　　六　逆反心理 …………………………………………（73）
　第二节　语言因素 …………………………………………（76）
　　一　流行语文字的创新性 ……………………………（77）
　　二　流行语语音的创新性 ……………………………（78）
　　三　流行语意蕴的创新性 ……………………………（80）
　　四　流行语语法的创新性 ……………………………（85）
　　五　流行语解读的曲折性 ……………………………（88）
　第三节　社会因素 …………………………………………（94）
　　一　政治环境宽松 ……………………………………（95）
　　二　市场经济繁荣 ……………………………………（96）
　　三　社会文化多元 ……………………………………（99）
　第四节　传媒因素 …………………………………………（100）
　　一　传媒推动流行语的产生 …………………………（101）
　　二　传媒推动流行语的流行 …………………………（107）

# 第三章　当代流行语研究的新视角 ………………………（113）
　第一节　当代流行语的生态批评研究 ……………………（113）
　　一　生态批评与当代流行语研究 ……………………（113）
　　二　当代流行语的产生与流行机制的生态批评 ……（118）
　　三　当代流行语内容的生态批评 ……………………（121）
　　四　当代流行语传播过程的生态批评 ………………（125）
　　五　当代流行语的生态批评实践 ……………………（130）

### 第二节　当代流行语的符号学研究 ………………………（134）
  一　符号学理论与当代流行语研究 ………………………（134）
  二　当代流行语成为符号的动因 …………………………（136）
  三　当代流行语成为符号的途径 …………………………（140）

### 第三节　当代流行语的奇观研究 …………………………（143）
  一　奇观理论与当代流行语研究 …………………………（143）
  二　当代流行语成为奇观的要素和方式 …………………（146）
  三　当代流行语作为奇观的社会意义 ……………………（149）
  四　当代流行语奇观的案例研究 …………………………（152）

## 第四章　流行语的社会价值 …………………………………（156）
### 第一节　"兴":流行语的感发价值 …………………………（157）
  一　激发积极情绪 …………………………………………（158）
  二　约束化育社会 …………………………………………（161）

### 第二节　"观":流行语的反映价值 …………………………（163）
  一　后现代元素崭露头角 …………………………………（166）
  二　反向社会情绪日益突出 ………………………………（172）
  三　社会生态日趋多元 ……………………………………（181）

### 第三节　"群":流行语的和谐价值 …………………………（189）
  一　增加认同 ………………………………………………（190）
  二　缓和矛盾 ………………………………………………（194）

### 第四节　"怨":流行语的讽谏价值 …………………………（197）
  一　缓释怨气,消减社会不安因素 ………………………（198）
  二　讽刺弊端,促进社会公平正义 ………………………（202）

## 第五章　流行语的规范问题·················(209)

### 第一节　当前流行语不规范现象·················(213)
　　一　不规范流行语的使用现状·················(213)
　　二　不规范流行语的不良影响·················(216)

### 第二节　政府在流行语规范工作中的责任·················(218)
　　一　政府规范流行语收效不佳的原因·················(219)
　　二　政府规范流行语的宏观策略·················(225)
　　三　政府规范流行语的微观策略·················(229)

### 第三节　大众媒体在流行语规范工作中的责任··········(235)
　　一　建设高素质的新闻队伍·················(235)
　　二　自觉使用规范文明用语·················(236)
　　三　积极主动引领公众舆论·················(238)

### 第四节　个体在流行语规范工作中的责任·················(238)
　　一　提高自我媒介素养·················(239)
　　二　增强"语言羞耻心"·················(239)

## 参考文献·················(242)
## 后记·················(250)

# 第一章 绪论

## 第一节 当代流行语的物质考察

### 一 当代流行语的概念梳理

《周易》有言曰"鼓天下之动者存乎辞",表明言辞对国家社稷、民生民情和经济文化具有重要价值。岁月流转,在21世纪的今天,这个道理依然具有现实意义。随着经济社会及科学技术的发展,以及全球化时代的到来,以语言为信息载体和沟通方式的人与人之间的社会交往已然呈现出多元并存、异质对话与汇通融合的态势。作为社会政治、经济、文化和艺术复杂而生动的变异与化合的流行语,对于我们品味语言、认识社会、发现自我、体悟人生、探析艺术有着重要作用。

本书以当代流行语为研究中心,重点考察其社会价值,首要的问题就是对研究对象作出全面的、客观的、科学的、准确的认识。我们在面对自身所处的世界时,通常会有三个问题,即"是什么""为什么""怎么办"。而回答"是什么"的问题便是我们解决问题的关键。流行语是什么？这是一个简单却又复杂的问题。简单是因为我们许多人熟悉或者正在使用着流行语，复杂是因为流行语作为一个具有时代性的社会文化生活和语言交往的产物，已经因为它被人们习惯性地接受和使用而成为社会交往活动不可或缺的一部分，以至于我们几乎忘记去追问它"是什么"这样看似无关紧要的问题。对语言使用实践便利性的追求，以及表达自我个性的愿望，都促使人们在不知不觉中挣脱有关意义和价值问题的追问，这是后现代人类社会较为流行的逻辑法则。而作为科学研究，我们还是得回到社会生活这个基本层面上来，回到日常生活现象本身。我们的研究是在既有的相关研究成果的基础上展开的，因此，回顾和梳理已有的关于流行语的定义，对较为全面和深刻地认识我们的研究对象以及本课题研究主题的逻辑展开，是较为必要的研究步骤。

当前学界对流行语的界定呈现出以下几个特点：一是强调流行语产生和流行的时代性，认为流行语是在一定社会发展阶段流行的语言，它作为一个历史范畴，在一定的时段和区域内，由一定数量的人们普遍使用的词语、短语、句子等组成。① 二是侧重关注流行语的使用群体，认为流行语指的是在某些人中间，主要是在青少年中间，在某个时期广泛流行，但在一段时间之后又会被新的流行词语替代而悄然消失的词语。② 三是关注流行语的动态特性，认为"流行"是一种动态现象，"流行"的时间和范围常常不好把握。流行语具有显著的时代特征，流行语的研究必然要与社会变革和文化潮流结合起来，如果做不好便会失之浅显或

---

① 祁伟：《试论社会流行语和网络语言》，《语言与翻译》2002年第3期。
② 胡明扬、张莹：《70—80年代北京青少年流行语》，《语文建设》1990年第1期。

流于庸俗。① 四是关注流行语的反映功能，认为流行是指某一事物或现象在某个时间节点上产生，并在很短的时段内广泛传播或蔓延，而流行语则是该类事物或现象的反映，有的是现成词语被赋予新义，有的则从外语中音译或意译，有的又属于新造，有的是通过缩略短语而成。②

这些研究者对流行语的界定各有侧重，但都还不够严谨和完善，并不能科学地、全方位地反映流行语这一社会语言现象的特征。流行语界定的众说纷纭的状况生动而真实地表明：第一，流行语尽管不是一个崭新的社会现象，但却是一个全新的研究课题；第二，对于这一课题的研究尚且处于初级阶段，其表现就是大家试图依照传统的研究方法，注重对其作出概念判断，故而定义很多且各有特色；第三，对流行语的研究存在误区，即我们试图对一个动态的、丰富的社会现象和语言新变作出静态的、一劳永逸的定义。事实上，流行语究竟是什么，允许"仁者见仁、智者见智"，这种概念的辨析与定义，正是我们全方位、多侧面、广视角认知流行语和探索流行语社会价值的必经之路。正因为如此，我们分析这些研究成果，对我们的研究工作必然有所启发。大家各有特色的关于流行语定义的探讨，不约而同地包含着相似的关键要素，即时代性、适用性、流行性、反映性和更替性等特征。通过对上述关于流行语定义的分析可知：第一，流行语的界定主要从其兴起及使用的时间、流行的地域和区位以及使用者的身份和群体这三个基准要素出发，尽可能地确定流行语作为一种社会存在的维度。一般而言，不同时期、不同区域和不同的族群会接受并使用有差异的流行语，但新媒体的强势介入会使这种差异不再绝对化，即

---

① 劲松：《流行语新探》，《语文建设》1999年第3期。
② 杨建国：《流行语的语言学研究及科学认定》，《语言教学与研究》2004年第6期。

不同区域、不同族群会使用相同的流行语，而且不同时期的人们同样可以使用相同的流行语，只不过其意义却非常有可能已经发生转换或变异。第二，流行语作为研究对象，其范畴被人们无意识地扩容，不仅包括词和短语，而且还把句子和篇章也纳入流行语的研究范畴之中。这种研究对象的扩容也将必然拓宽研究的视域，并使其呈现出更加复杂而多元共生的局面。第三，对于流行语的研究已经不再局限于语言学的范畴，而是呈现出跨界研究的趋向，即已延伸到心理学和社会学领域，而且表现出专业性和领域性的研究态势，包括对当代流行语分类别进行研究，如网络流行语、校园流行语、电影流行语等。这一研究发展趋势毫无疑问地提高了流行语研究的门槛，即研究者除具有跨学科的学识背景和较为开放的研究视野之外，还需要对某一社群领域或知识领域具有扎实的学术根基和丰富的专业积累。

通过对流行语已有定义的梳理和考察，不难发现，作为一个富于生活气息、相对稳定却又极具动态流变特征，时而风起云涌，又或迅疾黯然退场的流行语，学界对其抱有极大的研究热情，并敏锐地注意到流行语所承载的社会文化信息以及支撑其得以流行的诸多因素的内在联系。我们完全可以这样认为，流行语作为社会政治、经济、文化、艺术、语言、媒介、消费、情感、心理、精神等社会现象和文化元素的时代表征，是我们认识社会现象、洞察文化导向、感知时尚心理和把握精神生态的重要窗口。正是基于这样的事实判断，本书将流行语定义为：在一定时期的某语言社区内，反映社会热点和社会心态，具有高频性、时段性、新异性等特征的新生语言单位或被赋予新意义的旧语言单位。本书将在流行语与其他话语现象的比较中，加深对它的物质性和文化性考察，从而为挖掘其社会价值提供坚实的材料支撑。

## 二 当代流行语的外延界定

（一）流行语与新词语

新词新语的产生是语言内部裂变的结果，它们顺应时代发展、适应人们交往行为的现实需要应时而生，应需而发。社会的发展必然带来新生的社会事物和文化现象，旧有的词汇此时往往显得力不从心，不能恰当地指称社会现象并妥帖地表达社会情感。这种词汇滞后的语言状况就需要新词、新语和新义出现，以满足和适应新的社会交际任务的需要。

具体而言，新词语是指一定历史时期指称新事物、新概念、新现象而产生的新词语或产生新义的原有词语。比如，随着科学技术的发展而出现了一系列的新词："传呼机""电视""卡拉OK""大哥大""电脑""手机""互联网""宽带""基因""克隆""纳米""神舟飞船""高铁""人肉搜索""3D打印""5G""数字地球""蓝牙技术""视频点播"等；随着经济的发展而产生了一批新词："淘客""网购""经济全球化""商务中心区""炒股""涨停板""跌停板""牛市""熊市""纳税人""个体户""跳楼价""清仓""甩卖""C位""直播""抖音""确认过眼神""撸起袖子加油干"等。

需要说明的是，并非所有的新词语都是流行语，如"暗召""崩世代""充电布"[①]等2012年产生的新词语，并未成为流行语。一般而言，那些与老百姓生活息息相关，或者指称重大历史

---

[①] 暗召：企业不向社会公布，而是通知经销商，暗地召回存在质量问题的产品。崩世代：经济崩溃瓦解的世代。充电布：一种由微小的碳纳米管与软塑料纤维编织，能将人体热能转换成电能的充电装备。因其成品的外观、质感与普通布料相似，故称。这三个词语均来自《2012汉语词语》。参见侯敏、邹煜主编《2012汉语词语》，商务印书馆2013年版。

事件、科技创新或社会新现象的新词新语往往更有可能成为流行语，并被人们接受、使用和传播。反过来，并非所有的流行语都是新词语。当代流行语中，有许多并不是新词语，它们产生较早且一直为人们所使用，只是由于偶然的契机被赋予全新的意义而突然被高频使用并因此成为流行语。例如，"不差钱""这个可以有""这个真没有"等因为小品《不差钱》的播出而风靡一时，成为流行语；"金蛋还是银蛋？""您准备好了吗？""你确定？""恭喜您，答对了！""洪荒之力"等也借助电视节目的播出而成为广为流传的流行语；"心太软""凉凉""燃烧我的卡路里"等因歌曲的流行而成为流行语；"我能"等因某广告词的深入人心而成为流行语。又如"正能量"是旧有的物理学名词，如今特指"积极的、健康的、催人奋进的、给人力量的事情"。有的旧形式新意义的流行语甚至被收入工具书中。例如在《现代汉语规范词典》第3版中，"土豪"增补了新的义项："今也指富有钱财而缺少文化和正确价值观的人。"2012年修订的《现代汉语词典》第6版收录了"雷人""宅""山寨""草根""粉丝""闪婚"等词，"奴""晒"等语素也增加了新义项。简而言之，新词语不一定能成为流行语，流行语也不一定要新，不管是新词语还是旧词语，成为流行语的关键在于其是否能够流行起来。

（二）流行语与高频词

高频词是指基本词汇中出现次数较多、使用较为频繁的词语，这类词语大多数与我们的日常生活密切相关，人们基本上每天都会使用，比如表示人称的"我、你、他（她）"，表示时间的"早晨、傍晚、昨天、今天、明天"，表示食品的"米饭、油条、包子、面条"等，尽管流行语的其中一个标准就是使用的频率高，但很明显这样的高频词并不是流行语。目前，基于电脑软件的流行语筛选和认定，也是以使用频率的高低作为主要标准。事实上，流行语与高频词还是存在着诸多不同：首先，流行语具有时代性，带有时代的精神印记，而高频词则不具备这一特征。其次，流行语可以是词、短语或者句子，而高频词一般只包括词和固定短语。最后，流行语往往富于个性化和感情色彩，能够表现使用者的心理和情感状态，而高频词一般不附带感情色彩。

（三）流行语与俗语、俚语和口头禅

"俗语"，《现代汉语词典》（第7版）的解释为"通俗并广泛流行的定型的语句，简练而形象化，大多数是劳动人民创造出来的，反映人民的生活经验和愿望"。是人们日常口语中约定俗成的，无意识地使用的语言，它的结构比较稳定，意义相对浅显易懂却又指向清晰。比如，"世上无难事，只怕有心人""兵来将挡，水来土掩""病从口入，祸从口出""福无双至，祸不单行""不怕贼偷，就怕贼惦记""常在河边走，哪能不湿鞋""撑死胆大的，饿死胆小的""丑媳妇早晚也得见公婆""好钢用在刀刃上""好马配好鞍""王婆卖瓜，自卖自夸""强扭的瓜不甜"等；俚语指那些用于非正式场合的、表达方式粗俗无礼的语言，一般为某些特定社会群体成员在一些特殊场合和气氛下所使用的极不规范的固定用语。例如"撒丫子"和"开瓢儿"等。口头禅是人们日常生活中无意识地、习惯性地使用的语言。比如"吃了没""你去死""笨死你哩""烦死了""气死我了"等。有些俚语、俗语和口头禅在被广大群众接受和使用之后，也有可能转变为流行语。如"郁闷""帅呆了""酷毙了""雷倒""额滴神啊""杠精""官宣"等这些最初都是口头禅，逐渐地在使用过程中被纳入流行语的范畴。

## 三 当代流行语的来源

流行语作为一种语言现象，它的产生途径和来源也是复杂多样的，主要有以下几个方面。

### （一）方言词语

当前，许多大众流行语来源于方言。流行语对方言的转换是有选择性的，特别是改革开放四十余年来，随着经济社会的迅速发展，文化产业化也在新媒体技术的支撑下获得了充分的发展，人们的思维方式和接受外界信息的观念也呈现出现代性的特征，多元文化的并存已为大家普遍认可。在这样的时代语境中，那些内涵丰富、表现力强，能够代表新事物、新观念的方言词语，相对而言比较容易成为流行语，如"给力""雄起""老铁""打卡"等。事实上，流行语中很多词语是通过对区域方言和社会方言的消化和转化而传播开来的，它们借助书面报刊、电视媒体、网络手机等媒介的传播迅猛地成为被广泛使用和传播的流行语。其中，粤语、吴语和官话中的东北官话是大众流行语的重要来源。随着改革开放和经济特区的迅速发展，以及粤语流行歌曲及影视作品的传播，一些粤语词逐渐进入人们的日常生活中，成为流行语，如"上班族""发烧友""打的""按揭""炒鱿鱼""八卦""无厘头""损友""收官"等。由于用东北方言创作的东北"二人转"，特别是一些小品在春节联欢晚会上的优秀表现，大量东北方言成为流行语，如"忽悠""砢碜""唠嗑""嘚瑟""急眼""磨叽"等。尽管如此，方言词语成为流行语还是受到一些客观要素的制约，即只有那些能被人们乐于使用并广泛流传开来的方言词，才能最终进入流行语，而那些语音拗口难读、语义艰涩难解、表达粗鄙不雅的方言，在日趋文明的当代社会生活中却很难成为流行语。

(二) 外来词语

外来词语如今也成为流行语稳定的来源之一。随着改革开放的推进和全球化的发展，中国内地与港澳台及世界各国、各地区之间的政治、经济、文化交流和友好往来日益广泛和深入。在这一过程中，汉语和外国语言（主要是英语）之间相互影响和渗透，特别是伴随着好莱坞电影、流行音乐、体育运动和西方快餐文化在中国的日渐流行，大众流行语中的外来词语的数量正呈现出不断上升的趋势。比如："酷"（cool）、"克隆"（clone）、"世界杯"（world cup）、"MVP"、"VIP"、"SPA"、"好莱坞"等。还有一些则来自港澳台地区，随着中国内地和香港、澳门及台湾之间的全方位交往越来越密切，汉语普通话中没有现成的词语来指称港、澳、台的新事物、新现象的情况越来越突出，于是人们便在普通话使用习惯的基础上对某些港、澳、台词语进行一些改动，然后直接使用。比如："股东""超市""托福""派对""减肥"等。

(三) 新造词语

经济社会的变化发展成果也会自然而然地反映到语言的词汇中来，新事物、新现象一旦出现，语言中就会相应地有新词语产生以适应和满足表达的需要，其中的部分新词语在渐渐为人们熟悉并广为运用和自觉传播之后就成为流行语。比如："菜鸟"原本指的是刚学会上网的新手，在传播开来之后也被用来泛指各行各业的新手；"北漂"特指来自非北京地区的、非北京户口（即非传统上的北京人）的、在北京生活和工作的人们（包括外国人、外地人);"月光族"是指将每月赚的钱还未到下次发工资就用光、花光的人;"房奴"是指城镇居民抵押贷款购房,在生命黄金时期中的 20—30 年,每年用占可支配收入的 40%—50% 甚至更高的比例偿还贷款本息,从而造成居民家庭生活的长期压力,影响正常消费。从产生的原因来说,新词语的产生主要是因为日新月异的社会生活的需要,新词语是新事物、新概念、新观念的反映,而流行语之所以能够在大众日常生活中流行则与客观的社会文化条件以及大众的主观心理有很大关系。比如,有很大一部分流行语的产生并非完全是由于客观的需要,更多的是人们求新、求变、求异心理的表现。新词语不等于流行语,只有那些流行开来的新词语才能归为流行语;同样,上文已经提到,流行语也不完全是由新词语构成的,有一部分流行语是社会一直沿用下来的旧词语,还有一部分是消失一段时间之后因某种契机被重新启用的旧词语。

(四) 旧词赋义

旧有词语(原本存在或者已经被淘汰的词语),却在新的时代及语言的使用语境中通过引申、比喻、别解等赋义方式获得新的意义,并被广泛地运用到日常生活中,被重新接受而成为流行语。比如:"玉米"和"凉粉"作为人们的食物,已经有很长的使用历史,但是,在这个明星经济时代,却被赋予新的意义,作为追星一族的身份代名词,"玉米"就是在 2005 年湖南卫视声势浩大的《超级女声》评选活动中,李宇春的"粉丝"团对自我身份的昵称,而张靓颖的"粉丝"则自称"凉粉";"山寨"则由一个指示名词转变为指称依靠抄袭、模仿、恶搞等手段发展壮大起来,反权威、反主流且带有狂欢性、解构性、反智性以及后现代表征的亚文化的大众文化现象;还有"草根",则由一个普通的关于植物的名词转变为指称那些同主流、精英文化或精英阶层相对应的弱势文化或阶层。又如，很多原本只用于股市的词语开始越界进入人们的日常生活，如"套牢"的意义发生泛化，表示遇到麻烦难以摆脱或深陷事业、家庭事务危机中无法自拔，难以从容地安排自己的生活。这种由语义的变异而产生的流行语符合语言运用的经济原则，它的原义已经为人们所熟知，当它被赋予新的意义时，这些词语就"旧瓶装新酒"式地自然而然地传播。

（五）网络语言

新媒体是信息化时代特别重要的流行语来源渠道，而且新媒体在流行语的传播过程中意义重大。网络、影视、手机、广告等媒体平台和艺术形式充斥于社会生活的方方面面，无时无刻不在发挥积极作用。于是，一些媒体的工作用语和传播语言也合乎逻辑地成为流行语，比如在互联网上使用的一些特殊词语或文字，它们是伴随互联网的诞生和发展而产生的，并逐渐成为流行语。网络流行语的表现形式可谓多种多样，主要是以文字为主，同时还包括一些图片表情、符号语言、字母数字等形式，走出了网络虚拟世界而融会于社会现实生活之中。比如："偶"（我）、"稀饭"（喜欢）、"潜水"（沉默）、"GG"（哥哥）、"MM"（妹妹）、"BT"（变态）、"7456"（气死我了）、"88"（再见）等。另外，影视剧台词和流行歌曲的歌词也是流行语产生的温床，比如"跟着感觉走""我的未来不是梦""不见不散""像我这样的人"等。

## 四 当代流行语的特点及分类

（一）流行语的特点

关于流行语的特点，各家看法不一。我们同意夏中华的看法，流行语具有高频性、时段性和新异性三个主要特征。① 其中，高频性和时段性是所有流行语都具有的特性，而新异性则只是部分流行语所具有的特性。

（1）高频性。高频性是流行语的主要特征之一，也是我们判断流行语的主要依据。词语只有在某一时段内被高频使用，才能具备流行的特质。当然，高频使用只是一个相对概念，由于受到流行语所产生的时间、观念、现象以及地域、语言社团等限制，流行语的使用频次往往会表现出很大的差异。例如，校园流行语只在学生中被高频使用，在其他语言社团中则很少有人使用，因而它们的使用频率必然会低于那些几乎被全民使用的流行语。

（2）时段性。流行语是在一定时段内为人们普遍使用的词语，它必然带有明显的时段性特征。流行语一般都在经历了一段时间的极盛时期之后，归于沉寂，或汇入一般词汇中。不同时期有不同的流行语，这是流行语时段性特征的最好证明。例如20世纪70年代末期，流行"实践是检验真理的唯一标准"等；20世纪80年代初流行"团结起来，振兴中华"等；20世纪80年代中后期流行"体制改革""转轨变型"等；20世纪90年代前期流行"下海""自主择业"等；而21世纪初期则流行"山寨"、"我爸是李刚"、"给力"、"点赞"、"吃藕"（很丑）、"吃土"（穷得吃不起饭）、"方"（慌）、"狗带"（去死）等；在新时代则流行"撸起袖子加油干""人类命运共同体""四个自信"等。

（3）新异性。流行语的新异性表现在多个方面。有些流行语内容奇特，比如"犀利哥""艳照门""被就业""hold住""富二代""房奴""闪婚""雷人""蚁族""驴友""伤不起""坑

---

① 夏中华：《关于流行语性质问题的思考》，《语言文字应用》2012年第1期。

爹""脑残""叉腰肌""范跑跑""宅男"等。这些流行语因为其表达的内容容易吸引人的眼球或是让人摸不着头脑而被大家竞相传播，成为流行语。有些流行语的语感新潮，比如"很黄很暴力""不要迷恋哥，哥只是个传说""哥吃的不是面，是寂寞""你 out 啦！""神马都是浮云""恨爹不成刚""羡慕嫉妒恨""人生就像茶几，上面摆满了杯具""痛并快乐着"等。这些语句类流行语因为表达方式比较新潮，给人新鲜感，从而在使用中成为流行语。有的流行语意义新奇，比如"打酱油"（指不谈政治等敏感话题，相当于"路过"）、"囧"（本义为"光明"，赋予郁闷、悲伤、无奈之意）、"下课"（引申为下台或停止做某事）、"闪"（指快速离开）、"潜水"（在 QQ 或聊天系统隐身不说话者）、"路过"（不想认真回帖，但又想拿回帖的分数或经验值）、"灌水"（发无聊的帖子）、"青蛙"（长得不好看的男生）、"恐龙"（很丑的女生）、"丁克"（指夫妻双方都有收入，但不要孩子）、"火星文"（年轻网民为彰显个性，大量使用同音字、音近字、特殊符号来表音的文字。由于这种文字与日常生活中使用的文字相比有明显的不同并且文法也相当奇异，所以称火星文），这些流行语接受起来有一定难度和障碍，如果不熟悉其意义变异情况，则完全不能理解其意义指向，而这个特点正有利于张扬个性，所以这类流行语的使用频率相对较高。还有一些流行语的语音别致，通过谐音、合音或分音的方式产生，比如"帅锅"（帅哥）、"鸭梨"（压力）、"偶"（我）、"神马"（什么）、"童鞋"（同学）、"肿么办"（怎么办）、"围脖"（微博）、"伊妹儿"（E-mail 的音译）、"稀饭"（喜欢）、"大虾"（大侠）、"欺实马"（70 码）、"北鼻"（baby）、"妹纸"（妹子）、"餐具"（惨剧）、"杯具"（悲剧）等通过谐音的方式产生；"表酱紫"（不要这样子)、"你造吗"(你知道吗)等通过合音的方式产生;"次奥"(操)、"吃藕"(很丑)等通过分音的方式产生。这些流行语通过语音变异的方式转换了对应的汉语词语,以其别致的语音特征被大家使用和传播。

(二)流行语的分类

关于流行语的分类,学界目前尚未达成统一的共识,在综合各种研究成果的基础上,大致可以分为以下几类。

(1)从流行语的时代特征的角度,可分为新时期流行语、改革开放时期流行语、中华人民共和国成立时期流行语、抗日战争时期流行语等。

(2)从流行的媒介载体的角度,可分为校园流行语、广告流行语、网络流行语、报刊流行语等。

(3)从流行语的行业领域的角度,可分为时政类流行语、科技类流行语、财经类流行语、体育类流行语、房产类流行语、演艺类流行语、影视类流行语、动漫类流行语、社会类流行语、时尚类流行语等。

(4)从流行语的空间地域的角度,可分为北京流行语、上海流行语、四川流行语、东北流行语、港澳台流行语等。

(5)从流行语的使用频率来看,可分为全民流行语、地方流行语、行业流行语和影视音乐流行语等。

(6)从流行语的使用群体的角度,可分为青年流行语、大众流行语、学生流行语和儿童流行语等。

对流行语进行分类,也不是容易的事情,因为很多流行语具有复杂而多元的特征,很难通过一个关键标准而被截然分类。尽管如此,对流行语进行分类对于流行语的研究具有帮助作用,也是流行语研究的一个重要组成部分。

## 第二节 当代流行语的社会属性

### 一 流行语与社会生活的关系

语言作为人们重要的交际工具，与人类社会有着密切的互动关系，社会的变化和发展可以通过语言的变化快速、敏锐地反映出来。而且更为重要的是，语言不仅作为社会交往工具积极地产生意义，而且承载着社会变迁所带来的时代印记。而作为当代汉语突出现象的流行语，更是中国社会发展变化的符号体现，既是一面镜子，又是一个风向标。不仅如此，流行语还会以其特有的反馈方式来反作用于社会生活的方方面面。

流行语反映出当前社会生活中正在发生的重要事件，以及人们对这些事件的看法和理解，并由此体现出自我对社会生活和人生价值的细微的、零碎的、变异的、断裂的认知和感受。流行语反映时代性的能力极强，而且相对客观和真实，并能够借助现代传媒迅速地扩散开来，引起更大范围、更深层次的关注和思考。鉴于这种特点，我们通过对流行语的追踪调查，就可以发现在社会生活表层之下涌动着的深层次内涵。比如，通过对改革开放四十余年来的流行语的研究，我们很容易发现，随着"拨乱反正""实事求是""解放思想""四化建设""三中全会"等流行语的出世，中国开始进入"社会主义现代化建设"的"新时期"。社会政治方面，"小康社会""社会主义民主""物质文明""精神文明""建设有中国特色的社会主义""社会主义初级阶段""一国两制"等政治性、政策性话语被人们口口相传，迅速成为社会流行语，表明了人们对改革开放事业的期待和积极拥护，也呈现出人们对于新生活的向往和建设现代化国家的激情。在经济改革和国民经济建设领域，"对外开放""深化改革""商品经济""市场经济""股票证券""经济特区""西部大开发""中部崛起""振兴老工业基地""高铁""上海自贸区""大湾区"等，都体现出中国经济改革和建设的不平凡的、曲折而伟大的自强与创新之路。

  人类的语言始终处于发展变化之中，这是一个自我调节、适应、演变和生发的过程。流行语作为一种语言现象，就是语言自身演变与社会发展相互作用的结果，它的出现不仅会受到语言自身发展规律的制约，也必然会受到制约语言发展的社会制度和经济发展阶段，以及具体社会生活形态的影响。这种制约是复杂而多元化的，甚至很难用科学理性的方法去解密。美国学者威廉·布赖特在其《社会语言学》中最早提出了语言和社会结构的"共变"理论，他认为语言作为社会必要的存在条件，一方面对社会有绝对的依附性；另一方面，它对社会的发展有应变性，语言要适应社会生活变化。[①] 一些词语之所以流行，在于其内含的社会意义与社会共存的关系，语言社会性的一个方面就是语言现象和社会生活现象存在共变关系，这在任何语言的发展中都不例外。在语言结构要素中，词汇对社会生活的反映既及时又全面。但并非说词汇的任何部分都是如此，词汇内部发展也存在不平衡性。词汇作为一个整体，有核心部分和外围部分，核心部分的发展速度比较缓慢，呈现出一定的稳固性，而外围部分的发展就相对较快。流行语就属于词汇的外围部分，它与社会的变化和发展紧密相连。语言中最活跃的因素是词汇，它常常最敏感地反映社会生

---

① William Bright, *Sociolinguistics*: *Proceedings of the UCLA Sociolinguistics Conference* 1964, Paris: Mouton & Co., The Hague, 1966.

活的变化，社会生活中哪怕是很微小的变化，也都会在语言词汇中有所反映。社会生活的发展变化，必然会在语言的词汇里留下能够代表各个时代特征的词语，从而作为一种社会生活发展的历史见证，进入人类社会发展史中得以保存。流行语则是这种历史见证最敏感而有效的显微镜，它对社会生活变化的反映最积极、最准确、最有效、最快速。因此要研究流行语，认识流行语的发展规律，就不能脱离社会生活，因为社会生活的发展变化才是流行语形成的根本原因。语言符号作为一种社会现象得以流行，其流行性本身就是语言社会性的反映，社会的发展变化是流行语形成和传播的根本条件，这主要体现在政治和经济两个方面。不断加快的社会节奏，丰富多彩的现实生活，多元化的价值观念等，都要求语言能有比较及时的反映。所以，流行语是折射社会生活的一面镜子，往往能透视出各种深层次的社会动机和心态，与社会生活存在着互相依存的关系，政策法规的变化、社会观念的更新、生活方式的转变等，在流行语中都会留下相应的印痕。

现代语用学的一个重要特征就是从动态的语境中来考察语言使用行为，而具体到流行语来讲，不断发展变化的社会语境正是流行语发展演变的关键基础和动态因素，在社会语境的效能作用下，每一个时代，尤其是激烈变动的时代，必然会产生与之相呼应匹配的流行语。比如，在中国共产党十一届三中全会前后产生的一批流行语，就其内容而言，一般都具有政治色彩，旗帜鲜明地呈现出拨乱反正的伟大历史轨迹。在时代发展大潮中，每一个人都不能置身事外，对政策的关注和讨论成为人们生活的中心话题，但是已经不再极其狂热和非理性。从 20 世纪 80 年代开始，随着国际形势的变化，随着国家和社会生活重心的转移，语言运用的环境与气氛都发生了较大的改变,与之相适应,与经济和社会生活相关的流行语开始大批涌现。而到了 21 世纪,随着全球一体化进程的加快,全球各国之间的交往日益密切,世界政治呈现多极化趋势,各国各地区之间的政治、经济、文化等交流的日益增多,不同文化和不同语言的交流接触和异质融合的强度和广度出乎人们的意料,这种语境的变迁为流行语的产生和传播提供了更加动变和强势的客观条件。流行语折射出特定社会的发展轨迹,与新词语一样,流行语及时反映词汇的最新发展和时代的变迁,是社会政治、经济和文化的一面镜子。

## 二 当代流行语的社会特性

流行语是语言运用过程中生动而形象的社会现象,具有鲜明、简约和便捷的特点,流行语已经成为人们日常生活中的重要沟通工具,它服务于我们的生活,填充着我们的交往空间。比如,我们某种程度上是"宅男""宅女",或者"剩男""剩女",我们很可能是"粉丝"或者"屌丝",我们甚至曾经也是"愤青",我们出门"打的"、乘坐"地铁",我们去"超市"购物,我们喜欢喝"拿铁"咖啡,我们"按揭"房屋,"月供"着成为"房奴",我们置身于一座座"围城",我们自言自语着"神马都是浮云"。流行语甚至已经成为我们生活中不可或缺的一部分,对于它的社会属性,我们简要分析如下。

(一) 流行性

顾名思义,流行语最显著的特点就是它的流行性。流行语融入人们日常生活的方方面面,并且能够使人们乐于接受和喜欢使用,从而来表达情感、心理和意义,展现人们的心理状态、精神面貌和价值判断。从流行语的物质构成来讲，简单、易记、好用等特点是其得以流行的关键因素，因为人的记忆能力和理解感知力都是有限的，并会受到许多外部因素的干扰，再加之日常生活的琐碎和繁杂，人们总是倾向于接受和使用相对简单、易于理解和便于沟通的语言。以新闻传播流行语为例，我们很容易发现，为了适应和迎合人们的生活方式和认知局限，新闻媒体在行业竞争的压力迫使下，必须尽可能地吸引大众，赢得目标群体的青睐，从而争取到最大化的市场份额。于是新闻报道标题的通俗化、大众化成为其首要手段。大多数流行语物质构成简单，语义通俗易懂，朗朗上口，而且往往是大众喜闻乐见和喜欢使用的口语化形式，便于广泛而迅速地传播。比如，在2005年，湖南卫视的选秀音乐节目《超级女声》红遍全国各地，"海选"这一新名词几乎是在一夜之间就变成家喻户晓的"热词"。"海选"的意思是不设专业门槛或者门槛极低，只要有参与的热情和勇气，人人机会均等，报名就可以参加各级别的预赛。当然，由于参加人数动辄数万，选手水平也参差不齐，因此这样的节目战线往往拉得比较长，保证了能够较长时间地占有各种媒体报道的份额和频度。而且由于参与者众多，大量的"亲友团"和"粉丝团"也顺理成章地成为口头媒介，为节目无偿而热情地进行宣传和造势，也使得节目本身更具吸引力和宣传的亮点。由于《超级女声》的"海选"模式为节目带来的巨大成功，"海选"方式也被许多导演和节目选择，以获得市场和宣传的效果。后来的《中国好声音》等选秀节目也如法炮制，不仅创造出一批流行语，而且借助这些流行语保持其节目的流行性特征。

（二）时代性

时代性也是流行语的突出特点。流行语是时代的产物，不管是哪个领域和专业的流行语，它所蕴含的社会文化意义都具有其所处时代的典型特色，比如中国改革开放初期的"下海"等流行语。时代催生并成就了流行语，如今风头旺盛的网络流行语，就要归功于这个电子科技飞速发展的网络时代，没有这个时代的技术支撑，它们的流行简直是无法想象的。例如 2016 年 8 月 7 日，里约热内卢奥林匹克运动会上，获得女子 100 米仰泳铜牌的傅园慧在接受记者采访时说："我昨天把洪荒之力都用完了，今天没有力气了。""洪荒之力"迅速蹿红，成为各大媒体和众多社会成员争相使用的流行语。若没有电子科技作为技术支撑，这一词语断然无法在一夜之间成为流行语。毋庸置疑的是，流行语的时代性会通过使用者追求时尚的心理体现出来。为了吸引外界注意和展示自我，人们在语言的使用过程中总是有一种求新求异的心理诉求，认为既有的、传统的、保守的表达方式已经不能凸显出自己时尚的内心世界和价值理念。于是，人们总是千方百计地追求新奇的、时尚的、陌生化的表达方式与之相匹配，人们总是喜欢使用新潮、时髦、生动有趣，能让人开心一笑，放松紧张心情的流行语，以迎合现代人特别是年轻人突破陈规旧俗，挑战传统甚至"唯我独尊"的强势表现心理，刺激接受者的视听感官。这一特点在电影电视节目中表现得尤为突出，比如《无间道》里的台词，"我想做个好人"和"出来混，总是要还的"；《手机》里的"做人要厚道"和"审美疲劳"；《天下无贼》里的"开好车就一定是好人吗"等流行语就鲜明地反映出这个时代的文化心理特征。流行语以其独有的方式和特点记录着不同时代的政治、经济、文化、社会、法律、道德与民生等领域的现象和焦点，铭刻着每一个流行语出现并流行的历史轨迹。

（三）时间性

流行语是一种动态的语言现象，它拥有自身的发展轨迹。一般而言，随着社会的发展而产生，又会随着社会的发展变化而被淘汰和忘记。流行语传播盛行一段时间之后，它的流行性可能会减弱，然后接受社会心理的考验，最终面临两种可能的结果：一是自行消失，退出词汇系统而不再被使用；二是由于具备一般词汇的特点，成为一般词汇而进入语言词汇系统。

流行语的时间性序列从某种意义上可以看作中国社会发展与转型的简史，当我们通过书本和网络重新审视这些流行语的时候，曾经发生的瞬间都会极其生动而翔实地闪现在我们眼前，让我们重温历史，缅怀时光，感慨社会的转型发展以及个人生活的巨变。比如，2008年的"拐点"一词警示我们全球金融危机的"蝴蝶效应"及其对中国经济改革和企业转型的压力和逼迫；北京第29届夏季奥林匹克运动会开幕式上通过演员阵形的不断变换而巧妙呈现的汉字"和"的字体演变，让中国人民赞叹自己悠久而灿烂的文化，民族自信心和自豪感油然而生，让世界观众惊诧于这神奇而古老的东方文明，为中国构建和谐世界与和谐社会的梦想和目标注入其强大的精神动力和文化支撑；而"不折腾"让我们铭记中国共产党"实干兴邦"的决心；"山寨""雷人"标示着社会生活领域出现的不合法与不道德的事件，让我们对人们的生存状态进行思考。2009年，春晚小品《不差钱》让我们对大众喜爱并热衷参与选秀节目的火爆现象以及大众文化中的"打肿脸充胖子"的装富心态进行反思，并反观自身；"躲猫猫"和"钓鱼执法"的流行，则是人们对相关领域存在的不法现象的嘲讽式揭露，并促成了相关法律法规的修订，使得一些社会丑恶现象得到有效的遏制和整改；"被就业"则揭露了社会就业统计工作中的乱象，这种不管事实而只做漂亮数据的欺诈行为不仅严重伤害了人们的情感，而且不利于国民经济计划的制订和推行；

"蜗居"和"蚁族"揭示了由居民住房问题而牵涉出的一系列问题，特别是大学毕业生和社会年轻群体的求职压力和婚姻压力，让我们思虑到当代年轻人的生存压力和精神状况，这对国家与民族的未来发展将会产生怎样的影响；"低碳生活"的流行表现出人们对日益恶化的环境状况和生态危机有了切身的体验后，开始自觉地改变生活方式，追求一种可持续发展的生活理念。2010年，"拼爹"的走红与流行昭示着年青一代的生活态度，这种放弃自我拼搏和奋斗，沉溺于享受和消费的行为，尤其是其中存在的违反道德伦理的丑陋炫富现象，让国人在感慨之余反思社会心理的变动；2011年，淘宝体"亲"的强势流行和无底线地滥用让我们感知了网络购物带来的生活风暴，一个亲昵词语的通俗化、庸俗化使用让我们对大众文化的冲击力感到震惊却又无可奈何；2012年的"元芳，你怎么看"，2013年的"土豪，我们做朋友吧"等也是如此。这些流行语的产生与流行的时间性，反映出时代变迁与社会转型在某一具体时间点上的典型性表现特点。

（四）空间性

尽管流行语具备一般词语无法比拟的流行性，但是它的具体使用实践仍然会受到民族地域、文化背景、年龄结构、交际场合等多种客观因素的制约。比如，由于地域的原因，人们的语言使用习惯存在着不同程度的差异，方言流行语中的一部分可以通过媒体传播和大众使用习惯的检验而成为在更广阔地域内被使用的流行语，被人们熟知并使用，而另一部分却只能在其得以产生的方言区中使用。又如，学生是创造、吸收和传播流行语的主要群体和传播力量，校园便成为流行语的主要产生地和使用场域，而没有生活在校园中的社会大众有时则不能理解校园流行语的内涵，觉得陌生。比如，"粢饭糕"（又痴又烦又搞的女孩）、"月抛型"（隐形眼镜一种，又指每个月要换个恋爱对象的人）、"排骨美女"（以瘦为美的女性）、"黑暗料理"（路边食摊）、"3.72平方"（十三点不三不四）、"2N"（二氮）、"根号3"（矮的男青年）、"跟包"（跟在后面拎包）、"跌停板"（运气差到极点，绝对不受异性青睐）、"死机"（一时呆住了，反应不过来）、"本草纲目"（又笨又吵又戆又木）、"奥特曼"（落伍的人）等。再如，网络是流行语重要的产生和传播平台，但是对于那些不经常上网的人而言，网络流行语就变得晦涩难懂，比如"表酱紫"（不要这样子）和"BT"（变态）、"大V"、"微××"等。由此可见，空间性也是流行语的重要特征。

（五）变义性

流行语由于本身独特的魅力而被人们接受和使用，但在使用的过程中其意义却被不断地改造而发生变义，从而形成一个流行语使用的序列或者系统。比如关于"我爸是李刚"的各种版本的改编①，本身就已经成为一种流行现象。流行语的变义性是因为流行语词汇系统是一个充满活力的开放系统，它对外部世界的变化有着敏感的应激性，与相对而言显得较为固定的普通话的语音系统和语法系统相比，它的创新和使用有较大的自由度和灵活性。人们在接受了某个流行语之后，往往会不自觉地以它为基准与中心，去发掘现实生活中可与之进行类比的现象，然后进行简单的加工和变形，于是就不断生发出具有内在逻辑性关联的流行语序列。比如2016年8月，已较为流行的流行语"宝宝"由于王宝强离婚事件而使用频率飙升。该词本来是对小孩的昵称，流行语"宝宝"一般用于自称，而在王宝强离婚事件发生后，该词

---

① 比如"床前明月光，我爸是李刚"、"问君能有几多愁？我爸是李刚"和"莫愁前路无知己，我爸是李刚"等。

又产生了新的用法:一则用以指代王宝强;二则指代妻子。"宝宝的经纪人睡了宝宝的宝宝宝宝不知道宝宝的宝宝是不是宝宝亲生的宝宝宝宝现在担心的是宝宝的宝宝不是宝宝的宝宝如果宝宝的宝宝真的不是宝宝的宝宝那就吓死宝宝了宝宝的宝宝为什么要这样对待宝宝宝宝很难过如果宝宝和宝宝的宝宝因为宝宝的宝宝打起来了你们到底支持宝宝还是宝宝的宝宝!"上面这段调侃该事件的话中,"宝宝"分别指小孩、王宝强及其妻子。又如流行语"猴赛雷"本是粤语"好犀利"(意为"好厉害")的谐音,常用以讽刺那些不自知的人。而2016年春晚吉祥物"康康"的形象公布以后,因其脸颊部分有两个球状凸起,被网友称作"猴赛雷",从而引申出另一个调侃的含义。①

## 三 影响流行语的社会因素

流行语是社会发展的产物,其产生和传播都会受到来自社会各方面因素的制约和影响。认知是语言的基础,语言是认知的窗口,人的社会生活始终是人类全部认知活动的主要组成部分,它会决定人类的生存和进化,而流行语则伴随着人的社会生活的发展而产生和变化,社会性是流行语的根本属性。一般而言,影响流行语的社会因素,主要有以下几个方面的内容。

---

① 政治流行语是较为特殊的一个流行语次类,它往往具有权威性。作为与民众生活密切联系的国家政治性、政策性语言,其中那些具有权威性信息内容的流行语,往往能吸引人们比较多的注意力,从而容易得到人们的大量复制和热情传播。在当今中国社会中,政府制定的政策制度或政治经济目标中的关键词,往往能被人民群众自觉地使用和传播。比如,中国共产党提出的"构建社会主义和谐社会"、"科学发展观"和"中国梦"等宏伟蓝图和民族梦想,使得"和谐社会"、"科学发展"和"中国梦"这些具有政治权威性和情感蕴藉性的词语通过政府文件、新闻媒体的报道和使用迅速向全国、全世界传播,成为感染力和号召性极强的强势流行语。

（一）社会发展和政策调整促使流行语的产生

意识形态领域的思想解放，政府善治理念的创新以及市场经济的活跃发展和全球一体化的语境变迁是流行语得以生成与流行的重要因素之一。改革开放以来，面对新的世界形势和国民经济发展格局，党中央在始终贯彻"为人民服务"的宗旨的基础上，不断地解放思想，与时俱进，提出了"三个代表""以人为本""科学发展观""中国梦"，对经济发展的目标进行科学定位，强调实现人的全面发展。在这样的意识形态指导和上层建筑的观念引导下，"和谐社会""科学发展观""以人为本""中国梦""新时代"等政策性语言成为人们街头巷尾热议的话题，自然而然地成为使用率很高的流行语，被排进年度十大流行语的榜单，有效地实现了意识形态与大众日常生活的有机衔接和统一。"和谐社会"、"科学发展观"和"新时代"成为深得民心认同，顺乎民情民意的流行语，自然而贴切地融入百姓和大众的日常生活，无障碍地转变为普通人的思维方式和生活方式，"中国梦"则更是妥帖和热烈地反映出中国共产党带领中国人民实现中华民族伟大复兴的光荣梦想。

改革开放四十余年来，随着政治制度和国家层面的经济政策的调整和革新，出现了一大批具有鲜明时代色彩的流行语。比如，我们在政治体制上实行"党政分开""两手抓""宏观调控""简政放权""稳定压倒一切""可持续发展""三个代表""科学发展""和谐社会""中国特色社会主义"；经济制度上实行"社会主义市场经济""对内搞活，对外开放""包产到户""家庭联产承包责任制""南北合作""三步走""让一部分人先富起来"；思想文化上实行"一颗红心，两手准备""解放思想""两个文明一起抓""义务教育""科教兴国""雷锋精神""八荣八耻""四个意识""四个自信"等。由此可见，社会、政治与经济的变革是语言发展的催化剂，社会、政治、经济面貌的变革使流行语不断更新换代，透过这些流行语，我们可以窥见历史和时代的痕迹和风貌。为了更加充分地说明社会发展及政策调整在流行语产生过程中的重要意义，我们不妨举出近十余年来由媒体评选出的一些流行语：

2001年："申奥成功"，"入世"（加入世界贸易组织），"WTO（世贸组织）"

2002年："小康社会"，"三个代表"，"世博会"，"户籍改革"

2003年："全面建设小康社会"，"十六届三中全会"，"朝核六方会谈"

2004年："以人为本"，"执政能力"，"绿色GDP"

2005年："十一五"规划，"节约型社会"，"个税起征点"，"高考移民"

2006年："和谐社会"，"青藏铁路"，"社会主义新农村"

2008年："北京奥运"，"汶川大地震"，"改革开放三十周年"

2009年："科学发展观"，"家电下乡"，"绩效工资"，"食品安全法"

2010年："广州亚运会"，"上海世博会"，"教育规划纲要"

2011年："中国共产党建党90周年"，"三公经费"，"走转改"

2012年："生态文明"，"美丽中国"，"文化强国"，"网络反腐"

2013年："新型城镇化"，"最难就业季"，"老虎、苍蝇一起打"

2014年："且行且珍惜"，"有钱就是任性"，"画面太美我不敢看"

2015年:"获得感","互联网+","创客","主要看气质"

2016年:"供给侧","洪荒之力","小目标","吃瓜群众"

2017年:"扎心了老铁","请开始你的表演","贫穷限制了我的想象力"

2018年:"命运共同体","确认过眼神","佛系","巨婴"

从这些流行语中我们不难看出,每年的综合类流行语大都是与当年的社会事件有关联或由其引发而来的。虽然这类报纸媒体上的流行语只是我们研究的流行语的一个类型,但可以由此看出社会政治及政策因素对流行语的深刻影响。

(二)经济建设发展使流行语数量剧增

经济基础决定上层建筑,也决定属于上层建筑的社会文化意识形态。当代流行语的大量产生和繁荣与中国社会经济的迅速发展变化有着密切联系,特别是改革开放以来,商品经济的浪潮荡涤着社会的各个层面,也必然冲击着我们每个人的生存方式和心理状态。于是,与经济发展带来的社会人生和生活环境变化相关的一系列词语就成了流行语。影响流行语的经济因素主要有两个方面:一是经济政策变革强势影响一些词语成为流行语。比如在改革开放之初,"包产到户"等流行语反映的是当时的社会经济形势,因而成为使用频率颇高的词语;在改革开放中期,"泡沫经济"等词语记录了中国经济的发展变化,成为当时的流行语;而近年来,随着新的经济现象,特别是虚拟经济和房地产行业的飞速发展,一些相关词语也随之纷纷流行,如"钻石王老五""山寨""房奴""土豪""供给侧"等。值得说明的是,有时一个具体的社会经济事件也会导致与之相关的流行语的产生。比如金融危机的发生,使得"次贷危机""再牛的肖邦,也弹不出我的悲伤"等成为流行语。二是经济强势的国家或地区的词语进入经济相对落后的国家或地区的语言或方言之中成为流行语。我们不难发现，现阶段汉语流行语中有一定比例的流行语都与经济发达的国家和地区相关联，比如"韩流""哈韩""哈日""好莱坞""007""泰囧"等流行语。

具体而言，改革开放以来，我们国家的经济飞速发展，带来了很多关于经济方面的流行语，特别是社会主义市场经济制度的确立，使经济流行语占据了半壁江山，换个角度来看，这也是流行语对社会经济生活的一个倒影与折射。如"倒爷""下海""下岗""再就业""个体户""经济特区""经济杠杆""经济过热""经济技术开发区""经济增长点""循环经济""经济普查""审计风暴""人民币升值""原油价格""房贷利率""经济自由指数""报复性关税"，这些与经济有关的流行语，我们已经不再陌生。经济的快速发展，也带来了人们生活的改善，"小排量汽车""新能源汽车""股改方案""燃油税""个税起征点""税改费"日益走进我们的日常生活中，"大款""大姐大"等词语应运而生，"老板""老总"等词被重新赋义。由于市场经济的全方位竞争空前激烈，商家们为了生存和发展，也不得不使出浑身解数来吸引消费者的眼球，最便捷而高效的办法就是在宣传语言和广告用语上大做文章，导致以下语言词语大量出现在了各种广告和宣传活动中，比如"高尚住宅""名邸""形象大使""包装""卖点""卖相""没有最好，只有更好"等，这类语言便于口头相传，而且由于语感新颖别致又能带给人新鲜感，因而很快就在大众日常生活中流行开来。2008年金融危机以后，"黄金期货""保增长""CPI回落""实体经济""新低""经济衰退""信贷紧缩""救市""裁员""雷曼兄弟""金融海啸""麦道夫""金融创新""用工荒""经济复苏""结构性减税""提高存款准备金率"等经济语言再度流行起来。从世界范围看,当今国际和地区间的经济交流合作比历史上任何时期都更频繁,汉语在语际交往中自然会受到不同程度的影响,如"韩流""料理""恩格尔系数""皮草""爱马仕"等流行语的出现也就不足为奇。

  经济建设对流行语的影响主要有这样三个阶段:第一个阶段是具有鲜明时代特征的经济政策话语开始流行。1979年4月,中共中央召开工作会议,针对国民经济比例严重失调的情况,为促成经济政策调整和推动国民经济发展,党中央明确提出"调整、改革、整顿、提高"的八字方针。而随着国民经济全方位改革局面的打开,去除政治口号外衣的纯粹性经济话语日益增多,比如"社会主义现代化建设""对外开放""对内搞活""包产到户""万元户""扔掉铁饭碗""打破大锅饭""摸着石头过河""发展才是硬道理"等经济话语迅速流行。第二个阶段是经济话语类流行语的活泼发展期。经历了改革开放初期的喧嚣、不安、躁动、期待与探索,人们开始甩掉包袱,大刀阔斧地投入经济社会的发展大潮之中,以经济改革带动政治与社会的全面改革成为全民共识。这一时期的流行语准确地体现出人们的兴奋和热情,对建设现代化国家和奔向小康生活的憧憬,以及无畏的改革发展勇气和民族自信心和自豪感,比如"下海""集资""国库券""商品经济""厂长负责制""资本主义也有计划""社会主义也有市场""三个有利于""中国特色社会主义""温州模式""区域经济""中外合资""时间就是金钱,效率就是生命""外向型经济"等逐渐成为人们茶前饭后、街头巷尾热议和使用的流行语。第三个阶段是经济话语类流行语的高度繁荣期。在这个延至今日的经济持续稳定的发展时期,经济的全球化以及国际政治的深刻变化，带来的商品经济与文化产业的多元发展，为社会经济生活提供了许多崭新的内容，而这种经济发展的实践对社会意识的影响也都体现在流行语的使用上面。比如"下岗""再就业""农民工""北漂""海龟（归）""社保医保""城镇化""城中村""拆迁""安置房""经济适用房""西部大开发""中原崛起""自贸区""大湾区"等与经济直接或间接相关的流行语开始流行，反映出这个时代的经济发展变化以及相应的人们的精神心理状况。

（三）社会文化心理的衍变导致流行语的丰富多元

纵观人类历史上的历次社会变革，都毫无例外地会在社会语言结构和使用上有所反映和推动。流行语是社会文化心理在人们日常生活和交流沟通中直接而真实的反映，它能够生动地表现出人们的精神心理状况、意识形态认同和价值观的选择。通过对流行语的研究，我们很容易发现社会从传统迈向现代的发展与转型的历史道路并不是一帆风顺、一蹴而就的，而是经历了一个曲折而复杂的变动调整的过程。而且，如果经济体制改革、社会生活发展与社会心理变迁之间的不平衡现象过于突出时，这种社会价值观念与个体现实挣扎之间的错位就会具有一种强大的矛盾张力，不过在现行政治制度下，这种张力通常会通过一种弱化和柔性的反抗和反馈方式呈现出来，比如通过人们的语言选择和使用实践中的流行语的流行性运用而表现和释放出来。

流行语作为一种社会公共语言的使用和沟通现象，其迅速地流行有其深刻而复杂的社会文化原因，对其流行原因的探索和发掘，有助于我们增加对经济、社会发展实践和时代精神风貌与文化传承战略的清晰认识和准确把握，从而更好地为和谐社会建设和民族文化复兴提供政策服务和理论支撑。流行语获得了某个区域、某个阶层或者某个群体甚至是全社会的心理认同和积极接受，并为了表现个性、发出声音、解决问题和寄予希望等目的和愿望而被较为集中、大规模和高频次使用。比如，"前腐后继"通过对汉语成语的谐音式改造，创造出一个新词，并用它来描述当今社会上，尤其是一些行政部门出现的腐败"窝案"现象，表达出人民群众的愤慨之情；"郎财女貌"则客观地反映出当前社会生活中人们婚恋观的"与时俱进"，人们对于物质和外貌的重视程度已然凌驾于才情和爱情之上，人们对诸如彩礼与嫁妆的丰厚、婚礼现场的盛大奢侈、迎亲车队的高端排场津津乐道，但人们已经很少去关注新人的爱情和幸福，仿佛"郎财女貌"就是爱情与婚姻忠贞不渝、天长地久的基石和保证；"蒜你狠""豆你玩""姜你军"则用一种诙谐与调侃的语气生动反映出市场经济的自发性、不稳定性以及商家的囤积居奇和大众的盲从与无奈，让政府部门和社会公众意识到对与百姓日常生活密切相关食品领域加强调控和监管的必要性；"凉粉""玉米"是歌迷用日常饮食中不可或缺的或为人们所喜爱的传统风味小吃来表达对心中的偶像的喜爱和支持的昵称，并以此来彰显自己的身份和个性。"凉"通过谐音指代张靓颖，"玉"则是指李宇春。这类词语由于家喻户晓并被赋予新的意义，再加上语言自身的特点与形式（比如"玉米"就与作家毕飞宇的作品同名），容易被娱乐化社会的公众特别是年青一代所理解和接受，而得以广泛地使用和流传；现代社会又是一个快节奏、高效率、讲究经济效益的社会，于是人们在语言生活中喜欢采用尽量简洁清晰的表达方式，因此，缩略语、网络流行语容易被青年人热衷使用和传播，比如，"1314"（一生一世）、"520"（我爱你）、"7456"（气死我了）、"886"（拜拜啦）、"9494"（就是就是）、"8147"（不要生气）、"987"

（就不去）、"748"（去死吧）、"5555"（呜呜呜呜）、"1414"（意思意思）等，这些阿拉伯数字通过语音的模仿而被赋予汉语的意义，由于比较简便、幽默、直观和快捷，因而被大量地用于网络聊天和虚拟空间之中，但在日常生活中则较少使用。

  时代在不断前进，人们的思想观念也在相应地发生改变从而适应这个时代的需要，世间万物的变幻，促成了当代人追求新颖与时尚的心理。在这种生活现实和心理诉求的双重作用下，通过语言的使用来展现自我的观念和个性，无疑是一个直接、简便，而且成本较低的选择，这应该是流行语得以流行的一个客观的经济要素。我们需要重视的是，随着社会生活的急剧变化，流行语的更新换代也变得平常和自然。一些流行语在日新月异地演变和产生，与之同时，另一些流行词语却在不知不觉间被替代而销声匿迹，甚至都来不及在人们的生活记忆中留下印记。纵观20世纪末期至今的这段历史发展时期中产生的流行语，我们不难从中感受到人们鲜活和生动的时代性追求。比如"亚洲金融危机""民工潮""三农""听证会""新北京、新奥运""诚信""千年虫""海龟""丁克家庭""网络小说""科学发展观""和谐社会""野蛮女友""彩信""博客""执政能力""审计风暴""零关税""反分裂国家法""海啸""快男超女""中国好声音""跑男""真人秀"等一系列流行语涉及社会生活的各个方面，表现出社会文化生活全方位、多领域的发展变化以及人们对新生事物的心理接受态度，对时尚潮流的跟风和追逐，对个性张扬的期许，对人性的审视以及竭尽所能求新求异的大众文化心理。而经济的全球化更使得流行语不再局限于自己国家的范围，多元文化的异质交流和融合现象也正在通过流行语的使用呈现出来。

文化是语言的土壤,在当前中国社会中,传统文化与舶来文化的混生交错带来了文化实践的多元变异,这种文化领域的新变化,也很自然地通过语言体现出来,尤其是流行语更是迅速和准确地捕捉到来自文化的信息。在以中国传统文化为依托,以国家政治经济发展为依托的主流文化发展战略的双重作用下,近年来出现了许多相关的流行语。比如承载了几代国人梦想的"北京奥运",集中展示中国改革开放三十余年发展成果的"上海世博",倡导生态文化和绿色发展的"西安世园",还有宣扬中国传统文化的"孔子学院",增进异质文化和谐交流的"中法文化年"和"中俄文化年"以及区域文化交流的"神州文化旅游"和"中国文化周",反映和弘扬当代中国文化精神的"感动中国",还包括推动多元文化共存的载体及媒介方式本身如"博客"、"微博"和"微信";以娱乐大众,展示特色和彰显个性为主旨的"草根文化"及其代表艺术样式,比如"二人转";也包括走上主流媒体,契合大众文化欣赏水准和接受心理的综艺娱乐节目如《非常6+1》、《星光大道》、《中餐厅》和《快乐大本营》,以及风靡全国的选秀节目如《超级女声》、《非诚勿扰》、《中国好声音》和《我是歌手》;还有一些大众喜闻乐见的经典文化传媒作品比如《不差钱》以及其台词"眼睛一闭一睁,一天就过去了,眼睛一闭不睁,一辈子就过去了"、"这个可以有"、"这个真没有"和电影《手机》里的经典台词"做人要厚道"都被人们喜爱并频繁使用而风靡一时,其中"做人要厚道"甚至荣膺2004年度十大网络流行语第一名。由此可见,社会文化与接受心理的多元发展,使得主流文化和"草根"文化一起,都对流行语的丰富多元发展产生了不可小觑的推动作用。

人类对生活于其中的世界的认识总是在与时俱进的发展和变

化的，于是，表达人类对世界的认识和感受的语言系统，也相应地需要针对性地、相匹配地完善和发展。当然，这种相互间的适应和调整并不是直接而迅疾的，因为这个进程要受到社会心理的接受和反应，从而在各种刺激和信息的促使下获得实现。值得注意的是，语言的使用相对于心理的激变具有稳定性和耐受性，因此，在现实生活中，就会出现语言使用现状不能跟上心理诉求表达的愿望的不平衡现象。这种不相适应的矛盾状况的有效解决，从某种程度上，催生了并不规范但却能被人们约定俗成地接受的流行语的产生和广泛使用。

（四）大众传媒的促进促进流行语的定型与传播

语言应该是生动而鲜活的，只有在使用、发展和变异的过程中才能真实地存在和发展。随着"地球村"时代的到来，世界上不同国家、地区以及不同民族之间的经济贸易和文化交流的水平不断提高和深化。大规模的人员交流和往来，导致基于沟通的愿望而促进语言之间的借用和转化。而在全媒体时代，这种语言的交流和转化现象，更是顺势而为地突出表现在促进流行语的定型与传播方面。比如，原本是广东方言的"顶你个肺"，就伴随着宁浩的《疯狂的石头》这部电影的热映而在不同的地区流行起来。在方言的流行化传播之外，泛滥于网络平台上的还有许多源自英语的流行语。比如，"FT"是"faint"的简称，晕倒的意思，"SU"是"See you"的意思，"AUOK"是"Are you ok"的意思，"OIS"是"Oh, I see"的意思，"BTW"是"By the way"的意思，"GF"是"girl friend"的缩写，"BF"是"boy friend"的缩写。再比如，"BT"是变态的意思，"MM"则是妹妹全拼的缩写，"GG"是哥哥全拼的缩写，"JJ"是姐姐全拼的缩写，"DD"是弟弟全拼的缩写，"PLMM"是漂亮美眉全拼的缩写，"PPMM"

是漂漂美眉的拼音缩写,"3Q"是"THANK YOU"的意思,"PF"是佩服的意思。这些流行语的大量出现,和大众传媒的虚拟空间特征有着重要的关系。① 大众传媒自身的开放性和自由性,以及它打破了时间和空间的客观限制,使得"地球村"的人们能够随时随地地进行无障碍的交流沟通。这为不同语言之间的学习、借鉴、化用提供了史无前例的方便和快捷。而语言所依托的不同文化和文明,也伴随着这种语言的融合,以及基于大众传媒而被无限传播的多元文化的交流而得以创新和发展。在大众传媒的传播能量驱使下,仿佛就是在一夜之间,人们的日常生活在不经意之中就变得多元,这种剧烈的变化被深刻地反映在流行语之中。通过梳理三十余年来的大众传媒传播内容重点可知,在1980年,"电视机""住房"成为当年流行语,然而当很多家庭还没有买得起电视机时,"旅游""录音机""电脑""名牌""明星""时装""彩电""冰箱""卡拉OK""空调""VCD"等与大众日常生活相关的流行词语不断涌现出来,并迅速成为家喻户晓的时尚语言。改革开放打开了国门,扩大了与世界各国的文化交流,国外的语言文字经由大众传媒的推介乘势进入流行语的创造和使用中,甚至像"WTO""IT"等流行语则直接与国际接轨,由纯英文字母组成,中国语境中的流行语变得更加丰富多彩。互联网的运用和个人电脑的普及为流行语(如"互联网+"和"5G")的产生和使用带来了更加多元和迅猛的变化,之前更多依赖社会变革才能大规模产生和使用的流行语,在大众传媒时代里则是日新月异、分秒必争地丰富和发展着,并强势地介入人们的日常生活。

---

① 英语中也有大量缩写词,主要用于网络文本。如 LOL(laughing out loud)、IDK、LY&TTYL(I don't know, love you, talk to you later)、BRB(Be right back)等。

大众传媒在高新科学技术的支持和"武装"下于当今具有举足轻重的作用,从国家政治生态到和谐社会建设以及大众日常生活的各个角落,网络(如《第一次亲密接触》)、电影(如《非诚勿扰》)、电视(如《中国好声音》)、手机(如华为)、报纸和畅销杂志(如《时代周刊》和《男人帮》)等新媒体和多媒体综合平台,对于流行语的广泛传播和社会问题的问症与解决都起到了至关重要的推动作用。值得特别注意的是,这些大众媒介不仅是流行语的传播渠道,更是流行语的"生产车间",通过这种"自产自销"的商业营销策略来获得娱乐和时尚的话语权,吸引"眼球"以最大化争夺与控制大众消费资源。比如危害公众身体健康的"非典"、"禽流感"和反映人们对沙尘和雾霾天气担忧的"尘埃落定"等词语就是在各种大众传媒不遗余力的报道宣传中而引起社会关注,上传下达并促成了问题的妥善处理和有效解决。在信息化时代,许多新词新语和流行语,都是在大众传媒的全方位、立体式的"凶猛"报道与宣传中以不可思议的速度和广度流行起来的。比如,当安妮宝贝、卫慧和木子美的小说作品流行畅销之后,"××宝贝"、"美女作家"和"身体写作"等词语就在大众传媒的报道、讨论中迅速地成为流行语;冯小刚的贺岁片《天下无贼》上映之后,葛优的一句台词"黎叔很生气,后果很严重"很快就成为年轻人耳熟能详的流行语;"实话实说""超级女生""非常6+1""星光大道""非诚勿扰"等流行语,也都是伴随着同名的电视电影综艺娱乐节目走红而流行起来的;还有一些流行语则是来自通过大众传媒而流行的文艺作品,比如,"不要和陌生人说话"是因为同名小说和电视剧的热播才流行起来的;"你总是心太软""伤心太平洋""天黑黑""都是月亮惹的祸"则是来自流行歌曲;而"走光""美眉""恐龙""眼球"

"爆料""超女""且行且珍惜"等流行语则都是大众娱乐传媒制作并传播的产物。值得特别说明的是，政治环境的宽松，文化的多元，使得社会生活充满活力，是流行语得以流行的社会基础，而现代大众传媒的发达，尤其是网络世界的繁荣，更使得流行语能够迅速定型和传播。

(五) 网络科技的发展加速流行语的流行和衍生过程

电子计算机科学技术的发展与网络信息技术的提高，对当今世界的发展和变化具有重要意义，它颠覆了地理的、自然的时空模式，改变了人们的生活和沟通方式，进而影响到人们的生活方式和价值观念，并反过来制约和引导信息社会的发展趋向，它对人类社会的影响是深刻而具有革命性的。作为社会生活和社会文化心理组成部分和能动反映的流行语，也因为网络技术的发展而迎来黄金发展期，并且与网络结盟而衍生出具有新颖性和强大影响力的网络流行语。网络既是流行语借以传播和流行的工具和方式，又是流行语赖以创生和发展的源泉和温床。网络作为交流沟通的平台，要求有适合自身沟通特征的语言，而语言面对新的传播方式，也必然会产生相应的变异而与之相适应。网络对语言的影响就体现在相关的流行语的创造和使用过程中，语言对于网络的选择和促进表现在相关社交平台以及聊天和交友软件的开发与拓展之上。当前的社会已经进入信息化时代，在新技术的支持下，数字化网络空间成为一种独立于现实生活世界的空间环境，这样的网络空间有自己的固定"住户"即网民或者"网虫"，他们有属于自己的交流方式和语言习惯，于是基于网络虚拟空间的网络流行语便顺势而生。根据《江淮论坛》2008年第4期的统计，中国网民总人数已经位列世界第一。而在历次关于网民群体的构成分类调查中，我们发现，18—24岁的年轻人是网民的中坚群体,其使用网络的总人数和总人次都远远高出其他年龄段的网民。从生理、心理以及时代环境等因素来考察,不难发现,处于这个网络时代的这样一个年龄阶段的青年人,生理先于心理而成熟,价值观念多元而不稳定,思想活跃却不够专注,对新事物充满好奇但仅止于刺激的体验,迷恋自我喜欢追求个性,高傲却又自卑,追逐时尚却易于随波逐流,沉迷于超越束缚却并不明白自己究竟想要怎样的生活,喧嚣而躁动,真诚而脆弱,现实的生活往往让他们无奈而不知所措,或者消极避世以图逍遥自在。于是,相对开放而自由的网络空间和虚拟世界便顺理成章地成为这一代年轻人的"桃花源",而富于时代性格特征的他们也成为网络流行语的创造者和使用者。这样一个创造群体和网络受众的出现和强势存在,是网络流行语得以繁荣的保障和前提。但是,即便是职业的网民也不可能一直生活在虚拟的网络世界中,他们必然还要面对现实的物质世界,这种转换本来需要语言的同步改变,然而,由于个体适应性和转换语言的复杂性,许多网民就直接把网络用语挪用到现实生活中来,并在非网民的认知中成为时尚的标志,从而被模仿和使用。网络技术的发展和电脑的日益普及化和微型化,使得社会大众渐渐地都开始拥有了"双重身份",这种现实世界和虚拟空间的错位和对接,对于流行语的产生、变化和使用与创新带来深刻的影响。

当前,尽管多媒体技术的发展使得人们通过网络进行语音和视频沟通成为可能,但语言文字符号的运用依然是人们的不二选择。许多网民既热衷于网络社交平台的使用,又钟情于语言文字符号的运用,于是,出于便捷、时尚、含蓄、幽默和口语化的考虑,便通过谐音、简略和图像符号等方式,创造出一批网络流行语,并渐渐地扩展到他们"线下"的日常生活之中。在当前这个追求新颖和便捷的时代，流行语一个较为突出的特点就是大量字母融入流行语的创造和使用过程。比如 WTO、APEC、VISA 卡、FB（腐败的开头，在网络一般是出来聚聚的意思）。而诸如"做人要厚道"、"沙发"（尤指在论坛里第一个回帖的人）、潜水（表示在论坛只浏览帖子不回复）、顶（表示支持）、弓虽（"强"字拆开的部分，还是强的意思）等一些流行语的产生则体现了大众日常生活的丰富多彩。不难发现，网络流行语其实很多是人们常用的词语，但经过网络的改造和变形，而被重新赋义，这种变化可能会带来一个尴尬的结果，即对于那些不用或者少用网络的人们来说，这些网络流行语就无法被理解和接受。

　　网络作为现代社会重要的信息传播渠道，对于社会生活事件的报道具有及时性和新闻性的特点，而且信息一旦在网络上出现，便会迅速地被聚焦，成为人们热议的话题和关注的焦点。鉴于这一特点，网络门户网站出于商业竞争的需要，往往会在首次报道之时，尽可能地创造出让人耳目一新并且耳熟能详的流行语，来吸引网民的眼球，震撼人们的神经，聚集人气。网络科技的一个重要特点就是快捷，这为流行语的流行性传播提供了关键的物理支持。无论从传播的广度还是流行的速度来看，网络是当前流行语得以较为广泛而深刻地流行的关键。尤其是对于社会重大事件的报道，只需简练的几个关键词流行语，就能使得该事件迅速占据网络传播的头版头条，引起极大范围的注意和社会各阶层的关注，比如"给力"，本是源于日本的搞笑动画片《西游记：旅程的终点》，在其中文配音版中，悟空有一句抱怨："这就是天竺吗，不给力啊老湿。"在 2010 年网络十大流行语评选中排在第一位。从语言词汇本身的感受而言，"给力"有"带劲"、"有面子"、"超棒"、"很及时"和"恰如其分"的意味，而且其音调比较率性和有力度，能够比较贴切地表达使用者的心情和情绪体验，并展现出使用者的个性与气质，也符合了这个充满激情并弥漫着浮躁气息的社会风貌，于是被人们不约而同地选择使用，可谓一夜之间红遍大江南北，生活中的方方面面都可以用"给力"表现，或与"给力"混搭，比如"给力小说""给力面""给力消防员""给力中国好声音""高房价给力光棍节""给力小长假"等，《人民日报》头版头条竟然也刊登了题为《江苏给力"文化强省"》的报道，并因其语体风格与党报的风格定位存在差异问题，还引发了人们的争议。中国新闻传播学评论网站在首页发表文章《"给力"登上人民日报头版头条引人深思》，《纽约时报》也发表文章介绍中国流行的词语"给力"已得到了官方的认可，"给力"也因而变得更加流行，更加"给力"。

## 第三节　当代流行语的研究现状及本书的研究内容

### 一　当代流行语的研究现状

从20世纪90年代开始，流行语随着经济社会的发展和文化的多元共生，被人们有意识或者无意识地大量使用，逐步成为一种新的语言运用现象。与之同时，流行语也开始进入人们的研究范畴，关于流行语的研究成果逐年增多，如由郭大松、陈海宏主编的《五十年流行词语1949—1999》[①] 细数这五十年来的流行词语，并逐条进行解释和说明。不过，客观地说，这一时期对流行

---

[①] 郭大松、陈海宏主编：《五十年流行词语1949—1999》，山东教育出版社1999年版。

语的研究应该说还是处于比较初级的探索阶段，研究成果的学术价值和理论高度并不理想。

流行语能最及时、最大众、最现实地描述社会现象，揭示社会问题，容易形成社区性的乃至全国性的社会舆论，具有丰富的社会意义和研究价值。从社会学的视角观察流行语，是社会学和语言学交叉研究的新的尝试。国内外这方面的研究成果尚不多见。19世纪美国著名的文化人类学家摩尔根的《古代社会》①一书，从语言中的词汇研究社会生活，揭示出语言与社会的"共变"规律，具有划时代的意义，曾被恩格斯誉为在论述社会语言方面是一部"象达尔文学说对于生物学那样具有决定意义的书"。郭沫若的《卜辞中的古代社会》②一文，通过殷周时代的卜辞（即当时社会的流行词语），考察古代社会生产和社会组织，具有很高的学术价值。近年来报刊网络上关于流行语研究的文章不少，但多缺乏学术深度。

进入21世纪以后，社会日新月异的发展，尤其是"全球化"的交流语境和网络科学技术的高速发展，使得流行语快速增长，已经成为人文社会科学研究无法忽视的一个重要命题。许多专家学者致力于对流行语的专门研究，本科生和研究生也把流行语作为毕业论文的主题进行探索，使得当前流行语的研究成果相当丰富，在各个视角和层面都有了比较丰富的观点。对流行语的关注和研究还体现在对年度的流行语的评选方面，内容和方式都格外引人注目。流行语的评选主体多为各类杂志和新闻媒体，近年来，评选活动更加细致化，评选的次数渐多，参与者渐增，语料

---

① ［美］路易斯·亨利·摩尔根：《古代社会》，杨东莼、马雍、马巨译，商务印书馆1977年版。

② 选自郭沫若《中国古代社会研究》，新文艺出版社1952年版，第21页。

更充分，方法更科学。比较突出的评选有国家语言文字资源检测与研究中心的流行语评选、文汇新民联合报业集团新闻中心的流行语评选、《咬文嚼字》的"十大流行语"评选等，这些评选活动更引起了人们对于流行语的兴趣和认识。2002年国家语言资源监测中心、北京语言大学、中国新闻技术工作者联合会分别对《人民日报》《南方周末》等十四家主流报纸当年全部四亿九千万条语料进行统计，发布了2002年主流报纸十大流行语。两年后，上海文汇新民联合报业集团新闻信息中心在对中华人民共和国成立以后五十五年流行语研究的基础上，又推出了2004年度流行语报告。2007年，由夏中华主编的《中国当代流行语全览》①，更是对当代流行语进行了全面的系统的搜集和整理。2008年网络上开展了改革开放三十年流行语的评选活动。那些曾流行在我们的生活里，却又终于被时间和生活淡化甚至消忘的事物和记忆，因为这些流行语的评选活动，再次引起人们许多宝贵的回忆。2008年由高虹编著的《流行语看中国（1978—2008）》②，从流行语这一独特的视角看改革开放以后中国社会民生的深刻发展变化，作为岁月记忆和生活印记的流行语，已成为改革开放道路上，我们一步步艰辛前进的历史见证。

与此同时，关于流行语的辞典和书籍也纷纷出版，如熊忠武《当代中国流行语辞典》③，文汇出版社从2005年开始每年发行一本《中国流行语发布榜》等，这些辞书按时间顺序对流行语进行列举和解释，以展现各个时期流行语的使用情况，为流行语的研究提供了大量真实的"第一手"语料。尽管如此，作为一个新颖

---

① 夏中华主编：《中国当代流行语全览》，学林出版社2007年版。
② 高虹：《流行语看中国（1978—2008）》，四川文艺出版社2008年版。
③ 熊忠武主编：《当代中国流行语辞典》，吉林文史出版社1992年版。

的研究领域和崭新课题，流行语的研究仍不充分、不深刻、不全面，理论性程度不高，系统性和规范性不强，重复性的研究多有出现，缺少总体性的研究而多是各自为战，观点相抵牾但缺乏对话沟通，跨学科的研究更是凤毛麟角。比如关于流行语对语言规范的冲击和影响问题，当前学界主要有两种截然相反的观点，一种观点认为目前的流行语极不规范，分明就是对传统语言的无情滥用和肆意肢解，对语言文字的纯洁性是一种严重的戕害，是对汉语世界的一种垃圾污染，是一个不健康的、应该予以扼杀的不良苗头；另一种观点则认为流行语是语言的"宠儿"，它活泼、生动、自由、开放、亲切、趣味，接近生活，是人民群众喜闻乐见的语言形式，是新时代人们标新立异心理的正常反映，也是人们宣泄感情、释放压力、显示自我个性、追求时尚生活理念的具体语言实践行为，它代表了语言发展的方向，因此应该给予保护和支持，使其得以自由发展。我们认为流行语是否规范，关键的评判标准应该是人们的使用实践，而不应该是研究者个人的好恶和情感评价。一些普遍使用的流行语，在产生之初也可能是不符合语言规范的，但随着使用的人越来越多，社会也就应该理性地接受，而不是一味地害怕和拒绝。前些年出现的"互动""脱口秀""酷毙"等词语，就已被汉语词典收录，新近出现的流行语如"PK""海选""作秀""出轨""脱轨""创客""佛系""巨婴""杠精"等也会逐渐成为日常生活语言的有益补充，体现出新的社会现象、精神风貌和人们的社会心理状况，并给汉语的发展注入新的活力。

必须承认，我们正处于一个价值多元化的时代，语言同样不可能单一固定，一成不变，著名语言学家许嘉璐先生在《文汇报》上曾撰文说道："我们是在不规范的情况下搞规范，语言又在规范中发展。规范并不能阻止语言的发展演变和出现一些奇奇怪怪语言现象,当然也就不能保证出现的新词语新说法人人都懂得,不进行规范当然不行,过分强调规范,希望纯而又纯也不行。"语言是活的、变化的,必然会进行新陈代谢,才能够为人类的交际服务,社会是动态的、开放的生活空间,只要它还在不断进展,就必然经常出现新的现象和与之相应的新的流行语。创新是事物的生命力的源泉所在,只有不断地超越和创新,才能推动事物的发展。流行语已经活生生地走进了我们的日常生活的各个领域,同时也应该深入地走进我们的学术研究视野,从而为语言和社会的发展,提供必要的理论支撑和方向指导。当前,对于流行语的研究现状主要呈现为以下几个方面。

(一) 流行原因的研究

"有因必有果,有果必有因",一种社会现象的产生也都必然存在着致使其产生和发展变化的原因。因此,对于流行语流行原因的分析就成为人们直面流行语之后想要探究的一个焦点。概括而言,关于流行语流行原因的研究主要包括两种,一种是从多个角度作相对独立的分析,目前探讨比较多的内容包括语言自身的因素、媒体传播因素、社会心理因素、大众文化因素和政治制度政策因素等。除此之外,还有从微观的社会个体的从众跟风、求新求异的心理来研究流行语得到广泛使用传播的原因;还有媒体的宣传报道中对流行语的大规模的使用,都使流行语在更大范围、更短的时间内得以传播流行,这一类研究重在案例分析。另一种是以具体的理论为突破点来对流行语流行的原因进行深入细致的学理研究。例如张丽红的《大学校园流行语的模因理据分析》就基于达尔文进化论来解释文化进化规律的模因论,为研究校园流行语成功复制和传播以及它们在交际中的语言特色提供了理论依据，同时还指出大学校园流行语中的模因可以在字、词、短语、句、段乃至篇章中体现出来。大学校园流行语之所以被复制和传播，还由大学生的性格特征和社会原因决定。① 张家瑞、高蓓蓓的《网络流行语的秘密：模因》则主要利用了道金斯、海利根、布莱克摩尔等人提出并发展的模因论（即不断得到传播、复制的语言、文化习俗、观念等都是作为文化传播单位或模仿单位的模因，它们按其固有方式进行运行）来分析流行语流行的规律及特点。② 这种研究虽然使用了理论来分析，但不免给人一种隔靴搔痒的感觉，不能把问题落实到流行语的使用实践上来。

（二）校园流行语研究

流行语流行的时间、范围以及使用人群的年龄、知识结构和生活理念都有着明显的不同和差异，呈现出层级性和区域性。校园是流行语产生的沃土和使用的"绿色大棚"，年轻的学生队伍是流行语使用和传播的中坚力量，而最早关注流行语的学者也多是在校园工作的教师和研究生，因此关于校园流行语的研究一直比较兴盛，研究范式和视角也较为多样化，如王勇、赵晓光的《校园流行语的符号学——心理学视角研究》就从符号学和心理学的双重角度探讨了流行语这一独特的语言形式的符号学特点及其产生的心理学功用。③ 校园流行语具有新颖性、经济性、形象性和幽默性四大特点，这一新的语言形式映射出当代大学生所具

---

① 张丽红：《大学校园流行语的模因理据分析》，《湖北广播电视大学学报》2010年第5期。
② 张家瑞、高蓓蓓：《网络流行语的秘密：模因》，《四川教育学院学报》2010年第2期。
③ 王勇、赵晓光：《校园流行语的符号学——心理学视角研究》，《山东教育学院学报》2010年第5期。

有的心理状态,其中包括防御心理、合群心理、猎奇心理和仿效心理等。李丽的《从社会方言与时间方言的角度看当代大学生流行语》则在收集了大学生中流行的部分语汇的基础上,利用社会语言学的相关概念对这些语汇进行了分析与归类。根据音、形、义之间的关系,将大学生中间的流行语汇分为两类,一类是变形,一类是换形。① 这种研究方法比较务实,但成果很难创新。王晓红的《从校园流行语分析大学生的个性心理》认为校园流行语的产生,固然是语言发展的必然趋势,但从中也反映出当代大学生文化、个性、心理等方面存在的因素,② 比较重视流行语的反映功能。王冬佳的《当下大学校园流行语特征浅析》也是主要探讨校园流行语所折射出来的大学生的心理特征,以及校园流行语的整体特征,认为大学生作为有较高文化素养的一个特殊群体,他们语言的独到之处反映了他们求新求奇的个性化心理,和紧跟时代步伐、大胆使用负面词,并且乐于对方言、外来词等词汇进行重新赋义的特征。③ 校园流行语研究是流行语研究中一个活跃和生动的领域。

(三) 网络流行语研究

网络因其迅捷的传播速度、低廉的传播成本、便利的传播途径和庞大的使用群体这些优势,使得从网络使用和推广自产生以来就成了流行语极为重要的产生来源和传播方式,目前学界对网络流行语的研究多彩纷呈。如黎昌友的《网络谐音流行语的生成渠道及特点》认为大量使用谐音,是网络语言的一大特点。④ 网

---

① 李丽:《从社会方言与时间方言的角度看当代大学生流行语》,《考试周刊》2010年第8期。
② 王晓红:《从校园流行语分析大学生的个性心理》,《语文学刊》2006年第2期。
③ 王冬佳:《当下大学校园流行语特征浅析》,《考试周刊》2010年第4期。
④ 黎昌友:《网络谐音流行语的生成渠道及特点》,《广西社会科学》2009年第2期。

络谐音流行语生成渠道主要有普通话汉字词谐音、方言字词谐音、数字谐音、音译外来词、缩写汉语拼音词等。网络流行语具有诙谐幽默、经济简洁、视觉性强、粗俗化等特点。杨萍的《网络流行语：网民自主话语生产的文化景观》发现网民从网络媒体中获得了强大的话语生产能力，在某种程度上动摇了传统媒体一贯拥有的话语霸权地位，在传统媒体话语之外，形成一股制衡的力量。① 网络流行语无疑是这种网民自主话语的集中张扬。姜胜洪的《当前我国网络流行语中的舆情分析》关注到社会舆情问题，② 他以2009年度网络语言中影响力较大的网络流行语为研究对象，着力于从舆情的角度进行了分析，认为网络流行语不仅描绘出人们内心深处的"权利焦虑"，而且流露出网民对公权的质疑和讽刺，以及对关乎公共利益的真相的期盼和渴求，在某种程度上触及了流行语的社会价值这个核心议题。除此之外，陈建飞的《报纸标题傍网络流行语的现象辨析》另辟蹊径，针对性地分析报纸标题中纳入网络流行语这一现象，③ 认为这体现了传统媒体的包容度和与时俱进，也是社会进步的表现，同时也进一步指出了存在的一些问题，有些纸质媒体经受不住阅读率、转载率的诱惑，在制作标题时，盲目迷信网络流行语的传播作用，滋生出傍网络流行语的情结。于鹏亮《中国网络流行语二十年流变史研究》以1994年为研究起点，梳理网络流行语的发展历程，将其进程划分为萌芽期、发展期和高涨期，并进一步从语言学、传播学、文化学等多视角考察流行语生成的语言学动因、归纳其流行性特征，分析网络流行语的传播属性以及全媒体环境下它与

---

① 杨萍：《网络流行语：网民自主话语生产的文化景观》，《今传媒》2010年第5期。
② 姜胜洪：《当前我国网络流行语中的舆情分析》，《未来与发展》2010年第6期。
③ 陈建飞：《报纸标题傍网络流行语的现象辨析》，《新闻实践》2010年第9期。

大众文化的交互关系。①

(四) 个案式流行语研究

个案式流行语研究当前主要包括两个方面, 一是对某个具体流行词语的微观研究。如沈娜的《网络流行语"泪"的动词用法及其相关构式》就指出"泪"开始用为动词, 并构成"泪奔"等新词,② 广泛运用于网络交际, 甚至日常口语中, 借助网络的强势渗透能力, "泪"获得了一部分与表情动词相似的结构方式和构词能力。聂汉琳的《流行语"貌似"的语料研究》把"貌似"一词在北京大学汉语语言学研究中心现代语料库中的语料和新浪论坛上的语料进行了对比, 并找出了它们之间的差异, 材料比较翔实。③ 王云辉的《试析语言学视野下的流行语"美女"》则从语义和语法的角度对当下流行语"美女"进行了分析,④ 发现"美女"这个流行语在使用过程中已经发生了明显的泛化和虚化的现象, 相应地, 其语义特征、使用范围和感情色彩也随之发生了一些变化。二是对某个流行语格式的归纳和阐释, 总结出这类流行语格式所具有的共同特征。如郑庆君的《流行语"被+××"现象及其语用成因》研究"被+××"结构, 认为这对传统的"被"字结构形成了诸多的"反叛",⑤ 但却受到社会的高度认可, 究其原因, 是因为其特定的语义特征与结构模式, 正适应着时下的社会语言使用原则, 反映出当代流行语的基本特点, 并得出

---

① 于鹏亮:《中国网络流行语二十年流变史研究》, 博士学位论文, 上海交通大学, 2014 年。

② 沈娜:《网络流行语"泪"的动词用法及其相关构式》,《现代语文》2010 年第 8 期。

③ 聂汉琳:《流行语"貌似"的语料研究》,《内蒙古农业大学学报》(社会科学版) 2010 年第 1 期。

④ 王云辉:《试析语言学视野下的流行语"美女"》,《现代语文》2010 年第 2 期。

⑤ 郑庆君:《流行语"被+××"现象及其语用成因》,《西安外国语大学学报》2010 年第 3 期。

结论，即这一结构大规模多批次地得以复制与传播，已经成为当下流行语中的一个"强势模因"，而这也印证了模因论学者的相关论点。

（五）流行语跨学科研究

流行语的研究已经突破了传统的语言学视角的范围，近年来，随着流行语与人们生活的日益密切，不同学科背景的人们都开始对流行语表现出积极的兴趣，而且跨学科的学术研究已经成为现代学术的一个重要方向。从社会学的视角研究语言学的材料，是学科交叉研究的新的尝试，具有很新的研究前景和研究价值。通过对当代流行语社会价值的综合研究，探索如何利用这一语言现象的社会属性和文化功能去获取舆情民意，从而发挥流行语的舆论控制作用，化解社会矛盾，促进社会和谐，日益成为大家的共识。

在这样的时代背景和学术动态推动下，不断有研究者从教育学、社会学、政治学、经济学的角度开始对流行语进行研究探讨。如孔国庆、董宜彦的《网络流行语在高校思想政治理论课教学中的有效渗透研究》就从网络流行语的自身特征和高校思想政治理论课的教学特点出发，分析网络流行语渗透进高校思想政治课教学的可行性，以及如何进一步增强高校思想政治理论课的实效性。[1] 吴学琴的《日常生活化的意识形态与新中国流行语的变迁》认为流行语是大众日常生活的客观记录，也是意识形态日常生活化的表征。[2] 她发现中华人民共和国成立60年来流行语基本经历了从以政治话语为主到以经济话语为主，再到经济和文化双

---

[1] 孔国庆、董宜彦：《网络流行语在高校思想政治理论课教学中的有效渗透研究》，《黑龙江高教研究》2010年第11期。

[2] 吴学琴：《日常生活化的意识形态与新中国流行语的变迁》，《马克思主义研究》2010年第3期。

重话语之下的多元话语时代三个阶段，这三个阶段的流行话语一方面感性地记录了人民生活不断富裕的过程，另一方面反映了中国意识形态日常生活化一波三折的发展之路，经历了从"泛意识形态"到"淡化意识形态"再到"去意识形态"的明显变化。郑崇选的《三十年流行语中的当代消费文化变迁》从流行语三十年的流变中，看到当代中国的消费文化经过三个阶段的发展，逐步完成了由使用价值到符号价值的过渡，消费主义文化正在成为新的意识形态。① 梁艳的《现代流行语及其社会文化心理再探》从流行语产生的背景以及与新词语的关系入手，简要分析了流行语的来源和类型，并在此基础上阐述了流行语所凸显的社会文化心理。② 刘泽权、张丹丹的《我国当前流行语的语言学与社会学分析》在总结归纳流行语的特点、来源方式及发展趋势的基础上，剖析了流行语对社会、语言和文化以及人们生活所带来的积极和消极影响，指出如何树立正确的语言观和价值观。③ 这些关于流行语的跨学科研究对于我们探讨当代流行语的社会价值有重要价值。

## 二 本书的研究内容

通过对当前流行语研究的情况进行总的分析，我们发现当前的研究注重语言的经济原则，却忽视语言的心理因素；关注语言的心理机制，却忽略语言的运用语境；关注语言的使用群体，却

---

① 郑崇选：《三十年流行语中的当代消费文化变迁》，《上海商学院学报》2010年第5期。
② 梁艳：《现代流行语及其社会文化心理再探》，《西昌学院学报》（社会科学版）2010年第3期。
③ 刘泽权、张丹丹：《我国当前流行语的语言学与社会学分析》，《燕山大学学报》（哲学社会科学版）2010年第3期。

轻视语言的社会效应；关注语言的社会价值，却无视语言的社会价值的理论审视。本书关于当代流行语的社会价值研究，在吸取前人研究成果的基础上，拟就几方面的问题展开讨论。在讨论过程中，力求在研究理念和研究方法，特别是研究视角方面探索创新。本书努力尝试从当前较为普遍的对流行语的文本分析、模态研究、分类研究以及使用群体的身份和范畴研究中跳出来，而从宏观视野和理论高度来考察其社会价值。比如，对于当代流行语的社会价值，一是从社会学的视角加以发掘，二是用语言学的理论加以分析，三是从中国传统文化中吸取借鉴，四是引入新潮学术理论加以阐释。

从社会学的视角看，流行语是一种社会现象。它的价值在于社会历史的变迁、社会生活的变化都能在流行语中得到反映。除了这种反映功能以外，很多流行语还可以激发积极情绪，提高自身修养。由于流行语在社会成员之间存在着一种紧密有序的联系行为，通过流传和交流协调，有助于统一认识、缓和矛盾、实现社会团结和谐。一些流行语的讽刺劝谏作用，可以讽刺社会弊端，有助于促进社会公平正义。

从语言学角度讨论流行语，除了要考虑其流行性外，还必须考虑其创新性。只有语音、语义、语法或文字等的创新，才能赋予流行语以附着力，从而使之具备流行性。流行语的创造者常常运用语音、词汇、文字及修辞等诸多手段，去造成编码与解码的人为障碍。通过对共同语或地域方言的改变、更换或扭曲，造成能指成分与所指成分之间的矛盾离异来达到新奇的目的。流行语通过语言变异造成了语言形式与语义的疏离，其目的正是求异求新求奇，并且因之而得以流行。

研究当代流行语应该借鉴中国传统文化的研究成果。中国最早的一部诗歌总集《诗经》，就是先秦时代的一部流行歌谣集。孔子将《诗经》里流行歌谣的作用归纳为四点："兴""观""群""怨"。"兴"是指流行语的激励和感发功能，即它们可以激发正气、令人奋发向上；"观"是流行语对社会的反映功能，即可以观察社会生活、民风民俗，考察为政得失；"群"是流行语对社会的和谐功能，即流行语可以引发共鸣，形成舆论，统群和众；"怨"是流行语对社会的讽谏功能，即流行语可以宣泄愤懑，对执政当局批评劝谏。当代流行语作为一种修辞文本，从流行语反映社会生活的功能看，可以说古今一理。孔子归纳先秦流行歌谣的这四大功能，大致概括了当代流行语的社会价值，值得借鉴吸取。

本书尝试引入生态批评理论、符号学理论、社会奇观理论对当代流行语的社会价值进行分析研究。本书在第三章中，从生态批评、符号学和社会奇观三个方面对流行语进行初步的考察和研究。生态批评的对象涵盖了人类生活的方方面面，当代流行语也必然进入生态批评的视野。本书从自然生态、社会生态和精神生态这三种视角对当代流行语的产生与流行机制、当代流行语的内容、当代流行语传播过程进行分析研究。同时，流行语本身就是一种语言符号，从符号学的视角来研究流行语是合理的、科学的，而且通过符号学的研究，我们更容易窥见流行词语所承载的意义价值和文化心理，对于我们更好地监控、规范流行语的使用具有重要作用。另外，由于有的流行语具有超强的组词能力，其在流行过程中往往衍生出一大群类似的词语，并引发一场场媒体奇观。因此本书也尝试将社会奇观的理论引入对流行语的分析研究之中。

# 第二章　流行语流行的原因

马尔科姆·格拉德威尔认为，某一事物的流行需要三个条件：第一，个别人物法则。即在流行的触发及其过程中，某些人比其他人更为关键，亦即少数人触发了流行。这些人可分为三类，联系员、内行和推销员。第二，附着力因素。即流行事物本身必须像病毒一样具有传染性，它应该具备让人染上便难以摆脱，或者过目难忘，或者至少留下深刻印象的附着能力。第三，环境威力法则。环境对于流行事物的流行有着极端重要的决定作用，甚至一个微小的外部环境的变化，就能决定流行或者不流行。①

流行语作为一种流行物，其流行也不出上述三方面的原因：人的心理因素，流行语本身的附着力因素，社会环境因素。

人的心理因素是流行语盛行的原因之一。语言往往能够透露出说话者的个性气质与情感倾向，因而人们倾向于选择那些流行的、社会推崇的东西表现自我，吸引他人的注意，给他人以深刻的印象，从而迅速获得他人的认同与重视；同时也愉悦自己和他人，融洽气氛。流行语正好充当了这一媒介，因此得到了大众的

---

① ［美］马尔科姆·格拉德威尔：《引爆点——如何制造流行》，钱清、覃爱冬译，中信出版社 2013 年版，第 5 页。

广泛认同与使用。

　　流行语自身的附着力是其得以流行的重要原因。流行语往往具有新颖、奇异、诙谐等突出特点，使得语言使用者极易接受并使用它们，这就是流行语附着力的表现。

　　社会环境和大众传媒作为环境因素，同样是影响流行语的关键因素。社会环境的日益开放与宽松促进了人们语言观念的变化，除了语言的交际功能外，人们也越来越看重语言的表现力、形象性与趣味性，因而人们（尤其是青少年）在使用语言时常常带有求新、求异、尚简、趋雅的心态。富有创造性，具有诙谐幽默、简洁上口等鲜明特征的流行语正好满足了人们语言方面的心理需求，从而促使流行语的产生和流行。大众传媒在流行语的形成和流行当中也发挥了极大的作用。传统媒体与新媒体是流行语的载体，更是流行语流行的加速器。许多流行语能"一夜成名"，往往得益于新媒体。

　　我们的调查[①]显示（第27项，具体数据参见图2-1），影响流行语产生和流行的关键因素按其影响力的大小降序排列依次为：网络的发展、时代的特点、紧跟潮流的心理、好奇心、社会的发展、通俗易懂。上述因素分别属于语言的、心理的和社会的范畴。下面我们结合流行语实例，从语言、心理、社会等方面探讨流行语得以流行的原因。

## 第一节　心理因素

　　研究一种语言，必须密切关注使用这种语言的社会群体，具

---

　　[①] 2011年暑假，本课题组曾组织200余名假期返家（乡）大学生开展了一次关于流行语的社会调查活动。采取随机抽样的问卷方式，对全国范围内近2000个18—60岁的调查对象进行了访问。这里选用的是此次社会调查的部分统计分析结果。

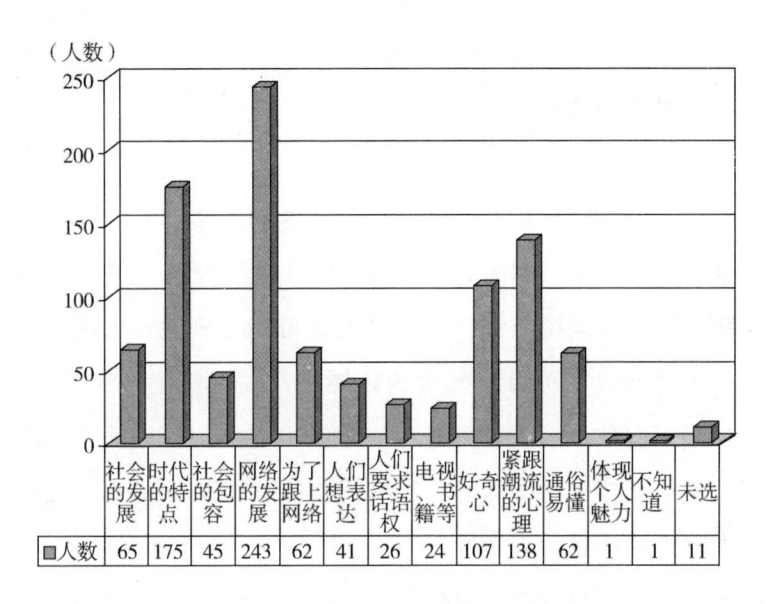

| 人数 | 65 | 175 | 45 | 243 | 62 | 41 | 26 | 24 | 107 | 138 | 62 | 1 | 1 | 11 |
|---|---|---|---|---|---|---|---|---|---|---|---|---|---|---|
| | 社会的发展 | 时代的特点 | 社会的包容 | 网络的发展 | 为了跟上网络 | 人们想表达 | 人们要求话语权 | 电视书籍等 | 好奇心 | 紧跟潮流的心理 | 通俗易懂 | 体现个人魅力 | 不知道 | 未选 |

图 2-1 关于流行语产生原因的问卷调查

体地考察特定的语言使用者的思想倾向和情感特点。研究某一语言现象，必须广泛关注社会的方方面面。因此，研究流行语的流行现象，除了研究流行语作为流行本体的语言内部因素外，还要探讨其外部因素，即语言使用者及其所组成的社会。脱离使用者的心理来探索流行语流行的原因只能是片面而单薄的，因此对心理因素的研究在流行语的研究中显得尤为重要。

  流行语是修辞文本，是修辞的产物。修辞是有意而为之的语言活动，其中必定隐藏着驱动人们采取修辞策略的心理力量，即"修辞动机"。所谓"修辞动机"，就是修辞的心理驱动力。人的一切活动都是在某种内部动力的推动下进行的。这种推动人的活动，并使活动朝向某一目标的内部动力，就是人的活动的动机。任何修辞活动都是人的一种有意识的语言创造活动，它具有很强烈、很明显的目的性，也就是修辞动机。下面我们来看看哪些心理动机造就了流行语的广泛流行。

## 一 求新心理

"聋子听到哑巴说瞎子看到鬼了!"这句话会有人信吗?

这句话有人信,因为它"新奇"!可是聋子怎么可能听得到呢?哑巴怎么可能说话呢?瞎子又怎么可能看到呢?鬼更不可能存在。"这条根本不可能发生的传播链,在现实中却经常发生。因为,当人们被'有人看到鬼了'这种极能吸引眼球的奇闻所吸引时,就会沉迷于对奇闻的惊叹和消费快感中",[①] 而忘记去核实消息源和审视消息的真实性。

网上有一则很有意思的帖子:

布什说:我们准备枪杀4000万伊拉克人和一个修单车的。

CNN记者:一个修单车的?!为什么要杀死一个修单车的?

布什转过身拍拍鲍威尔的肩膀:看吧,我都说没人会关心那4000万伊拉克人。

这一则帖子说明公众只关心新奇的个案。

现代心理学研究证实,好奇心是人类的基本情绪,是唤醒动机的物质基础。求新猎奇的心理并非当代人特有,人类在语言领域的求新求异心理早已为睿智的先哲道破。《论衡·艺增》中说:"世俗所患,患言事增其实。著文垂辞,辞出溢其真,称美过其善,进恶没其罪。何则?俗人好奇。不奇,言不用也。故誉人不增其美,则闻者不快其意;毁人不益其恶,则听者不惬于心。"

---

[①] 曹林:《不与流行为伍:对中国社会流行谬误的批判》,中国发展出版社2013年版,第2页。

韩愈在《答刘正天书》中说："夫为物朝夕所见者，人皆不注视也；及睹其异者，则共观而言之。夫文岂异于是乎？"东汉的王充和唐代的韩愈已将修辞是基于满足受者好奇心的心理根源揭示出来，这也是人们关注和使用流行语的心理动机。

求新求异是富有探索精神的人，特别是年轻人的普遍心理。很多青年网民坦言，他们不断更新网络用语，动机很简单，就是要求新、求异，张扬个性，与众不同。他们对一切新异的事物都充满好奇，总是不断厌弃旧事物，探索新事物。流行语有诸多特点，时贤论述颇多。其语言的新异性这一特点，正使得流行语成为具有求新求异心理的人的追寻对象。他们在求异心理的推动下，通过创造、使用那些异于陈旧、僵化的词语的新形式，来张扬自我，满足标新立异的心理需求。在此心理的驱动之下，流行语便被创造并流行起来。

这种求新求异的心理可以从诸多方面展现，我们选取字母谐音和混合编码这两种创新现象来试作探讨。

能形成谐音关系的两个词语需要有较为密切的语音关系，一般来说，仅允许声调上存在差异。而数字谐音流行语中可以形成谐音关系的数字与汉字的语音往往较为疏远，多数只有声母或者韵母相同，有的甚至完全不同。如34（sān sì）=相思（xiāng sī），"4"与"思"声韵全同，仅声调不同，相似度较高；然而"3"和"相"从拼音上看，仅声调相同，声母和韵母均不相同，相似度极低。又如520（wǔ èr líng）=我爱你（wǒ ài nǐ），其中"2"与"爱"读音相差甚远，除声调外，从拼音上再也看不出任何相似之处。当然，"2"与"爱"相谐并非今人的创新，《红楼梦》中活泼调皮的史湘云将"二哥哥"（贾宝玉）故意叫作"爱哥哥"便是其例。

从数字谐音牵强的语音关系中,我们品读出为谐而谐的心理动机,以及游戏与创新的心理。而且同一数字可以与语音差异较大的几个字相谐,同一个字又可与几个数字相谐,同样表现出为创新而创新的心理。

流行语"婴儿"更能说明人们创造和使用流行语时的求新奇的心理动机。该流行语义为"卑鄙、无耻、下流",网上曾有这样一句话:"女孩对男孩说:'你真婴儿。'"该词的解读较为曲折,它包含三层含义,充分运用了汉语构词表义的特殊之处。婴儿翻译为英语就是"baby",而"baby"音译成汉语就是"卑鄙"。婴儿因为没有牙齿,就被称为"无耻(齿)"。另外婴儿因为没有牙齿,就会不断地向下流出口水,因此又有了"下流"的含义。语言符号的形式和意义之间的沟通路径如此复杂,为的就是奇异,为的就是让你在诸如"JJ 的青蛙 BF 一个劲儿地对我妈妈 PMP,7456!"之类的语句中"凌乱"!(姐姐的丑男朋友一个劲儿地对我妈妈拍马屁,气死我了!)

近来风靡中英文世界的汉语及英语的混合体——"Chinglish"(中式英语)也能体现流行语创造者与使用者的求新心理。例如"Good good study, day day up"(好好学习,天天向上),"no zuo no die"(不作死就不会死),"You can you up, no can no BB"(你行你上啊,不行就别乱喷)。根据"Chinglish"的构成规律,人们还创造了"people mountain people sea"(人山人海),"We two who and who?"(我俩谁跟谁?),"No wind, no waves"(无风不起浪),"American Chinese not enough"(美中不足),"How are you? How old are you?"(怎么是你?怎么老是你),"You have seed, I will give you some color to see see, brothers! Together up!"(你有种,我要给你点颜色瞧瞧,兄弟们!一起上!),"You give me

Stop!"（你给我站住！）等流行语。这些俏皮话不仅满足了国人的求新心理，而且还吸引了英语使用者的注意力，例如"no zuo no die"，"You can you up, no can no BB"，"gelivable"（给力），"people mountain people sea"（人山人海），"long time no see"，"zhuangbility"，"shability"，"niubility"等被录入美国在线俚语词典 *Urban Dictionary*（《城市词典》）。

语言学家马尔丁内认为交际的需要和人类的记忆与发音的惰性永远处于矛盾状态，语言的经济原则就是在这种矛盾的需求中寻求平衡，力图使语言固定化，排斥一切过于明显的创新。然而，本书的研究对象——流行语却以"明显的创新"为其最为鲜明的特征，足见人们有意而为之的心理趋向。

流行语的聚族现象，也说明人们的求新心理，即有意为之。在反映某一同类事物时，流行语往往会扎堆出现，如涉及物价方面的有"腐不起、鸽你肉、姜你军、煤超疯、苹什么、蒜你狠、糖高宗、虾死你、药你苦、油你涨、玉米疯"等。反映司法案件的有"冲凉死、粉刺死、盖被死、喝水死、睡觉死"等。甚至一些语篇也会因仿制而成堆成簇，广受欢迎，无限繁衍，如"凡客体、纺纱体、红楼体、回音体、乡愁体、撑腰体、甄嬛体"之类，都是因为求新而模仿所致。

从学理上讲，主体的期待视野是由前在期待和求新期待构成的。一方面，长期的接受习惯使主体按既定的期待去审视文本；另一方面，求新的欲望也不满足前在的成规，要搜索新的东西来刺激自己。这样，原有的习惯就成了障碍，只满足原来兴趣的东西反倒被排斥了。因此，固有的僵化的旧形式不断被扬弃，新鲜的活泼的流行语不断被创造。

## 二 认同心理

人的社会性决定了我们生来就要过着群居的生活,我们要在群体中寻求认同,在群体中获得归属感和安全感。

语言和言语有社会标识的功能。语言变化和语言风格蕴含着有关言说者的人格、社会地位、年龄、情绪等方面的信息。我们可以为了增进理解而改变自己的语言风格,我们也可以因持有某种认识而坚持拒绝改变语言风格,我们的语言风格传递的信息是"我们是什么类型的人"。因此,无论我们变或是不变,它都关乎我们的认同。

下面一段话摘自美国学者威尔伯·施拉姆和威廉·波特合著的《传播学概论》,这样一段话既轻松而又极能说明语言的身份标识和社会认同作用:

> 今天早上我从家里走出来,看见一个穿运动衫的人。我朝他笑笑说"早晨好"。如果有人真的照字而译成新几内亚的部族语言可能会有困难。我不是说这是一个"好的"——就是说不错的——早晨吗?不,这是一个天气恶劣的早晨,下着滂沱大雨,水从山上冲下来,几乎使我浸泡在水里。我是不是就像我们说"吉祥的星期五"一样从某种道义上的角度谈起这个早晨的好呢?不,这一天跟其他日子一样。我是不是祝愿他有一个"好"——就是说愉快的——早晨呢?在某种程度上有这个意思,但是他看上去完全能够安排他自己的早晨,而事实上我感到相当恼火的是因为他能够在海边度过这个早晨,而我却必须去上班。那么我同他说话的意思究

竟是什么呢？我能够做出的最合理的解释是，我是在履行我们自己的部族礼仪。我是在向他传播，我属于他的群体，属于他的文化，不是一个外人，不是一个反叛者，也不是一个威胁。换句话说，我是在证实一种惬意的关系。

他向我说"你今天早晨好吗？"我怀疑他很关心我的健康。他是在做我刚才在做的事情——传播社会成员资格和某种程度的友谊。他期望我会说"很好"，我也的确这么说了。事实上，他们似乎是在向我们周围投射社交雷达射束，好比船只在雾中航行或飞机依靠仪器飞行一样，证实我们的身份以及在雷达屏上出现的别人的身份，证实我们在一个友好的文化群体中的成员资格，做着我们早就知道要我们去做的事。①

英国学者以赛亚·伯林相信，群体认同或民族认同是人的基本需要之一。归属的问题，是伯林在德国浪漫主义诗人、哲学家赫尔德的思想中发现的。在赫尔德和伯林看来，抽象的个人是不存在的，基于抽象个人之观念的世界主义是空洞的。我们不是康德所说的"自由飘流的主体"，我们归属于特定的群体，而最切实的群体，就是我们的民族。每一个民族都有其特定的文化、语言、历史记忆、生活方式、宗教或精神追求。每一种言论和行动的意义也只有在自己民族的文化中，才能得到充分的展现。即使我们反对自己民族文化中的某些东西，这种反对也只能在自己的民族文化中，才能引起共鸣。

在现实生活中，人们言语形式的选择易受所处的社会言语环

---

① ［美］威尔伯·施拉姆、威廉·波特：《传播学概论》（第二版），何道宽译，中国人民大学出版社2010年版，第22页。

境氛围的影响。语言变化在社会中能像传染病一样传染开来,因为人们有使自己的说话方式跟周围人的说话习惯一致起来的倾向。人们想跟他们正在模仿的人讲话一样,即使他们并不意识到自己正在这样做。趋同心理在很大程度上影响了人们对词语的选择和运用,促使语言变化的社会动机之一就是建立在期待获得认同感的意图之上的。一个文化群或者一个语言社群会在潜移默化之中形成各自不同的语言变体,根本原因就在于群体中的成员要通过集团特殊语言标记来表达自己的文化认同,来确定自己在社会中的所属和身份。因此,不同的圈子,不论大小,都有其特异性和标出性的特色语言。例如亚文化语言代码的一项重要功能就是标志和确认群体成员的身份。"圈内人"甚至用它来彰显自己的某种心态、地位、身份、阅历,乃至小小的优越感。

认同所要表达的是"我和你一样",寻求的是心理上的安全感。2007年几位上海的李宇春的粉丝为她创作了一首歌曲《和你一样》,歌名已经直白而浅近地表达出认同的意义,这首歌有如下内容:

> 我和你一样丨一样的坚强丨一样的全力以赴追逐我的梦想……我和你一样丨一样的善良丨一样为需要的人打造一个天堂……和你一样丨我们都一样丨一样的坚强丨一样的青春焕发金黄色的光芒……我们都一样丨一样的善良丨一样为需要的人打造一个天堂……和你一样丨我们都一样丨谁在最需要的时候轻轻拍着我肩膀丨谁在最快乐的时候愿意和我分享

这首歌曲后来成为李宇春个人演唱会上的保留曲目。当众多粉丝与李宇春合唱这首歌时,总会将演唱会的气氛推到最高潮。

那种因处于认同之中、同质情感之中而导致的血脉偾张是可想而知的。歌手和粉丝在这样狂热的氛围中表达并加深他们之间的认同。2008年，张杰也推出了一首新歌《我们都一样》，其策略自然与《和你一样》异曲同工，其效果也别无二致。

流行语的接受、使用、流行都体现出认同效应。2010年，华中科技大学校长李培根在2010届本科生毕业典礼上的致辞在网络上广为流传，《湖北教育领导科学论坛》编者按：

> 6月23日，在华中科技大学2010届本科生毕业典礼上，中国工程院院士、华中科技大学校长李培根16分钟的演讲，被掌声打断30次，全场7700余名学子起立高喊："根叔！根叔！"
>
> 在当今文风不正、官腔盛行、空话套话连篇的风气下，作为一名高校的领导者，李培根校长在学生毕业典礼上的"用心讲话"能穿透这么多青年人的心，引起这么多人思想与情感的共鸣，真是难能可贵。
>
> 在2000多字的演讲稿中，李培根把4年来的国家大事、学校大事、身边人物、网络热词等融合在一起。这篇演讲不仅在华中科技大学掀起波澜，也在媒体和网络上引发热议，堪称近年来不可多见的领导演讲精粹。

编者的按语不仅点出该讲稿引发广泛关注和热议的原因，并特别强调该演讲所达到的空前效果。我们认为，该演讲的成功主要在于贴近受众。一方面，贴近学生生活中所经历的事件，有关国家大事的如2008年奥运会、国庆阅兵、汶川地震等；有关学校建设的如"强磁场和光电国家实验室的建立""创新研究院和启明学院的耸起";有关个人经历的如"考前突击而带着忐忑不安的心情走向考场时的悲壮""人文素质讲堂的拥挤""在社团中的奔放与随意""骑车登上'绝望坡'的喘息与快意""向喜欢的女孩表白被拒时内心的煎熬""也一定记得那初吻时的如痴如醉",甚至还有"喻园的梧桐,年年飞絮成'雨'"。更重要的一方面,是贴近学生日常生活的语言,如:

> 我知道,你们还有一些特别的记忆。你们一定记住了"俯卧撑""躲猫猫""喝开水",从热闹和愚蠢中,你们记住了正义;你们记住了"打酱油"和"妈妈喊你回家吃饭",从麻木和好笑中,你们记忆了责任和良知;你们一定记住了姐的狂放,哥的犀利。未来有一天,或许当年的记忆会让你们问自己,曾经是姐的娱乐,还是哥的寂寞?
>
> 也许你会选择"胶囊公寓",或者不得不蜗居,成为蚁族之一员。
>
> 亲爱的同学们,也许你们难以有那么多的记忆。如果问你们关于一个字的记忆,那一定是"被"。我知道,你们不喜欢"被就业""被坚强",那就挺直你们的脊梁,挺起你们的胸膛,自己去就业,坚强而勇敢地到社会中去闯荡。
>
> 亲爱的同学们,也许你们难以有那么多的记忆,也许你们很快就会忘记根叔的唠叨与琐细。尽管你们不喜欢"被",根叔还是想强加给你们一个"被":你们的未来"被"华中科技大学记忆!

这一切所传达出的意义为"我和你一样","我们都一样"。这就是充分利用"认同"心理的成功范例。

韦恩·布斯在《反讽帝国》一文中，提出在当今文化中，只有反讽具有人际"凝聚力"。因为在反讽中，"我们比任何时候都更加接近两个心灵的认同"。① 流行语中，反讽的例子不计其数，"俯卧撑""躲猫猫""喝开水"可致死；"河蟹（和谐）"会让你"不当"的言论消失；"马"会骗人（欺实马）；嘴里说"不差钱"只为面上好看；就没就业自己说了不算（被就业）；不能以理服人，拿事实说话，只能"反正我信了"，掩耳盗铃。使用传播这些流行语的群体成员自然抱作一团，形成内聚力，从而为彼此提供了安全感，有助于维持一个可以屏蔽焦虑的"保护性屏障"，有助于对自我和他人保持信任。所以说流行语中的反讽特质也能唤起人们的心理认同。

## 三 自尊心理

社会认同理论认为，个体有一种获得自尊的基本动机，这种动机的满足是通过在不同群体之间、在那些内群有积极表现的维度上，将内外群之间的差异最大化而实现的。

群体成员通过社会比较来感知和评价自我。社会比较的维度具有极强的评价性，所以强调群际差异很重要，尤其是在内群有积极表现的那些维度上的群际差异。通过在内群表现良好的维度上区分内群和外群，内群获得了积极特异性，因而也就获得了相对于外群的积极的社会认同。既然自我是依据内群而被定义的（自我和内群是相似的），这种有选择的区分（即在内群表现良好的维度上区分内群和外群）带来了一种相对积极的自我评价，

---

① 引自赵毅衡《符号学原理与推演》，南京大学出版社2011年版，第217页。

这种评价赋予个体一种心旷神怡之感，同时也提升了自我价值与自尊。

当我们感觉到有足够的能力在人际关系中影响他人的时候，我们会有一种自信、自尊的体验，而流行语恰好是一个极为有利的影响因子。流行语作为具有特异性的语言符号，自然成了极为方便的社会比较的维度。例如网上一代所形成的一套桀骜不驯的语言符号，如把"大侠"写成"大虾"，把网络聊天室的版主写成"斑竹"，仿佛不这样就显不出是网上"冲浪"高手。一句"你out了"成了当今社会最炫亮的身份标识，也是最自豪的时尚宣言。内群成员通过流行语的使用将内群与外群区分开来，掌握流行语数量的多寡、使用流行语时的灵活与笨拙等都成了内群提升自尊的维度。

人们除了维护自尊之外，还期待赢得他人的尊重，希望他人对自己有较高的评价。在这种心理推动下，人们往往会展示人无我有的东西，新异独特的流行语便可成为其提升自我的利器。

当今是符号泛滥的时代，个人的身份除了以其所处的社会关系节点标明外，更多的是以附着于其身的符号（如穿着、行为、拥有的物品、语言风格等）来彰显。作为语言符号的流行语同样具有标志身份的功能。西美尔（Georg Simmel）曾发表《大都市和精神生活》，他观察到新成熟资产阶级使用了特殊的消费方式来保持和展示自己的个性，他认为这种消费方式的意义不在于它的具体内容，而在于它以特异的姿态吸引他人的注意。时尚是阶层划分的产物：较低阶层通过模仿上流社会的服饰和举止来改善自己的社会地位，较高阶层则不断寻求新的时尚来保持和下层民众的社会差异。自中世纪开始，白面包就被当作社会地位和声望的象征，社会阶级地位越低的人，他们所食用面包的颜色也就越深。上流社会极其讨厌黑色和棕色的面包,甚至声称他们的肠胃无法消化这一面包,下层民众非常渴望能吃到白色面包。可是到了 19 世纪,当白面包逐渐成为工人阶级的主食时,他们所拒绝的棕色面包反而成了上流阶级的首选。流行语与面包一样,不断变换"颜色",其中的内驱力就在于彰显自尊。

使用流行语与阅读作为文化象征的经典有类似之处。阅读经典让我们得到一点虚荣——我为自己崇拜《红楼梦》而骄傲,是我从崇拜中得到的价值。在攀附民族文化的历史中,实际上经常是一种自恋,或者说自尊:别人连字句都看不懂,我能引用经典,这是我的文化身份的证明。所以,制造、使用或传播流行语,也能迎合人们的自尊心理。

## 四 宣泄心理

人总有紧张、焦躁、抑郁的时候,一旦有了这样的消极情绪,就必须及时疏导使之消散,即"宣泄"。负面情绪若得不到及时的疏导,任之日积月累,极易产生不良后果。古人云"防民之口甚于防川",群众的意愿得不到表达,积累到"堤坝"无法限制的时候,就会溃堤而出,一泻千里,"伤人必多",对社会稳定带来极大的冲击。

宣泄是维持心理健康的有效措施。如今,人们的生活"鸭梨山大",社会矛盾层出不穷,如果没有适当的宣泄途径,或许有"在沉默中变态"的危险。宣泄的方式之一是倾诉,可以把郁积在心中的情绪通过言语抒发出来。以倾诉为方式的宣泄包括三种情况。

第一种是说给自己听,即自言自语。分析成人的言语行为时，我们会发现，数量相当惊人的言语行为是为了满足自己。敲钉子不慎砸到自己的手指头时，我们会骂骂咧咧一直到疼痛消失。我们淋浴时尽情唱歌，并不希望有人听，而是身心舒畅的自然流露。在这些言语行为中，我们都把语言当作工具，意在满足自己，无意让他人参与我们的言语行为，即并不想让自己的自言自语发展为对话。所谓"满足自己"就是使自己的愤懑和快乐得以表达、宣泄，使自己的内心恢复平静和谐的状态。

第二种是向他人倾诉。因为一般客观、冷静的描述不足以疏泄内心的激动情绪，所以多要诉诸修辞文本。例如为什么李白会用"飞流直下三千尺，疑是银河落九天"这样夸张的语句来描写庐山瀑布？因为他见到庐山瀑布的壮观景象，内心涌动着激动的情绪，不抒发则不快于心。因此，《望庐山瀑布》的产生及夸张修辞手法的应用的动机很明显，即想通过情感宣泄以求身心畅快的生理特别是心理上的满足。流行语，作为富有文化内涵和感情色彩的修辞文本，正堪为人们所驭使以宣泄内心的情绪，是达到良好宣泄效果的极佳资源。例如"按揭就是把你按倒在地，一层一层向下揭皮"，这句流行语融入夸张的元素，于诙谐幽默间表达了人们对高房价的不满和每月痛苦还贷的艰辛。又如"吃荤的怕激素，吃素的怕毒素，喝饮料怕色素，吃什么心里都没有数"，同样运用了夸张的手法，以谐谑的方式畅快地表达出对食品安全现状的愤慨和无奈。此外，"乱""暴""狂""巨"等形容词可以充当副词，表程度极深，如"乱差""暴好"等也有利于情感的宣泄。

第三种是自嘲。即自己嘲笑自己，是一种重要的交际方法，被称为幽默的最高境界。当人处境尴尬时，用自嘲来对付窘境，不仅能轻而易举找到台阶，而且多会产生幽默的效果。日常生活中,几乎每个人都会遇到一些让人感到难堪的境地,而"自嘲"正是舒缓压力的方式和良药。自嘲心理在语言上表现为人们喜欢采用轻松幽默、嬉戏调侃、简洁浓缩的语言,既易交流,又能宣泄情感。简洁、新奇、幽默的流行语正堪当此任。比如"被××",它是弱势一方的自嘲表达,心中的怨愤在游戏式的表达中也可得到消减。又如"矮矬穷"(形容男人没钱、没身材,长得还丑)、"我很丑可是我很温柔"、"土肥圆"(指相貌平淡、身材微胖、形象土气的人)、"单身狗"(单身的人对自己的嘲讽与戏称)、"不要迷恋哥,哥只是个传说"、"人生是张茶几,上面放满了杯具"等流行语也常用以自嘲。

人都有宣泄心理,因此必然会产生宣泄行为。倾诉作为一种宣泄行为,必然需要合适的语言符号。语言符号,特别是流行语所蕴含的意义并不仅限于其概念意义,而是包括百科知识、相关背景、情感态度等。一个词所蕴含的情感态度决定了人们遣词造句时对词语的选择,在概念意义相同的情况下,选择此而舍弃彼,往往是因为其潜藏的背景知识和情感态度等更符合此时的语境或情绪。情绪和态度蕴含于词语的潜在意义当中,当我们嘴里说出一个词语的时候,我们的情绪和态度已然包含其中;与之相应,当我们听到别人说出某个词语时,我们的情绪和态度也会受到影响。当你说出或者听到"郁闷"这个词的时候,可能受其影响而内心充满焦躁与烦闷;当你听到"压力"的时候,内心或许会有莫名的窒闷和沉重。当我们备感压力,需要宣泄时,运用谐音的修辞方法,将"压力"改头换面为"鸭梨",化压力为谐趣。我们还可进一步通过联想,创造出"鸭梨山大",听起来像"亚历山大",一个为我们所熟知的名字。如此一来,当我们说"鸭梨山大"的时候似乎已不觉自己在宣泄自己的压力,从而很好地缓解压力、宣泄情绪。又如"杯具"本指盛水的器具，后因与"悲剧"谐音而被赋予新的意义，无论考试失败、恋爱受挫还是工作压力大等情形都可用"杯具"一词来表达自己的情绪。徐朝晖分析说："'悲剧'所代表的是一种负面的情绪，而谐音'杯具'则体现了一种调侃和娱乐的情趣，偏离了'悲剧'原有的悲观色彩，在词语的情感意义上多了一份戏谑的色彩和阿Q精神。"①

## 五　成见心理

此处我们用"成见心理"专指刻板印象。刻板印象指的是选择并且建构简化的、泛化的符号，用它们来对社会群体或是群体中某些个体进行区分。用来构建刻板印象的标签（即某一群体的诸特点）一般代表了相关群体的价值观、态度、行为和背景。刻板印象隐含着的事实是：被选择的标签对涉及的群体进行了普遍的预设，也就是说，主观片面地认为群体内所有成员都具有标签所指涉的特点。"它们对指示物或人做了无差别的判断。"② 刻板印象并不表现一个群体或社区中成员之间的差异和多样性，反而从他们本身简单的性质出发，将重点放在宽泛的相似性和相同特征上。刻板印象无处不在，而又往往不易被察觉。经常受到刻板印象影响的社会群体有意识形态和文化异质的国家、民族、种族及优势群体、弱势群体、女性等。

根植于人们心中的历史记忆、现实经验以及从大量反复出现

---

① 徐朝晖：《当代流行语研究》，暨南大学出版社2013年版，第129页。
② ［英］利萨·泰勒、安德鲁·威利斯：《媒介研究：文本、机构与受众》，吴靖、黄佩译，北京大学出版社2005年版，第38页。

的媒体文本体验中获取的经验均可成为刻板印象。这些印象深蕴于人们心中,形成思维定式,随时准备着被触发,甚至形成强烈的心理期待,期待生活中出现能印证其心理期待的事件。在此心理的驱动之下,人们更倾向于按照自己的固有印象去理解、解读道听途说、信息不足的事件,甚至会充分调动想象力填充事件信息的空白,使之更符合自己的思维定式,使之成为自己更愿意相信的情形。而这样构建出来的"事实"往往容易为同社群的成员所接受。央视主持人张泉灵在给曹林的著作《不与流行为伍:对中国社会流行谬误的批判》的序言中写道:"评论不仅在当下,在什么时候都是个苦活儿。因为人性如此,大多数时候人们相信的只是他们愿意相信的,他们爱听的只是和他们意见一致的。"[1]

整个社会语境中的老人、政府官员、富人等都是容易受到刻板印象影响的群体。给某一类人贴上某些标签,使我们不经查证,不加区别地通过标签来认识这些群体。我们对某些群体的拒绝或谴责、接纳或赞扬均源于标签所指涉的意义对我们所造成的影响。

下面几则实例展现了刻板印象的现实性。

某媒体报道:江苏睢宁给猪建别墅,专家称猪心情好肉质更好。这一新奇言论一经发出,立刻吸引了人们的眼球。有人说,在人还没有实现安居,甚至经济适用房都没得住的情况下,就给猪建别墅,这也太浪费了,纯粹是炒作。《青岛日报》更是在题为《"猪别墅"是让猪"心情好"还是让领导"政绩好"?》的评论中义正词严地批评道:"'猪别墅'不过是个玩花样的面子工程,是个政绩样板,不过是让领导面子好,让政绩扶摇直上,给

---

[1] 曹林:《不与流行为伍:对中国社会流行谬误的批判》,中国发展出版社 2013 年版。

官帽顶子添加花翎而已。"

该消息源自中国新闻网，题为《江苏睢宁给猪建"别墅"，专家称猪心情好肉质更好》。该消息中"别墅"加了引号，说明并非真的别墅，且文中说道"这不是别墅，是我们为发展有机生猪养殖产业建设，而扶持建设的生猪养殖示范区，当地人亲切地称呼它为'朱八戒'乐园"。该消息本来是一条塑造企业形象、推广生态理念、宣传生态养猪的正面新闻，可在刻板印象的影响下成为众矢之的。刻板印象一，在房价居高不下的现实下，"房"是一个极为敏感的字眼。流行语"房叔""房姐"等都表达了民众对这一现状的不满，而流行语的传播更扩散、加强了人们的这一刻板印象。刻板印象二，对政府的先入为主的偏见，只要是"超乎想象"，引人瞩目的大工程均为"政绩工程"，均为个别官员为自己的升迁之路铺路搭桥的行为。刻板印象三，在许多民众眼中，"专家"等于"砖家"，往往言不由衷，欺瞒百姓。

2013年12月2日，一则名为《老外北京扶摔倒女子遭索赔》的配图报道引发诸多网友关注。报道中称"12月2日上午10时30分许，北京朝阳区香河园路与左家庄东街路口，一名中年女子在经过一个骑车老外时突然摔倒，随即瘫软倒地不起。外国小伙下车搀扶女子，被女子一把揪住，女子自称被老外撞倒，腿部受伤无法行走，需要该老外负责"。不少网友看到该报道后，认为大妈此举丢了国人的脸。有网友发布微博称，"以后这种事，拒绝调解，不能再纵容这种行为了"。然而，经查证，外国小伙确实撞倒了该女子，北京外国小伙遭中国大妈"假摔讹钱"的消息不实。而该小伙及家人因非法在京就业，被遣送出境。"老外扶摔倒大妈遭讹"事件的反转，足以证明人们是多么容易被"正中下怀"地诱导，多么难以摆脱"先入为主"的标签化印象。该事件反映了诸多的现实事件在民众心中留下的阴影,"扶不扶"一时间成为人们最纠结的事情。

2011年9月,一名患儿在深圳儿童医院被诊断为先天性巨结肠,需花10万元手术治疗。患儿家长不相信这一结论,遂转至广州某医院就诊,结果只吃了八毛钱的药就治好了。这一消息被披露后,舆论哗然,纷纷抨击医院诚信缺失和医德滑坡,称之为"八毛门"。该事件后来又发生了戏剧性的转变。八毛钱的药虽然让患儿症状暂时缓解,但病情不断加重,患儿家长带孩子到同济医院再次治疗,同样被诊断为先天性巨结肠。手术过后,孩子的病治好了。患儿家长公开发表书面道歉信,深圳儿童医院蒙受的不白之冤也得以雪清。

"猪别墅"事件反映的是对政府及官员的刻板印象,"讹人"事件反映的是对"大妈、老人"的刻板印象,流行语"八毛门"反映的是人们对医生的刻板印象。

流行语往往成为刻板印象的标签,因此它极易被人们关注。它使人联想到相关事件,反过来,它所标识的刻板印象容易因类似的客观事件的发生而产生积累效应,从而被加强。当今中国的网络叙事话语以"反智主义"和"按照主观意愿生产意义"为主要特点。以"探寻真相"为旗帜的网络舆论事件,其本质仍然是网民需要生产出自己想要的、符合自身主观或情绪判断的结论。因此,作为刻板印象的符号的流行语以及与这些印象相关的流行语极易被构建、被解读和被使用,从而得以广泛传播,且生命力旺盛。

## 六 逆反心理

人类似乎天生就有挑战权威的原始冲动,敢于反抗的人被视为英雄，被视为"有独立精神、独立人格、独立见解"的人，值得为其"大不韪"的勇敢行为喝彩。加缪在《反抗者》中，则提出这样一个命题："我反抗故我在"，将反抗视为人之所以为人、人之所以存在的标志与条件。"反抗"的字眼出现在文学作品评论中已不新鲜，"反抗"成为"卖点"甚至是噱头，其原因就在于它是潜存于人类意识中的原始冲动，能或隐或显地传达反抗精神的现象容易被注意，极易被传播。

语言作为一个社群交际的工具，有其约定性，社群成员必须按照约定使用语言。遵守约定有利于信息交流的顺畅，但同时约定也是一种束缚。流行语的新异性正源于对约束的突破。因此，流行语的这一现象本身符合人们的"逆反"心理。

底层、平民或大众的文化抵抗的策略以及这种抵抗的存在是普遍性的。沉默的大多数在微观的日常生活领域，常常有意或无意地应用偷袭、诡计、花招、多重伪装等游击战略来突破秩序要求，而且一切都能通过语言表现出来。流行语中特别是与社会事件有关的一类，常常使用反讽、别解等修辞手段，正是弱势群体表达立场和观点的曲折手段和反抗策略。

有些流行语是日常反抗策略的产物，具体体现在文体叙事、审美趣味、文本意识形态等层面。流行语在叙事上体现出一种鲜明的后现代风格，这种后现代风格消解历史和现实深度，拒斥崇高，反对整体叙事，强调游戏与解构。一切皆可游戏与调侃，拼贴、挪用、戏仿、反讽等手法统统上阵，于是"撑腰体""知音体""淘宝体""高铁体"等流行语迅速走红，且通过戏仿生成了各种版本，如"撑腰体"又衍生出佟香玉版、紫薇格格版、无间道版等。除了对宏大、神圣、理性叙事的解构，流行语还体现出民众审美趣味层面的反抗，这种反抗还鲜明地体现在刻意"鄙俗化"和"另类化"的美学形式上,从而成了体现这种与主流审美相悖的美学风格的符号。如"贾君鹏你妈妈喊你回家吃饭""信春哥,不挂科""信曾哥,得永生"等流行语充分而鲜明地体现了流行语的"鄙俗化"和"另类化"。此类流行语将语言的直白性、实用性和娱乐性标准置放到了一个新的高度,而语言的典雅性、与生活应该保持的审美距离则被彻底颠覆。此外,有些流行语明显颠覆公认的语言交往规则,故意破坏诸如礼节、礼貌、客套、谦恭、尊卑之类的传统语言,如属于骂人话、脏话、诅咒等的"尼玛""草泥马""坑爹""卧槽""屌丝"等流行语,正是民众反抗主流审美趣味的典型例子。语言狂欢产生的这类流行语,当属美国学者罗洛·梅所谓的"淫秽"范畴。他说:"淫秽表达出了先前被禁止的东西,揭露了先前没有被揭露的东西。因此,它长期存在,并一直吸引我们的注意力。"① 杰里·鲁宾(Jerry Rubin)在他的《实践》(*Do It*)中说:"再也没有人可以真正地用话语来沟通了。话语已经失去了其情绪冲击力、亲密性……不过,还有一个词还没有被美国人毁掉。这个词仍能维持其情绪力量和纯粹性。"而这个词就是"fuck"(他妈的)。鲁宾认为,这个词之所以能维持它的纯粹性,是因为它不合法,所以,它至今还有点新鲜,还留有一些冲击力。② 由此我们可以看出,一些流行语所蕴含的反抗性也促使了它的传播。民众在语言狂欢中所产生的少数脏词詈语,虽然暂时流行,但在使用过程中应加以规范。

---

① [美]罗洛·梅:《权力与无知——寻求暴力的根源》,郭本禹、方红译,中国人民大学出版社2013年版,第56页。
② 同上书,第57页。

## 第二节　语言因素

从语言学角度讨论流行语，除了要考虑其流行性外，还必须考虑其创新性。只有语音、语义、语法或文字等的创新，才能赋予流行语以附着力，从而使之具备流行性。

"新"的事物对于人们来说往往是陌生的，因而又具有"异"的特性；因此，我们认为流行语最突出也是最重要的特点是其"新异性"，这一特性极大程度上决定了流行语的"附着力"。毫无新意的表达只能像轻轻拂过的微风，在受众脑海里吹不起半点涟漪。只有具有附着力的信息才能对人产生影响，受众难以将其从脑海中赶走，也无法将其从记忆中迅速清除。唯有如此，词语才能被铭记、被使用和被传播。

流行语的最突出的特征是其"新异性"，这一特性在其表层结构上表现得尤为突出。不少流行语反映出其创造者有这样一种意图，即欲用具有隐蔽性的符号形式去承载他们希望让外人经过一番探索后才能恍然大悟的语义内容。流行语的创造者常常运用语音、语义、文字及修辞等诸多手段，去造成编码与解码的人为障碍；通过对共同语或地域方言的改变、更换或扭曲，造成能指成分与所指成分之间的矛盾离异来达到新奇的目的。流行语通过语言变异造成了语言形式与语义的疏离，其目的正是求异、求新、求奇，并且因之而得以流行。

流行语的新异性主要体现在流行语的文字特点、语音特点、意蕴特点、语法特点、解读路径等方面。下面试分述之。

## 一  流行语文字的创新性

文字方面的创新古已有之，其主要方法为"拆字"。"拆字"在古代是一种文字游戏和占卜之术，就是将某个汉字分解成几部分，用这几个部分的组合来解释或引出某个汉字的字（词）意。如《春秋》中有"十四人心"，即"德"字。《宋书》中有"黄头小人"，即"恭"字。汉代末年的民间歌谣"千里草，何青青，十日卜，不得生"说的是董卓专权，不得善终。这些例子都用了拆字法，"千里草"合起来为"董"，"十日卜"为"卓"。又如"兵"拆为"丘八"，"孙"拆为"子系"。《西游记》中："处世须存心上刀，修身切记寸边而。""心上刀"即"忍"字，"寸边而"即"耐"字。

当代的拆字又有新的特点，即将析分而来的几个部分重新组合，可以表示与原字意义毫不相关的意义。如"槑"本为"梅"的异体字，由两个"呆"组成。流行语"槑"由两个"呆"组成，但其意义为"非常呆"，与"梅"毫无关系。又如流行语"靐"由三个"雷"组成，其意义为"非常雷人"，与本义"雷声"无关。

当代流行语的文字创新还出现了以形显意的"新象形字"，流行语"囧"是其典型代表。囧，《说文》："窗牖丽廔闿明，象形。读若犷。贾侍中说，读与明同。俱永切。"即今天的"囧"字，音 jiǒng。"囧"是象形字，取形于窗户，意义为光明。当代人却从该字的形体中联想到人悲伤、无奈和窘迫之时的面部表情，将外围的"囗"想象为人的脸，"八"看作是因沮丧而垂下的双眉，里面的小"口"类似于因惊奇、无奈而张大的嘴巴。因此就用该字来记录"窘"这个词，虽然读音相同，但当代流行语"囧"与古字的意义不同。却因其字形形象生动，深入人心，所以广为流传。

不论是拆字还是以形显意，均创造出了新的形式，这些陌生的新事物极易为人们所感知和注意。

## 二 流行语语音的创新性

流行语语音方面的创新手段主要有谐音、分音和合音三种。

谐音是流行语语音上的主要创新手段，流行语中有大量的谐音词。所谓谐音，就是在汉字同音或近音的条件下，用同音或近音字来代替本字，产生谐趣。谐音词即以谐音的方式创造的词。

流行语的谐音包含数字谐音、汉字谐音、字母谐音。

数字谐音如168（一路发）、885（帮帮我）、7456（气死我了）。数字谐音十分普遍。一篇《圆周率的谐音记忆法》的帖子红遍了不少论坛，创造者将圆周率拆分开来，并用谐音的方式将其编成诗句，让人不得不佩服。其内容为：

> 山巅一寺一壶酒（3.14159），尔乐苦煞吾（26535），把酒吃（897），酒杀尔（932），杀不死（384），乐尔乐（626）。（这前23位数字描写了一个酒徒在山寺狂饮，醉倒在山沟的情景。）

接着又有人往下续编，设想"死者"的父亲得知儿"醉倒"后的心情：

吾疼儿（502），白白死已够凄矣（8841971），留给山沟沟（69399）。山拐我腰痛（37510），我怕你冻久（58209），凄事久思思（74944）。

然后，是父亲在山沟里把儿子找到，并把他救活，儿子迷途知返的情景：

吾救儿（592），山洞拐（307），不宜留（816）。四邻乐（406），儿不乐（286），儿疼爸久久（20899），爸乐儿不懂（86280），三思吧（348）！儿悟（25），三思而依依（34211），妻等了其久（70679）。

汉字谐音更为丰富，如杯具（悲剧）、洗具（喜剧）、餐具（惨剧）等。字母谐音也为数不少，如GG（哥哥）、PF（佩服）、PMP（拍马屁）、伊妹儿（e-mail）等。此外还有外语谐音词，例如"闹太套"（not at all。以此嘲笑许多明星为了显示自己的与众不同却弄巧成拙）、"图样图森破"（too young, too simple。太年轻，很傻很天真）、"狗带"（go die）、斯国一（すごい sugoi 的音译，亦作四国一、斯郭以等，是"厉害"的意思）等。汉字谐音流行语中，还有一些方言谐音词。那些成为流行语的方言词往往保留其方言读音，用普通话中与之读音相同或相近的字来记录，从而产生了方言词语的谐音现象。例如"虾米"是闽南语"什么"的谐音；"方"是方言"慌"的谐音（有些方言中 h 和 f 不分）；"绳命"是河北方言"生命"的谐音。

以上是较为单纯的谐音词，此外还有利用多种语言、多种方式进行的较为复杂的谐音编码的情况。如3Q（thank you）利用了汉语"3"的发音与拉丁字母"Q"的发音,并将数字谐音与字母谐音编入同一语言单位中。

分音即将一个承载了意义的音节分成两个或多个无意义的音节。流行语的分音一般采用汉语拼音的拼合原理,反其道而行之。例如将脏词"操"(cao)的声母和韵母分开,则产生"次(c)奥(ao)";将"丑"(chou)的声母和韵母分开,则产生"吃(ch)藕(ou)";将"滚"(gun)拆为三部分——声母、韵头、韵腹+韵尾,则产生"哥(g)屋(u)恩(en)"。

合音与分音相反,是指将语流中相邻的两个音节合成一个音节。该现象也古已有之,如"叵"是"不可"的合音;"别"是"不要"的合音;"甭"是"不用"的合音。上述合音现象均为语言的自然变化,而流行语的合音则是有意为之。例如"表"是"不要"的合音,"酱"是"这样"的合音,"造"是"知道"的合音等。

谐音往往产生双关的效果,它在名与实之间设置了隔障,这种隔障越厚实,名与实之间的距离就越远,所指与能指需要的矫正距离越大,该词语就越能发人深省,使人过目难忘,并产生兴趣。双关作为反讽的结果和手段,加强了词语的"注意价值"与"记忆价值"。[①] 以谐音的方式产生的流行语富有创意、幽默诙谐,让人印象深刻,乐于传播。

## 三 流行语意蕴的创新性

### (一)文化蕴涵丰富

文化因素也是流行语形成和传播的重要原因之一。流行语之

---

[①] 赵毅衡:《符号学原理与推演》,南京大学出版社2011年版,第213页。

所以得以流行，还因为它们的文化价值和文化含量比词汇中的其他成分要丰富得多。它们所包含的丰富的文化信息，总会随时与社会发生谐振而成为承载量较大的语言成分。所以，流行语既是语言现象、社会现象，又是文化现象。

能指本身并无创新之处，但所指替换成新的而且复杂的内涵，这一新且复杂的内容为人们所注意，且在人们脑海中刻有某种带有情绪倾向的印象，这样的新词语便有可能流行。如"不差钱""走两步""为什么呢"等。这些符号形式本身毫无创新之处，它们之所以得以流行，完全归功于其所指向的内涵，即所指。此类流行语的解读依赖于与其相关联的背景知识。如小品《昨天今天明天》中的台词：

　　崔永元：……你们是哪一年结的婚？
　　赵本山：我们相约五八。
　　宋丹丹：大约在冬季。

其中的幽默点是"相约五八"和"大约在冬季"，若没有《相约九八》《大约在冬季》这两首广为传唱的流行歌曲作为该对话的背景，那么该对话则毫无幽默效果可言。

上例中的词语形式本身没有幽默性，其幽默性实现于其解读过程，因为它们背后的内容是两首为人们所熟知的歌曲。又如小品《功夫》中的"天下有贼"：

　　赵本山：按理来说不应该跟你要钱，你还死要面子，你应该管人要，但是……
　　范伟：但是给你我就上当了！

赵本山：我跟你说，刚开始我就没想……（赵本山用手寻摸范伟胸口揣钱的口袋）

范伟：诶诶诶，改抢了是不是？怎么，打劫啊？天下有贼啊？

"天下有贼"是对"天下无贼"的改造，"天下无贼"则将我们的思维导向电影《天下无贼》中那个笨拙滑稽的打劫者的形象。由于"天下无贼"所含的信息为受众所熟悉，小品观众能够回忆、联想和调动一切与该片相关的信息，重新激发电影所带来的心理感受。这些信息和感受都是该影片特有的信息内涵，常常可以被词语（天下无贼）激活。词语激发了听话人对该词语各个层面内容的记忆，一切和该词语相关的信息和幽默感受也都被调动起来。

如此之类的例子不胜枚举，特别是产生于影视作品中的流行语，如"别摸我""非常艰难的决定"等。若没有符号形式所牵出的丰富意蕴和文化背景，听者甚至会把"别摸我"理解为说者在发出禁止信号，甚至因"非常艰难的决定"而对说者产生同情。下面我们以实例来展示流行语的意蕴对其流行所产生的影响：

一次一位女同事想提前下班向他（引者按：指领导）请假，另一位男同事冷不防在一边插嘴："公共厕所吗，想来就来想走就走。"头头听了一本正经地批评道："把办公室比作公共厕所？太不文雅了！"惹得我们哄堂大笑。请假的女同事不便说穿是"石头语"（引者按：指电影《疯狂的石头》中的经典台词），尴尬地站着苦笑；头头也不明白他的话为什么会引起超常的反响,只得以傻笑收场。①

"公共厕所吗,想来就来想走就走"出自一部广受喜爱的电影《疯狂的石头》,该公司的领导没看过这部电影,不了解这一流行语背后的意蕴和相关情节,因此就按其字面意思理解,不仅未产生幽默效果,反而使得场面十分尴尬。

流行语丰富的文化蕴涵使得流行语具有幽默的效果,从而推动流行语的流行。当然,并非所有的流行语都具有幽默效果。但是,几乎所有的流行语都具有丰厚的文化蕴涵。这些文化信息或能激发某种情绪,或能产生某种共鸣,从而促使其流行。如诸多的反映社会矛盾的流行语之所以得以流行,也因其中蕴涵了某种文化信息,如某些官员的滥用职权、一些商人的见利忘义等。这些文化信息自古以来屡屡见诸典雅的或通俗的文学、曲艺作品中,加以现实生活中相关人员的"躬身示范",激起了民众的不满情绪,使他们更加关注相关的社会事件,从而导致相关词语的迅速扩散,成为流行语。

(二)语义泛化突出

所谓语义泛化,是指词语在使用过程中,最初的语义特征不断减弱,而词语的外延不断膨胀,词语的使用范围不断扩大、用法不断增多。由具体到抽象是词义发展的一般规律,这一规律在流行语身上表现得集中且明显。词语的使用频率越高,其意义越容易发生泛化,而流行语之所以被称为"流行语",是因为其适用的范围广、使用的频率高,因此流行语极易发生意义泛化。而那些外延狭窄、不易泛化的新词新语往往难以流行,如"喜大普

---

① 徐玲:《影视流行语,拷贝入生活吗?》,《新闻晨报》2006年8月11日。

奔""人艰不拆"之类，因为它们只指涉一个意思，只能表达一个意思，不可能广泛应用。

　　流行语以其简单的形式承载了丰富的意义。比如"雷"在不同的场合可以表达不同的含义，如震撼、惊奇、无奈、尴尬。有时为了运用流行语而意义与语境不十分契合的时候，使用者会有意识地改变流行语的意义以适合表达的需要。如此，该词的搭配能力增强，则必然导致语义的泛化。流行语正是在这种语义泛化的过程中变得更加流行。与之相应，其意义在流行的过程中又进一步泛化。流行语特有的语言形式和文化内涵就是在这样的过程中被大众更广泛、更深刻地体验着。比如"欺实马"被运用到不同的语境中，产生了不同的意义。请看下面的例子：

　　（1）至于时速120公里以上，这个还是遵守交通规则吧，不要玩"欺实马"。（商人博客，2010.2.24）

　　（2）车门一打开，下来一个女人，很年轻，说话南方口音，听起来就像南方人，我当时就想，可能是"欺实马"，传说中的"欺实马"。（车迷天地，2009.11.15）

　　（3）你们担心接下来的处理过程会上演"欺实马"吗？（新华网发展论坛，2009.5.20）

　　（4）人家的车已然以"欺实马"的速度从四个圈升级到了"别摸我"……（一五一十部落，2009.5.18）

　　（5）过人行道要小心"欺实马"，我觉得不如待在车里安全，即使被"欺实马"撞了，也是车送4S，人不会有事。（POLO论坛·汽车之家，2009.12.30）

　　以上五例"欺实马"的意义各不相同，例（1）指飙车，例

(2)指富二代或官二代,例(3)指官官相护、徇私舞弊,例(4)指速度很快,例(5)指不遵守交通规则的司机。"欺实马"之所以有这么丰富的意义,正是它在被高频使用的过程中语义发生泛化的结果。又如"山寨"一词同样经历了语义泛化的演变过程。该词本义为山村或绿林好汉所占据的营寨,后来其意义引申为"仿制、盗版、假冒",进一步泛化指称所有模仿的、假冒的事物,最后进一步泛化指民间的、非正式的事物。①

## 四 流行语语法的创新性

语言是以语音为物质外壳,以词汇为建筑材料,以语法为建筑规则而构成的符号体系。语法体现在复合词、短语和句子中,分为句法和词法两部分。流行语小至一个单音节词,大至一个句子,均能体现语法特点。

(一)句法创新

流行语的句法创新主要表现为一些不符合语法规则的语法现象,如超常搭配等。"程度副词+名词"和"被××"的超常情形引人瞩目。

汉语中,程度副词多用以修饰形容词和动词,而不可以修饰名词。例如"很漂亮""非常可爱""相当重要"等是修饰形容词的例子,"完全同意""非常喜欢"等是修饰动词的例子,以上都是合法的用例。而诸如"很男人""很女人""很绅士""很淑女""非常中国""非常东方""非常女人"之类修饰名词的用例,均不符合语法规范。但是,流行语往往冲破语法规范,产生

---

① 武和平、王玲燕:《强势模因的生成、复制及传播——"山寨"一词的个案研究》,《语言教学与研究》2010年第5期。

超常搭配，例如"很黄很暴力""太雷了"等均为其例。"程度副词＋名词"的搭配已有数年历史，如今已俨然成为汉语语法系统中的规范形式，取得了合法地位，人们已不觉其超常，更不觉其新了。

最近流行的"被××"是语法创新的典型表现。"被"，是汉语的被动标记，产生甚早，来源于其"遭受"义。"遭受"这一意义本身蕴含了"强力""不情愿"等意义要素，因此起初的"被"字句往往用以表达不好的、不愿看到的事实，① 如"作物被山洪冲毁""房屋被炸弹摧毁"等。"被"字句的基本语义框架为："（受事）＋被＋（施事）＋及物动词"，并且及物动词所表示的动作必须是施事发出的。如"我被他打"，我（受事）＋被＋他（施事）＋打（及物动词），"打"的动作由施事（他）发出。以此规则为出发点，我们便可以发现"被××"流行语的"非法"性质。

"被自杀""被自愿""被出国""被弟子""被第一""被坚强""被酒驾"等流行语中的动词"自杀""自愿"等均不是及物动词，而且这些词所指示的动作只能用于主动句，因为这些动作只能由自己完成而无法由他人完成而施及自己，显然不合法。此外，本该出现及物动词的位置上居然出现了名词"弟子"和形容词"坚强"等，这无疑更加偏离了"被"字的正常用法。

正是这种语法组合的创新特性，使流行语得以表达常规话语无法言说或者需要采用曲折的手段才能表达的情感态度。例如"被××"在保留传统的"遭受""被迫""不如意"等消极意义的同时，又凸显了一种"无奈"和"讽刺"的意蕴。"被就业"

---

① 王力：《汉语史稿》，中华书局 2008 年版，第 497—500 页。

"被开心"等的无奈心情,个人的软弱无力,都在这个新颖的语法组合的创新中得以完美体现。这个格式的出现实际上也是公众追求自由、追求人权的呼声的曲折反映。

句法的创新使得语句新异而陌生,极容易吸引人们的注意力。例如,1954 年春,温斯顿牌过滤嘴香烟首次面世时,公司打出的广告标语是:"wiston tastes good like a cigarette should(温斯顿,正同烟的味道)。"格拉德威尔认为这句话里使用了不合语法的"同"字,而不是"像"字,这在当时引起了小小的轰动,这句话成了人们平常谈论的话题。理查德·克鲁格在他的《烟草的命运》中写道:"这句在电视机和收音机上听到的、有点不符合人们表达习惯的广告语带有一种灵活自如的韵味,并且扭曲事实地将其辩解为是一种口语化的表达方法。"[①] 正是不符合人们表达习惯的句法创新,才使人们因新异而感兴趣。

(二) 词法创新

词法方面,流行语也有一些创新,如叠音形式"ABB"出现新的内部结构。

"ABB"式叠音词在汉语中是一种表修饰性的形容词。它由形容词+叠音词组成,整个词具有形容词性质。《诗经》中少见,但在《楚辞》中开始大量出现,如"老冉冉""芳菲菲""纷总总"之类。后来这类叠音词很多,如"绿油油""黑洞洞""阴森森""亮堂堂"之类。这种"ABB"式中,"A"均为形容词,"BB"一般用来强化"A"的意义。而当代流行语中新创的"A"有为名词的,"BB"或为动词,或为形容词,整个组合完全颠覆了传统的"ABB"式的构词法。如名词+动词的例子:范跑跑、

---

[①] [美] 马尔科姆·格拉德威尔:《引爆点——如何制造流行》,钱清、覃爱冬译,中信出版社 2013 年版,第 11 页。

夏骗骗、菜涨涨、瓜裂裂、郭跳跳、楼接接、楼垮垮。名词+形容词的例子：楼脆脆、墙脆脆、楼薄薄、楼歪歪、桥危危、盖脆脆。这在传统的汉语构词法中是很少见的。

　　社会群体中的普通成员较少具备专业的语言素养，对于语言中出现的超常现象无法做出学理上的解释，但他们极为敏感的语感神经极易被"超常"现象所触动。搭配的"非法性"和超常规性，使接受者在词语解读时情不自禁地生发出诸多困惑，从而激发出探索的兴味和破解这一困惑的冲动，由此而最终因破解、探索成功而产生一种解读的快慰。这种快感正是流行语吸引人们了解和使用它的积极因素，而人们的了解和运用推动了这些词语的流行。

## 五　流行语解读的曲折性

　　语言不仅是交际的工具，而且是游戏和娱乐的工具，人们创作和使用流行语能获得游戏般的愉悦感。很多流行语有谜语的特点和功能，其所指成分像谜底一样隐藏得很深，让人在猜测译码过程中感受游戏般的审美乐趣。流行语不仅时髦且有趣，因为解读流行语的过程其实像猜测连环字谜一样令人着迷。这是流行语得以流行的内在原因之一。

　　"太CNN""很淑女""非常男人"等"副词+名词"的搭配是超常的，因为在汉语语法中，副词只能修饰动词和形容词，副词后面不能跟名词，例如不能说"不狗""很桌子"。然而，在当代流行语中出现了"做人不能太CNN"这样的反常搭配，"CNN"是名词性的，是美国有线电视新闻网的英文缩写。"太CNN"的搭配使我们要去提取CNN的特征，从语境"做人不能太"来看，是对CNN某些特征的否定。再结合当时的新闻背景①，我们可以提取"违反职业道德""歪曲真相、颠倒黑白"等人格特征，从曲折的解读中得出"太CNN"即"太无道德、太虚假"的结论。

又如"3Q得orz"，这是一个混合编码的流行语，该组合运用了多种手段，如鬼画桃符一般，一般人很难看懂。它的意思是"感谢得五体投地"。"3Q"是英文"thank you"的谐音，前文已谈到。"orz"是一个象形字组，它所模拟的是一个人跪伏在地上的状态。②

上述解读过程非常曲折，从中我们可以看出，流行语的语言创新实际上造成了一种心理距离，即符号的能指与其所指之间的疏离，符号的形式与意义之间的约定关系被打破，但又决非毫不相关，从而增加了说者和听者的心理距离。这种心理距离导致了流行语理解的曲折性，从而产生由"山重水复疑无路"到"柳暗花明又一村"的解读快感，在豁然开朗、恍然大悟的畅快感中领略流行语的妙趣。在言语交流中，如果能够打破一种规范同时又能够达到某种交流目的，那么将形成对大脑抑制的突破，形成一个兴奋点，产生情绪酣畅的效应。流行语的解读正可产生这种效应。

造成流行语形式与意义之间的心理距离，使得人们对它们的解读变得曲折且产生情绪酣畅的效应，其手段主要有别解和仿拟两类。

（一）别解

别解是一种在特定语境中临时赋予某一词语以其固有语义中

---

① 美国有线电视新闻网（CNN）在2008年3月的一次歪曲事实真相的报道。
② "orz"是一个人跪伏在地的侧面形象，"o"是人头，"r"则为身躯和撑在地上的双臂，"z"是身躯和双腿。

不曾有的新语义，以此达到幽默生动的表达效果的修辞文本模式。从表达的角度看，别解可以在特定情境下临时突破词语的语义规约而凸显出语言表达的活力和灵活性，增添文本的生动性和趣味性。从接受的角度看，由于表达者所建构的修辞文本对常规词语语义规约的突破，使得文本生发出新异性的特质，这种新异性的特质在接受者的大脑中激发兴奋点，让听者在克服心理距离的过程中获得征服曲折之后的快感和审美情趣。

别解是一种修辞手段，更是人们以此娱乐打趣的工具，历来为人们所重。清小石道人《嘻谈录》中有这样一则极富趣味的别解的例子：

> 一位先生极道学，而东家极穷，每月束脩常常拖欠。将到端阳，节礼却是一钱银子，用红纸写"大哉圣人之道"一句，装入拜匣，交学生送去。先生说："既送节礼，为何写此一句送来？想是说教学者亦要合乎圣人之道耳。圣人云：'往者不追，来者不拒。'又曰：'自行束脩以上，未尝无诲。'明明示我以免追节礼之意，只好从缓。"到了中秋，节礼连一钱也无。到了年节，仍旧毫无，先生只得相催。东家曰："我于端节全送过了。"先生说："一钱何以抵三节？"东家说："先生岂不知《朱注》云'大哉圣人之道，包下两节而言'？"

"大哉圣人之道"是《中庸》中的句子，朱熹给这句话作注说："大哉圣人之道，包下两节而言"，是指这句话总起下面两节，概括了下面两节内容的主旨。东家有意歪曲"包下两节而言"的意思，使文本中的先生因超乎寻常的意外而感到目瞪口呆，也使文本外的读者在解读文本时大出意外。这一出乎意料的解读吸引了读者的注意，从而引发了其文本解读中的"不随意注意"。进而进入意欲深究文本的"随意注意"阶段，最终悟出作者文本建构的精妙处，并得到文本解读的无尽乐趣。

当代流行语中别解的例子也不乏其例，如"白骨精"并非《西游记》里的妖精，而是"白领+骨干+精英"；"蛋白质"并非"天然的高分子化合物"，而是"笨蛋+白痴+神经质"；"天才"并非"天资聪颖的人才"，而是"天生蠢材"；"偶像"并非"崇拜的对象"，而是"呕吐对象"等。这类流行语在形式和意义之间形成隔碍，增加理解的曲折性，呈现出形式与意义之间的乖谬性，从而产生了幽默的效果。在通常的交际情景中，发话者总是倾向于遵从合作原则，使用直接明了的表达方式，以使受话者以最小的认知努力获取准确信息。但有时发话者为创造幽默的交际效果，会打破常规，选择最具独特创意的言语策略，使语言超出受话者的心理预期，从而给受话者一种瞬间的突兀、错愕和不协调感。而受话者必须根据语境不断筛选有用信息，将信息组合并与说话者的意图进行匹配，努力寻找解读的最佳路径，继而顿悟出突兀感中包孕着的幽默信息，此时幽默效果在交际双方的心领神会中得到实现。别解修辞巧妙地打破惯性，追求新义，在语言交际上就会造成新奇、诙谐的效果，语言就从惯性下的"古板"变得生动、形象、活泼。这也就很好地契合了人们求新、求奇、脱俗的心理需求，使得别解式流行语得以流行。

（二）仿拟

仿拟是一种修辞手段，是一种故意模仿某些既有词语、名句、名篇的结构形式而更替以全新内容来表达特定思想或情感的修辞文本模式。一般说来，仿拟可大致分为三类。第一类是仿词或仿语，即模仿特种既有的词语、成语、谚语等而造出新词或新语；第二类是仿句，即模仿既有且流传广泛的名句，取其形式而改换内容成新句；第三类是仿篇或仿调，即模仿既有且广为传播的名篇，一般多以篇幅较短的诗词曲等为对象来进行"旧瓶装新酒"式的改造翻新。

仿拟的例子古已有之，清人独逸窝退士《笑笑录》中有这样一则故事：

> 有惧内而下跪者，或改《千家诗》一首以嘲之曰："云淡风轻近夜天，傍花随柳跪床前。时人不识予心怕，将谓偷闲学拜年。"

该诗所仿拟的对象是妇孺皆知的宋代著名理学家陈颢的名作《春日偶成》："云淡风轻近午天，傍花随柳过前川。时人不识予心乐，将谓偷闲学少年。"程颢的诗本来写自己在春光明媚、云淡风轻、花柳扶苏的春日美景中流连徜徉的喜悦心情，而仿拟者将其中的时间、场景、事件、心情一一替换，以"夜"替"午"；以"跪床前"替"过前川"；以"怕"替"乐"，将原本抒发轻松闲逸，如少年般无忧无虑、自由无羁的悠闲自得的愉悦心情的诗句改换成嘲讽惧内者惧怕夫人的心情的诗句，在鲜明的对比中，其幽默诙谐的风格和浓烈的讽刺意味跃然纸上。

仿拟作为一种修辞格，虽然古已有之，但是从数量和方式来看，当下的仿拟则是盛况空前，无论是上述哪一类仿拟，均极为能产。流行语中的仿词或仿语如"奶爸"（仿"奶妈"）、"吓点"（仿"笑点"）、萝太（指年纪小、长相漂亮、行为举止好似女孩子的可爱小男生。仿"萝莉"）、"卧谈会"（仿"座谈会"）、"啃嫩族"（仿"啃老族"）、"蓝颜知己"（仿"红颜知己"）；仿句的如"亲，请按交通信号灯过马路哦！"（仿"亲，给好评哦！"）；仿篇的如"春眠不觉晓，处处蚊子咬。撒上敌敌畏，不知死多少。"（仿孟浩然《春晓》："春眠不觉晓，处处闻啼鸟。夜来风雨声，花落知多少。"）

　　仿拟之所以能产生幽默效果并且在铺天盖地的信息中凸显自己，主要原因仍是其新异性的特质和陌生化的手段。仿拟手段的运用造成了流行语意义的遮蔽性，对其意义的探寻往往给人一种曲径通幽、豁然开朗的感觉，而这种感觉给人以极大的愉悦。仿拟与别解一样，是利用形式与内容之间的矛盾关系，激发听话人完成消解乖讹的理解过程，从而实现言语的幽默。仿拟通过运用特殊的编码手段，破坏或切断所指与能指的正常搭配关系或公认关系，达到新、奇、异的目的，从而使得在某群体以外的语言交际受阻、费解，以激起人们深入了解的兴趣。

　　在新浪微博上，一位网民对流行语"俯卧撑"的记述很生动地反映了人们解读流行语的曲折过程："俯卧撑？好像是一个很平常的体育用词啊，怎么今天突然有这么多人去搜索它？第一反应是奥运带动全民健身高潮了……第二反应是……第三反应是赶快点进去看……"

　　如果在言语交际的最后环节听话人永远只按原来的解读方式解读的话，流行语最终也很难形成。如果交际中听话人永远都不做第二种理解的话，那么它只能以第一种意思被解读，由于不具有新异性，一般不会成为流行语。所以流行语解读的曲折性对于流行语的流行具有举足轻重的作用。

　　我们的调查也能支持上述分析。问卷第24项，当您发现报纸杂志中使用了某些您不理解的流行语时，您偏向采取哪种方式？

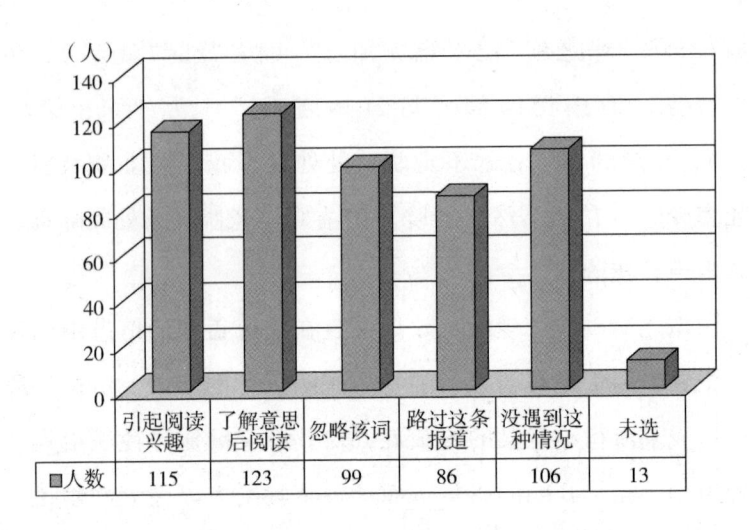

| | 引起阅读兴趣 | 了解意思后阅读 | 忽略该词 | 路过这条报道 | 没遇到这种情况 | 未选 |
|---|---|---|---|---|---|---|
| 人数 | 115 | 123 | 99 | 86 | 106 | 13 |

图2-2 人们对待陌生流行语的态度的问卷调查

调查结果显示（见图2-2），排除无效问卷（没有遇到这种情况106人，未选13人），有效问卷423份。其中115人认为不理解的流行语能够"引起阅读兴趣"，约占27%。其中123人希望"了解意思后阅读"，约占29%。而总的来说，这两项所透露出的信息为，我们愿意去了解。两项合起来约占56%。

因此，我们可以说，流行语意义解读的曲折性可以激发人们想要了解它、征服它的兴趣和冲动，从而推动其流行。

## 第三节  社会因素

第一节讨论了流行语得以流行的心理因素，旨在说明人有生产并使用流行语的心理动机。但是行为的发生是需要动机和环境并存的，我们必须把环境因素考虑在内。因此，本节着重讨论环境因素，即社会因素。

流行语是语言和文化现象的结合体，它之所以能流行是因其具有深刻的社会属性,它反映和体现了社会心理、社会文化、社会风尚及道德评价。政治进步、经济发展、文化多元,中国社会取得了骄人的发展成绩。语言是社会的产物,其词汇是社会进程的敏感探针,探寻并记录下每一次创新。流行语正是在这样的社会状态和历史背景下产生并流行开来的。政治民主化、文化多元化、经济市场化的氛围有助于公众积极参与社会生活,提高受众接收信息的频度和信息解读能力,为流行语的传播和定型提供了条件。可以说,没有社会各方面的发展,就不会有如今的流行语大观。

## 一 政治环境宽松

自1978年以来,中国社会改革最大的特点是体制转轨与结构转型同步,即从计划经济占主导地位的社会向市场经济占主导地位的社会转型;从农业社会向工业社会转型;从同质的单一社会向异质的多样性社会转型等。中国改革开放前后经历了"以国为本"到"以人为本"的转变,这一转变对整个社会有全方位的影响,例如媒体,经济体制,表达途径、方式等各方面均发生了转型。

这场由经济体制开始的"转型"奠定了中国社会转型的基础,更由此引发了中国从政治观念、思想意识、文化习俗到社会生活方式的全面的结构性变化。同时,人民大众的言说内容,以及表达途径和方式都在随之悄然变化。

过去,媒体往往有意识地选择相关符码长期作用于受众心理,使人们不知不觉接受"理所当然"的方式。长期浸染于该话语生态之中的人们对媒体话语习以为常,当有人"出言不逊"的时候，便激起一片哗然。2010年温哥华冬奥会短道速滑女子1500米比赛，中国运动员周洋获得金牌，赛后有记者问："奥运冠军对你意味着什么？"周洋回答说："拿了金牌以后改变很多，更有信心，也可以让我爸妈生活得更好一点。"周洋的回答有一种强烈的"违和感"。与此相类，面对媒体所提出的"你幸福吗"的问题，"我姓曾""我出来买酱油的"等"反常"的回答自然会掀起轩然大波。不是因为他们违反了民众的"常识"，而是他们正中了民众反叛、厌弃"常识"的下怀，给大多数民众打了一针"苏醒剂"。

一场重塑政府运动正在世界范围内展开，它强调政府的公共性、民主性、服务性和制度性。国内的社会政治变革正与之相呼应。管理的转型极大消除了抑制民众话语自由的政治心理，产生了"去抑制效应"。在此背景下，人们会感觉更放松、更不受拘束，可以更为自由地表达自我。在这样的氛围中，人们敢想、敢说、敢创新、敢游戏、敢娱乐。

## 二 市场经济繁荣

自20世纪80年代，中国社会开始了一场前所未有的社会变迁。这不仅是一个从农业社会向工业社会、从传统社会向现代社会的转变，也是一个从物质匮乏时代向富庶时代、从生产社会到消费社会的转变。中国民众的日常生活在各领域都发生了翻天覆地的变化，戴慧思（Deborah Davis）指出："在不到十年的时间里，数百万人有了新的通信方式，新的社会语汇，以及通过新的商业化途径产生的新的休闲方式。毫不夸张地说，中国经历了并正在经历一场消费革命。""这种高速的商业化进程不仅增加了消费者的选择余地,提高了物质生活水平,而且打破了国家对社会生活的垄断","削弱了主导整个六七十年代城市生活的绝对政府权威"。①

有的学者将中国城市居民在1949年以后的消费方式划分为三个历史阶段。第一个阶段是"文化大革命"及其之前的生存消费匮乏阶段。计划经济和短缺经济的双重制约导致了严格的计划消费,食品和日常生活用品都由国家实物配给或凭票供应,消费者缺乏基本的选择权。第二个阶段是从改革开放到90年代初期的大众消费阶段。随着市场经济体系的推广,消费品的供给开始由市场机制和配给机制共同完成,消费者的选择权逐步增强。90年代中后期以来,城市居民消费进入了第三个阶段。市场供给发生了实质性变化,从卖方市场转为买方市场;居民的消费理性日益成熟,维护"消费者主权"的意识增强;享乐性消费替代生存性消费,占据了主导地位。②

经济基础决定物质消费和精神消费,吃不饱穿不暖,整日疲于为果腹而奔命,则不可能有更多的精神欲望。基本的生存物质消费得不到满足,何谈精神消费。当今中国商场中各种奢侈品让人头晕目眩,影院里各类电影令人选择焦虑,各种时尚潮流令人目不暇接,这都归功于自1978年起的改革开放造就的经济奇迹。

流行语作为一种语言时尚潮流,与经济发展密切相关。经济的发展促使了一些流行语的产生和传播。如流行语"BOBO族"是单词bourgeois(中产阶层)和Bohemia(波希米亚)的缩写,指拥有高学历、收入丰厚且讲究生活品位,崇尚自由解放、积极

---

① [英]戴慧思:《中国都市消费革命》,黄菡等译,社会科学文献出版社2006年版,第3页。
② 方心清、王毅杰:《现代生活方式前沿报告》,社会科学文献出版社2006年版,第87—89页。

进取又特立独行的一类人。2000年,《纽约时报》资深记者戴维·布鲁克斯在《天堂里的BOBO族——新社会精英的崛起》中首度提出。但BOBO族于20世纪60年代在美国已经形成,其得以形成的主要因素为经济增长以及由此而改变的社会结构。经济方面,二战期间没在美国本土开战,美国经济基础没被破坏,又发战争财,致使战后美国经济高速增长。社会因素方面,经济增长改变社会结构,美国经过十几年的休养生息,中产阶级日益壮大,出现了一批高学历、高收入、崇尚个性自由的人群,形成了BOBO族的生活方式。而在美国BOBO族产生的同时,中国正处于"文化大革命"时期,无论是经济基础,还是社会结构均无法满足BOBO族出现的条件。21世纪以来,改革开放在各方面取得的成果使中国的政治、经济、社会、文化处于和谐、宽松、富裕的状态,才有可能出现BOBO族那种高消费、理性、低调、自由的生活方式。假如中国的经济没有取得现在的成就,中产阶层就不可能壮大,因此也就不会出现这样的群体,流行语"BOBO族"自然也不会产生和流行。

人们的生活在经济繁荣后大有提高,相关流行语不胜枚举。从流行语的更替中,我们可以看到各个领域的发展变化。以社会生活为例,中华人民共和国成立之初,流行"民以食为天",反映出当时基本的温饱问题尚未解决,遑论生活质量;20世纪50年代至70年代,流行"大锅饭""布票""肉票""副食本""购煤本"等,说明当时物质依然匮乏,一个人、一个家庭最基本的生活供给还受到限制。之后人们的生活水平有了缓慢提高,出现了"三大件""三转一响"等反映结婚物资的流行语。改革开放之后,中国经济迅猛发展,人们的衣食住行发生了翻天覆地的变化,食有"菜篮子工程""啤酒炸鸡";住有"安居工程""别墅""洋楼",也有"蜗居""蛋居";穿衣讲究"非主流""混搭""摇滚装";出行有"摩的""面的""铁的"。

侯敏等对流行语的流行所涉及的经济因素有言简意赅的论述,她说:"新词语在日益草根化的同时,也日益凸显着语言的游戏功能。语言是交际的工具,是承载文化的容器,同时它也具有审美、娱乐的功能。当人类还在为生存而挣扎的时候,语言或许主要是用来交际,一旦衣食无忧,需要更多精神层面追求的时候,语言的娱乐功能也会彰显出来。"①

## 三 社会文化多元

政治意识形态控制的放松,言论自由的保障才能释放民众的创造激情;国家的文化战略会进一步刺激民众的创新欲望;人民生活水平的显著提高,才有金钱和闲暇消费文化。在此背景之下以"文化"为名的各类活动异常活跃,与人们的生活须臾不离的语言,作为文化的载体亦经历了同样的历程,并且在其词汇中打下了鲜明的烙印,催生了为数众多的流行语。

流行语的出现,是语言多元文化的具体表现,也是文化多元化的现代情状。

社会文化多元首先表现为文化来源多元。有的流行语来源于古诗文,"床前明月光,我爸是李刚",上联来自著名的唐代诗人李白的《静夜思》;"问君能有几多愁,天上下雨地上流"的上联来自五代李煜的《虞美人·春花秋月何时了》。有的流行语来自外语,"in"(入时)、"out"(落伍)等借自英语,反映了人们紧

---

① 侯敏、周荐:《2010汉语新词语》(前言),商务印书馆2011年版。

跟潮流的心理，"酷"（cool）、"秀"（show）体现了新时代张扬的个性，"×吧"说明人们的文化生活日益丰富。有些流行语来自方言，如"雄起"、"忽悠"、"绳命"（生命）等。

社会文化多元还表现在价值取向多元。色彩斑斓的流行语的出现，正是人们这种多元价值取向的反映。例如流行语"元芳，你怎么看""神马都是浮云""我是××我怕谁"等展现一种怀疑、虚无的意识；流行语"我宁愿坐在宝马里哭，也不愿意坐在自行车后笑""高富帅""炫父"等反映出极端的拜金主义、物质主义；流行语"小清新""裸婚""乡愁"向我们展现了反物质、反拜金的清新暖流；流行语"拼爹""啃老"等是好逸恶劳、享乐主义的表征。

社会文化多元在流行语中还有很多体现，在此无法尽言。这些流行语因社会文化多元而产生，又因社会文化多元而流行。

## 第四节　传媒因素

信息想要得以传播，必须依赖一定的媒介，传媒就是传播各种信息的载体。前文提到马尔科姆·格拉德威尔提出的流行需要的三个条件，第一个便是个别人物法则。这一个别人物相当于我们生活中的联系员、推销员或者某一领域的内行。个别人物要进行联系、宣传的时候必须将一定的信息通过一定的媒介传递出去。为了受众更广、效果更好，他们需要扩音器，媒介就是他们手中的"扩音器"。

随着传统媒体的角色转变和新媒体的逐渐壮大，传媒无论是在传播信息，还是在影响语言生态方面，均起到了重要甚至决定性的作用。因此，传媒对于流行语的产生和流行具有重大意义。

## 一 传媒推动流行语的产生

传媒作为媒介，自身并不能创造流行语，但它为流行语的产生提供了极为便利的手段。在我们所使用的语言中每天都有新词语出现，都在反映新鲜事物，如果它们能在一段时间内被广泛运用，那么它们就可能成为流行语。传媒为新词语、新事物在极短的时间内迅速传播提供了技术手段。

传统媒体和新媒体在催化流行语的产生方面，均有突出的表现。

（一）新媒体

互联网及其衍生的新媒介已经成为最迅捷、最广泛的传播载体，从技术上说，新媒介指的是依托数字技术、互联网络技术、移动通信技术等新技术向受众提供信息服务的新兴媒体。当前较受关注的新媒介有虚拟社区、电子邮件、聊天室、博客、播客、搜索引擎、门户网站、手机短信、网络电视、移动电视、DVD 和光盘媒介、数码相机、WAP、PDA 等。胡锦涛同志曾指出："互联网已成为思想文化信息的集散地和社会舆论的放大器。"流行语正是搭上了新媒体的高速列车奔向中国的每一个角落，有的甚至走出国门、漂洋过海，如"中国大妈""给力""你懂的"等。网络时代一语风行并不是多难的事，一个炒作、一段丑闻、一番恶搞，就可以让一个陌生的词在一夜间突然蹿红。本课题组的调查（第 10 项）显示（见图 2-3），大众接触、获取流行语的途径中位居前三的分别是网络新闻、QQ/MSN 等、微博，这一调查结果说明，新媒体是流行语的主要传送者。

新媒体推动流行语的产生，主要表现为三个方面：第一，新接触流行语的主要途径有哪些?

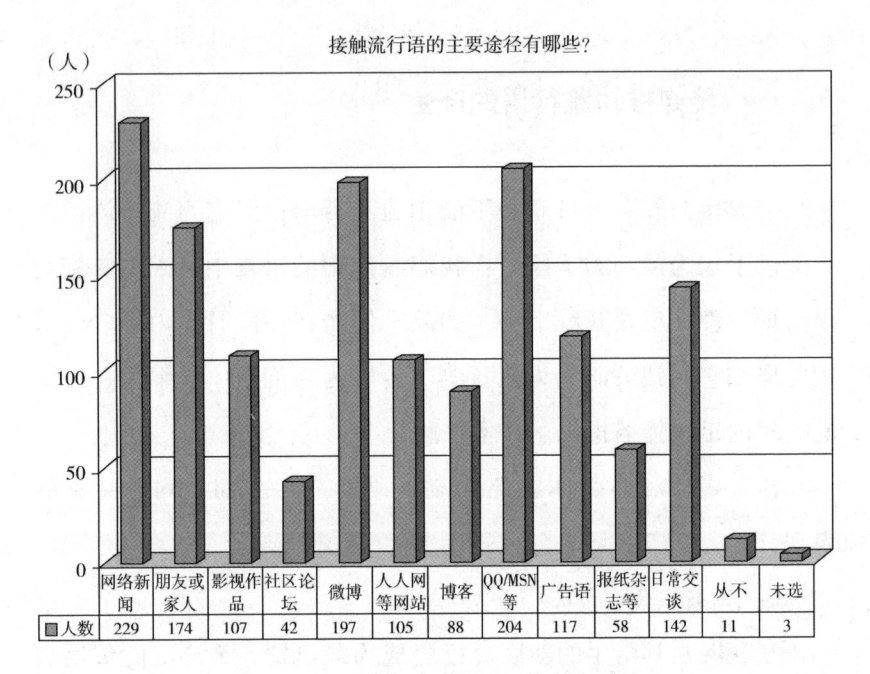

| | 网络新闻 | 朋友或家人 | 影视作品 | 社区论坛 | 微博 | 人人网等网站 | 博客 | QQ/MSN等 | 广告语 | 报纸杂志等 | 日常交谈 | 从不 | 未选 |
|---|---|---|---|---|---|---|---|---|---|---|---|---|---|
| 人数 | 229 | 174 | 107 | 42 | 197 | 105 | 88 | 204 | 117 | 58 | 142 | 11 | 3 |

图2-3 人们接触流行语途径的问卷调查

媒体为全民创造流行语提供了平台；第二，新媒体为词语的快速传播提供了手段；第三，新媒体催生了网络语言流行语。

新媒体为全民创造流行语提供了平台。与传统媒体相比，新媒体有平等互动性、跨时空性、信息海量性、信息发布匿名性、多终端多形态等特征，其传播状态由一点对多点变为多点对多点。新媒体依托于网络，网络为信息的快速、广泛、低成本的流通和即时互动提供了前所未有的便利，网民的匿名且身体缺席则深深地影响了人的行动，一些潜意识范畴的现象在互联网中频频呈现。新媒体传播具有每个人都可以进行大众传播，受众的主动性大大增强，大众传播的"小众化"等特点。2005年夏《超级女声》的盛极一时和2006年初胡戈的短片视频《一个馒头引发的血案》所引起的轰动，都表明草根民众也开始具备使用和控制媒介的能力，他们不再是被动的媒介消费者，而是积极的媒介生产者。前文在分析社会心理因素的部分以较多笔墨讨论了"逆反心理",而新媒体中参与者的"匿名化存在"为这种心理的"显现"提供了途径和平台。意识形态的场域一直充斥着被支配集团的抗争。在新媒体产生之前,这种被支配集团的文化抗争,由于缺乏足够的话语平台,通常以一种"隐形文本"的方式呈现出来。新媒体的出现改变了二者的力量态势,由于新媒体具有门槛低、匿名化、自由化、平权化等特点,为民众提供了一个理想的文化狂欢与戏谑的舞台。他们反客为主,将"正统的""高雅的""精致的"总之一切被主流意识形态认为崇高的东西纳入他们嘲讽与解构的范畴。"新闻联播""春晚"的被恶搞,"土豪""高铁体""不管你信不信反正我是信了""躲猫猫""睡觉死""喝水死""俯卧撑"等的产生均是反抗的产物。而这一切又与新媒体技术所提供的表达平台有着莫大的关系,它使得反抗从后台来到前台(虽然这一前台是虚拟的,但却有着相当的心理现实性),隐性文本通过流行语的方式成为显性文本。

新媒体为词语的快速传播提供了手段。一个词语,无论是新词语还是旧词语,若不在一段时间内被广泛传播,则不可能成为流行语,而新媒体为词语的快速传播提供了手段,从而催生了流行语。2009年7月16日早上10时59分,在百度魔兽吧里出现了一个标题为"贾君鹏,你妈妈喊你回家吃饭"的水帖(只有标题没有内容的帖子),短短五六个小时里被390617名网友浏览,引来超过1.7万条回复,一天之内共有710万的点击量和30万个跟帖。随之,"贾君鹏,××喊你××"便传遍了大街小巷,一些商家还以此为宣传语博人眼球。若没有新媒体这一传播工具,"贾君鹏,你妈妈喊你回家吃饭"可能永远只是一个毫无新意的句子。

新媒体催生了网络语言流行语。网络语言流行语不同于网络流行语,是指网络语言中成为流行语的那部分词语。网络语言是伴随着网络的发展而新兴的一种有别于传统平面媒介的语言形式,它以简洁生动的形式得到了广大网友的偏爱,发展神速。包括中英文字母、标点、符号、拼音、图标(图片)和文字等多种组合,在特定的网络媒介传播中表达特殊的意义。巴赫金(M. M. Bakhtin)曾指出,群体随着时间的推移,会产生和群体相关的意义,最终会出现该社群独有的新的语言形式或类别。许多研究者也发现,以计算机为媒介的社群在互动的过程中会创造出新的交际表达方式。当前,中国互联网上的网民就已经在使用一套与正式的书面语大相径庭的网络语言系统。大多数网络语言因被广泛运用而成为网络语言流行语。例如数字型的"9494"(就是就是)、"213"(二逼。13合为B);谐音型的"砍柴"(can't,我不行吗?)、"瘟都死"(Windows,微软操作系统);字母型的"JS"(奸商)、"OMG"(Oh My God! 我的天啊!);混合型的"V587"(威武霸气)等。此外,还有许多饶富谐趣的网络语言,如"见光死"(比喻网恋等一见面就完蛋)、"新蚊连啵"(被无数蚊子咬了)、"童鞋"(同学)、"劳资"(老子)等均因在网络上被频繁使用而成为流行语。

(二)传统媒体

传统媒体在制造和传播流行语方面的效能虽不及新媒体,但随着国内政治、经济、文化各方面的发展和进步,传统媒体制造和反映流行时尚的"尺度"有所放宽,因而对流行语的产生和流行所起到的推动作用不断增强。下面我们从制造流行语和使用流行语两方面来看传统媒体对词语的流行所产生的影响。

首先是制造流行语。传统媒体中最省力的消费模式当属电视与电影，这两种模式不需要受众一字一字地费力阅读，而是在光影闪烁中享受画面和声音带来的信息。而电视和电影的娱乐性使之区别于灰纸黑字、面孔严肃的报纸，更为活泼生动，更易贴近大众，创造符合大众文化品味的内容。因此，电视、电影等视听结合的媒体便从传统媒体中脱颖而出，担当制造流行的急先锋，为大众的文化生活增添乐趣，带来新意。如今许多的流行语都是从国产电影以及相声小品中派生出来的。这些话语充满了黑色幽默，给人们的生活带来了不少乐趣。

大多数受到热捧的影视作品都有一个突出的元素，那就是语言诙谐幽默，让人"过耳不忘"。据国际在线娱乐频道的统计，电视剧《武林外传》有108句经典台词成为了流行语，从其催生的流行语的数量和质量来说，在影视作品中遥遥领先。例如"世界如此美妙，我却如此暴躁！这样不好，不好！""我滴神啊！""子曾经曰过""驴的""看见你的呆样我就想野蛮""我上面有人！"等流行语家喻户晓、耳熟能详。电影《疯狂的石头》也创造了不少流行语，例如"我顶你个肺""别摸我""素质，注意你的素质""我们不专业啊"等流行语一时间风靡全国。

一些成功的影视作品不仅让人们记住了一些鲜明的形象，更将一些流行语植入了人们脑中，不断应用，历久弥新。如《闪闪的红星》让我们记住了"我胡汉三又回来了"，并产生了"我××又回来了"的仿制流行语。《董存瑞》让我们记住了"为了新中国，前进！"还有《青春之歌》中的"冬天来了，春天还会远吗？"《英雄儿女》中的"向我开炮！"《国产凌凌漆》中的"飞是小李飞刀的飞，刀是小李飞刀的刀"。《鹿鼎记》中的"我对你的景仰之情犹如滔滔江水，连绵不绝，又如黄河泛滥，一发不可收拾"。《大腕》中的"我们的口号是'不求最好，但求最贵'"。

《少林足球》中的"你快点回火星吧,地球是很危险的"。《天下无贼》中的"我欲将心向明月,奈何明月照沟渠"。"人心散了,队伍越来越不好带。""21世纪什么最贵?人才!""××很生气,后果很严重",等等。

这些流行语深入人心,人们往往无意识地加以运用,甚至脱口而出。有些源自电视、电影作品而较长的经典流行语,因其和一定的情节相关联,其长度也无法阻止其流行的脚步,无法消减人们对它们的兴趣。《大话西游》中的那段经典告白以及《甄嬛传》中的"甄嬛体"便是最具说服力的典型示例。

对《大话西游》的经典告白的仿拟甚多,如:

你应该这么做,我也应该补考。曾经有几天抓紧背重点的机会放在我的面前,我没有珍惜,等到考试的时候才后悔莫及,尘世间最痛苦的事莫过于此。你的"不及格"在我的名字后写上去吧,不要再犹豫了。如果上天能给我一次从头再来的机会,我会拿起书本好好背,如果非要在这上面加一个期限的话,我希望是,四年。

曾经有一个假期摆在我的面前,我没有玩够睡够,等到上班了才后悔莫及。如果上天给我一个重来一次的机会,并且非要在这个假期上加一个期限的话,我希望是365天。

而新近流行的"甄嬛体"更是占尽风头,出现了"演出版""搭线版""4S版""允在版""留学版""西瓜节版""交警版""学外语版""美容版""郑允浩版"等20多种版本。2012年6月6日,网友"思想上的女屌丝"在微博上感慨:

近来常有绵绵细雨，虽然出门行走多有不便，倒也有好景。想来若是配上一双绝美雨靴，一把七色彩虹伞，行走于江边，倒也不负恩泽……

明眼人一看就知道，这就是风靡全国的"甄嬛体"。

另一个重要的流行语制造商是举国关注的春节联欢晚会。春晚已经走过了几十年的历程，几乎每一年春晚都会产生一些贴近生活，人们耳熟能详的流行语。发展到现在，出彩的语言似乎已成为人们期待春晚的理由，也成了人们评价春晚的一个重要标准。2014 年马年春晚播出不久后网络上就有了各种《2014 春晚十大流行语》出炉，如"你不怕开水烫（死猪）""慢点说，你那嘴是租来的，你着急还呀""你的学历是胎教吧""十年磨一剑（贱）人""你是全身粉末性骨折吧（人渣）""你也是孙子，人家也是孙子，都是孙子，你这孙子怎么就那么孙子""人倒了还能扶，人心要是倒了就扶不起来了""天空飘来五个字，那都不叫事。有事也就烦一会儿，一会儿就没事""上班的心情比上坟都沉重"。这些流行语均为春晚原创，为绚烂多彩的流行语家族增加了崭新的成员。

## 二　传媒推动流行语的流行

流行性是流行语的根本属性，词语只有具有流行性才能成为流行语。流行，是流行语产生以后进一步拓宽其使用范围和提高其传播频率的过程。在此过程中，新媒体和传统媒体均起到了举足轻重的作用。

（一）新媒体

新媒体具有信息传播迅捷、受众广泛且主动性强等特点，这些特点无疑会推动流行语的进一步流行,新媒体推动流行语的产生就是这一问题的最好证明。新媒体推动流行语的产生,上节已讨论,此处仅就网络意见领袖推动流行语的流行略作阐述。

舆论场中意见领袖作为"个别人物"对流行语的传播具有极大的推动力,而意见领袖正是网络的产物。

互联网络的发达使民意的表达更为畅通、更为丰富、更为直接。尼葛洛庞帝认为"权利的分散转移成为数字化生存的十大特质之首,传统的中央集权的观念将随着网络的发展成为明日黄花"。① 当大众在为获得了如此方便、快捷的表达平台而高呼"平权时代到来"的时候,眼光敏锐的学者却提出了"再集权"的说法。粉丝社群内部存在着等级秩序,它可以按照粉丝知识(如资深粉丝比新粉丝掌握了更多有关偶像的资讯)、粉度层次(参加地面活动的积极性、消费能力、铁杆程度)、得到"内部"消息的机会等方面来划分等级。② 确实,大众获得了平等的自由表达的权利,然而在一阵喧嚣之后,大多数人的声音即发即散,只有极少数"无权的精英"的声音受到重视,从互联网到现实世界,如波纹般层层荡开。如此,话语权再次集中到极少数人手中,他们成为流行语得以流行的"个别人物法则"下的个别人物。

"无权的精英"是意大利社会学家艾伯偌尼(Francesco Alberoni)在60年代初提出的概念。他把现代社会中的演艺明星看作不握有政治实权,但又对民众拥有相当影响力的人,称为"无权的精英"。像政治精英一样,明星是社群的参照点。尽管他们没有制度性的权利,但在社群中备受瞩目,是所有社群成员都可

---

① [美] N. 尼葛洛庞帝:《数字化生存》,胡泳、范海燕译,海南出版社1996年版,第269页。
② 杨玲:《转型时代的娱乐狂欢——超女粉丝与大众文化消费》,中国社会科学出版社2012年版,第48页。

以评价、热爱或批评的公众人物。① 舆论场中的"无权的精英"即"意见领袖"。网络"大V"是典型的意见领袖。微博社群比较类似一个贤能体制，粉丝可以依靠自己的学识、才华以及对自身网络形象的有效驾驭脱颖而出，成为所谓的"大V"。那些能通过文字充分展示自己的才华、个性和魅力，而不是那些只会一味地使用感叹号的社群口号来宣泄自己的热烈情感的人极具成为"大V"的潜质。网络"大V"具有极大的号召力，他们不需花费任何宣传费用就能获得极为广泛的关注。他们是具有"卡理斯玛权威"的人。卡理斯玛权威以认同为基础，这种权威对于那些"需要"精神和非理性认同的民众来说极为诱人。拥有卡理斯玛权威的人能够驱使他的追随者，那是因为追随者拥有被驱使的能力。换言之，明星之所以能发挥其社会、文化、心理功能，是因为他们能唤起受众的共鸣。没有受众认同，也就无所谓卡理斯玛和伪社会关系。而一个微博用户之所以被称为"大V"，是因为他们的语言能获得广泛的认同。以此认同为基础，他们又具备了驱使追随者的能力。在此系统之内，"大V"与其追随者一道传播了一批流行语。

（二）传统媒体

传统媒体使用流行语有助于确立其在汉语词汇系统中的合法地位，从而拓宽流行语所影响到的领域，使得流行语得以影响那些不上网而靠读报、看电视获取信息的成员。

以往，人们对于流行语的应用大都停留在口语的层面上，因它是非正式场合的交际用语，因其随意性和实效性而一直被看作非主流的语言附属品。正式的报纸、杂志等因为语言使用规范的

---

① 杨玲：《转型时代的娱乐狂欢——超女粉丝与大众文化消费》，中国社会科学出版社2012年版，第48页。

限制，并不会使用流行语来撰写文章。这种情形在近年才发生了很大的变化。

新媒体往往为传统媒体设置议程，所有的网络热点事件和网络红人，是网民热哄、门户网站追捧、传统媒体跟风所造成的。"跟风"不仅体现在议程的趋同上，也体现于语言风格及词汇的趋同上。随之发生的是流行语的渗透，流行语趁机借着传统媒体的正统性、规范性得以再次确立，使其新词新语的身份更为明朗并得以巩固，且通过在传统媒体中的流通而得以更加广泛地传播。流行语中的叠音词如"范跑跑""楼歪歪""躲猫猫""墙脆脆"等广为流传，而且有些被主流传媒广泛引用，作为新闻报道或评论的标题使用。流行词模"被××"被各类传统媒体加以运用，如"因为各种原因，在家人的撮合下，部分女生遇到了被相亲"，"这已经不是郭晶晶第一次被媒体爆其完婚了，5年内第11次'被完婚'可创世界纪录"。

随着传统媒体的转制，其商业氛围越来越浓，自由度越来越大，为了追求利益的最大化，很多具有符号、标签功能的流行语成了传统媒体加以利用从而吸引受众眼球的工具。我们对各群体的了解主要来自文本和亲身经历，且文本占绝对优势，其中又以媒体文本为主。媒体文本源于事实但又常常便宜事实。任何任务或族群都应该是"圆形"的，即特征丰富的、多面的。媒体文本再现的人物或族群虽说具有一定的现实生活参照，但在经过加工后，排斥或遮蔽了这类人物形象特征的多面性，置换成了主流意识形态认同的片面、单一的扁平人物类型。我们先看一则例子，2012年3月9日，《重庆晨报》发表了一篇名为《开保时捷专程来还陌生人60元钱，姐炫的是诚信》的文章，讲述了一位叶先生开车低速运行，撞倒一位年轻女孩，这位女孩仅向先生索要了

200元现金用于身体检查。年轻女孩检查完之后，剩下60.5元。她打电话给叶先生，欲将剩下的钱还给他。最后年轻女士开着保时捷前来把钱还给了叶先生。文章结尾说："在这个新闻故事当中，真正值得'炫耀'的，我想不再是保时捷，而是保时捷车厢内的诚信之心。"这是一则宣扬诚信，弘扬正能量的新闻。我们确信，朴素女孩的诚信之举比比皆是，但不是新闻。而贴上"保时捷"这一标签的女孩的诚信之举却值得大力挖掘其中的新闻价值。该新闻的卖点显然是"豪车女孩"加"善举"，"豪车女孩"不禁使人联想到一个极为流行的流行语——"富二代"，而"富二代"早已在他们自己和媒体的共同污名下声名狼藉，不应该与"诚信"出现在同一语境之中。《重庆晨报》发表这篇报道的初衷是为弘扬正能量也罢，是为"富二代"正名也罢，抑或单纯地为获得商业收益也罢，这样的报道无疑会引起广泛的关注，促进了相关词语的流行。

国际论坛在线的编辑在《2011春晚猜想：陪你去看"流行语"》中说道："近年来，春晚的舞台上出现了越来越多的网络用语，无论相声还是小品，演员们似乎越来越习惯去网上找笑料，于是一年中早已被网友消化殆尽的网络流行语，在年末的春晚舞台上再次拿来吞咽一番，似足倒嚼，而大量的生搬硬套让年老观众一头雾水的同时又让年轻观众嗤之以鼻，一如歌中所唱：陪你去看'流行语'落在这舞台上，让我的泪落在你肩膀。"作者的调侃之意跃然纸上，批评春晚创新能力不给力，拾人牙慧，将大众口里吐出的残渣摆上舞台以求博君一笑。他说："而'笑料不够流行语凑'更是成了近几年来他所谓'相声剧'作品里的救命稻草，上届春晚他（冯巩）与韩雪等搭档的《不能让他走》，几乎将去年的网络流行语'雷人''我妈喊我回家吃饭''哥只是个传说'等一网打尽,想必今年会保持战绩再接再厉。"① 该文虽旨在批评,但也从另一个侧面反映出传统媒体对流行语的包容、接纳、使用和传播。

传统媒体和新媒体相互融合、优势互补,为公众了解信息、表达意见、参与社会进程提供了重要平台。完善的传播渠道推动了流行语的产生和发展,使其意义不断扩展,并在不断的使用中延展其适用范围,从而使其地位得到巩固。

---

① 当"洪荒之力"成为流行语之后,有网友调侃道:"冯巩明年该说'洪荒之力'了吧?"与上面的批评如出一辙,这说明春晚节目的台词确实紧跟流行语发展的步伐,在一定程度上起到了推动流行语流行的作用。

# 第三章 当代流行语研究的新视角

## 第一节 当代流行语的生态批评研究[①]

### 一 生态批评与当代流行语研究

"生态学"由恩斯特·海克尔于1866年提出,当时仅仅是生物学中的一个分支,主要的研究对象是动物、植物以及它们相互间的关系,研究方式生动有趣但并无宏大的视域和哲学方面的意味。直到20世纪后,"生态学"才渐渐因时顺便,发展成为一门内涵丰富多彩的综合性学科。随着近年来地球自然生态的日益恶化,"生态学"引起更多关注,大有发展成为显学的势头。值得注意的是,在初期,"生态学"研究的课题尚仅限于人类之外的自然界,其方法也更近于自然科学的研究,建立了诸如"森林生态学""海洋生态学"之类的专门性学科。但不可否认,也正是在这些专门学科的基础上,"生态学"的一些原则逐渐得到确

---

[①] 本节相关内容已作为本项目阶段性成果发表于核心期刊《社会科学家》(2016年第3期)。

证和推广。比如"生态学"整体的、系统的、有机的、开放式的、动态的和跨学科研究的这些特征,都开始慢慢深入人心,为后期"生态学"的人文转向奠定了基础。在物质生活不断优越的同时,人们不得不承认这样一个现实:人们面临的问题开始更多地产生于社会生活之中,有关种族、文化、政治、经济、哲学、信仰等方面的冲突和危机,越来越以其无法回避的冲击力影响到生活的方方面面。于是,怎样应对这样的生存困境,便引起人类的极大关注。于是,"生态学"的人文转向在这样的契机之下,加上之前的理念普及,便成为历史的必然。终于,在1960年,美国作家瑞秋·卡森的《寂静的春天》如春日惊雷般问世,在书中作者出乎意料地把满腔的同情和怜悯之心,倾注在饱受工业技术摧残的自然界、生物界,从而转变了长久以来人与自然对立、为敌的态度和思维模式,别出心裁地将哲学的思考、伦理价值评判、审美体验引入"生态学"的视野,实现了"生态学"的人文转向。这次开创性的尝试,对"生态学"的发展具有里程碑式的意义,保罗·布鲁克评价卡森对于生态时代新文明的意义时就说:"她将继续提醒我们,在现今过度组织化、机械化的时代,个人的动力与勇气能发挥效用,变化是可以制造的,不借助战争或是暴力性的革命,而是改变我们对于世界的看法。"[①] 至此,"生态学"已不再仅仅是一门专业化的学问,而是转变演化为一种统摄自然、社会、生命、环境、物质、文化的崭新并且有待进一步完善发展的世界观。伴随着经济社会的发展,自然生态、社会生态和精神生态方面的危机日渐加剧,以生态哲学为基础的生态批评运动获得充分发展。生态批评的对象涵盖了人类生活的方

---

[①] [美] 瑞秋·卡森:《寂静的春天》(前言),李文昭译,晨星出版社(台湾)1997年版。

方面面，当代流行语也必然应当进入生态批评的视野。

当前的生态批评主要关注三个领域的问题，即自然生态、社会生态和精神生态。本书在对流行语进行生态批评研究的过程中也将从这三个方面展开。

从自然生态角度来看，我们不难发现，流行语清晰地呈现出我们在面对自然生态危机时的语言表达。回顾近些年来的流行语，我们发现2008年的"限塑令"实质性地迈出了环保的步伐，而在接下来的2009年和2010年中国媒体十大流行语评选过程中，更是专门设置了环保专题。2009年环保专题的十大流行语是"哥本哈根气候变化大会""新能源""低碳""节能减排""地球一小时""无车日""京都议定书""全球行动日""双轨制""碳关税"。2010年环保专题的十大流行语是"节能减排""电动汽车""新能源车""零碳""资源税""绿色发展""供热计量""垃圾分类""清洁能源""坎昆气候大会"等。之所以专门设置环保专题，并记录着这些与环保相关的流行语，是因为气候、环境问题已经非常突出，影响到了我们的生活，并且需要全球人协作起来，共同应对气候环境恶化带来的人类生存危机。经济的持续发展，人口的剧增，不仅消耗着地球的资源，也排放着越来越多的二氧化碳，于是全球气温随之升高，冰川融化导致海平面上升，一些岛国和沿海城市面临被淹没的危险。与之相伴随的还有全球灾难性气候的频发，比如厄尔尼诺现象形成的周期在逐步缩短，气候的异常逐渐地威胁到人们的生活和生命财产安全。因此，全球协作，在保持增长的前提下，共同减少二氧化碳的排放，是保护地球生态的关键手段，"低碳"这个流行语应运而生，并迅速普及开来。低碳是指低能耗、低排放、低污染，低碳经济要求在可持续发展理念指导下，通过技术创新、制度创新、产业转型、新能源开发等手段，尽可能减少煤炭石油等高碳能源消耗，减少温室气体排放，达到经济社会发展与生态环境保护双赢的一种经济发展形态。既要发展低碳经济，又要保持经济适度增长，就必然要调整经济结构，淘汰落后产能，开发新能源，改变生活方式，建设生态文明。发展低碳经济，已经成为全球经济可持续发展的必由之路，已成为全球共识，这也为对流行语进行生态批评提供了舆情基础。具体到中国国情，经济发展的战略设计也必须做出相应的变化，并且需要在全社会加大宣传力度，以配合和适应全球发展低碳经济的大势。以低碳为核心的生活理念、生活方式和发展模式，应该成为全社会的共识，并且一定要落实到指导我们现实生活的实践上来，不能仅仅止于政策文件和法律文本。比较有代表性的"地球一小时"城市熄灯活动是全球最大的应对气候变化的行动之一，正在得到越来越多的国家、地区和城市的支持和参与，旨在让全球社会民众认识到气候变化所带来的威胁，并让大家明白每个人都可以为全球自然生态的平衡做出有效的帮助。中央电视台每年也都会有一个与此相关的全球城市熄灯后的面貌集锦，正在引起人们更多的关注以及人类该如何生活的思考。与此同时，许多相关的环保运动也已经以流行语的形式被记录下来。比如，近年来"低碳运动""电动汽车""新能源车"这些流行语为大家所熟悉的过程，其实也正是人们转变生活理念，自觉选择低碳生活，从而为挽救和改善自然生态危机而努力践行的历程。

　　从社会生态的视野来审视当代流行语，我们很容易发现社会生态的变化发展，也都被流行语所描述和铭记。比如"蜗居"呈现了青年人的生存状况和婚恋观念，"蚁族"则形象生动地描绘出了大学生毕业后的生活困境，"被就业"反映出人们对现实就业状况和统计就业率之间反差的质疑,"躲猫猫"则传达了人们对执法部门违法现象的反讽,而汉字"囧"则形象直观地反映了人们的忧郁、尴尬和无可奈何的生活境况,"神马都是浮云"和"小目标"则用调侃的语气心酸地表现出生活的不完满以及脆弱的自尊,"不折腾"则反映出人们珍惜大好时光,时不我待的奋斗和努力。总之,受社会文化心理状况影响,并产生于大众生活的流行语,必然反映出社会生态的状况甚至是病态现象,反映出时代的精神面貌和人们的情感记忆。

人们关注自然生态和社会生态的变化,必然会成为大众日常生活兴趣的关注点,探寻二者深层次的原因和因此而产生的困惑,便会构成精神生态的动态显现危机,流行语则深刻地表现出人们精神生态的困境。20世纪90年代后期以来的中国社会生活较之以往的时代,可谓发生了翻天覆地的变化,曾经因循守旧、一成不变的生活理念和模式在新的全球化文化浪潮冲击下,已经逐渐退却。与此同时,新生的事物、新起的潮流还在激烈的变动中调整和更新,正可谓是一个旧的事物已经消退,新生事物方兴未艾充满不确定性和多种可能性的时代。那么,在这样一个全新的时代,当人们以各不相同的状态迈入其中的时候,必然会遭遇不同的问题和困难,而在这些问题面前,在解决这些困难的过程中,人们的精神心理一定会产生巨大的变动或者是落差,从而导致精神生态的失衡。一旦人的精神生态失衡,那么当这样的人进入社会生活领域,或者在面对自然或者其他物种时就会展示出人性可怕的一面。比如几年来多发的"虐猫门"和"医患"矛盾激化事件,都反映出当精神状况出现危机,而又没有恰当的释放或者减压与转移的时候,人类自身就可能成为自己最危险的"敌人",这类现实事件产生的流行语一定会刺激人们的神经,冲击人们的价值观念和人格操守。还有一些流行语，直接地反映人的精神状态，比如"怼""尬聊""郁闷""伤不起""扎心了""说多了都是泪"等，这些流行语表明我们当前所处的时代状况，不同于以往具有标志性事件和明显时间节点的变革，一切社会生活与文化心理的变化都是在人们不曾意识到的情形下，悄然地发生、变动和完成，而精神生态对于个体的制约和影响更可谓潜滋暗长。

## 二 当代流行语的产生与流行机制的生态批评

流行语的产生和流行机制也是生态批评的对象。一般而言，最终成为流行语的汉语词语在起初只是普通的交流和表达的工具，然而，一旦这个词语与某一社会事件结合起来被赋予新的意义和内容之后，它便能神奇地挣脱原有词义的束缚，凭借新的内涵流行起来。在这个流行语的创造和渲染过程中，我们不难发现一些违反道德伦理、违背常情常理甚至违法违纪的现象。比如"芙蓉姐姐"和"伪娘"，就是为了吸引眼球，博得关注度，然后为自己谋得利益的作秀行为；又有"兽兽""艳照门""郭美美"等一些代表伤风败俗现象的流行语出现，然而令人诧异的是，这些事件的主角反而摇身一变成为"明星"，活跃在各种娱乐版块，甚至被追捧示爱。这种现象其实很真实地反映了在当今这个娱乐化的时代，人们已经放弃或是放松了道德判断的警惕，一味地追求刺激和新鲜，蔓延着一种享乐主义的躁动气氛，这是一个比较危险的精神生态状况的表征。

人们对有的流行语不厌其烦地改造与组合，反映出人们在使用或者积极改造这些流行语的过程中的心理和精神状态。比如，

"××控"这个流行语,本来表达的是对某事物的痴迷和沉溺,就好像受到其控制一样,难以摆脱,无法自拔,但是实际上往往是人们不由自主地、心甘情愿地让其控制,并作茧自缚地发出无病的呻吟,于是也出现了许多相关的流行语:"微博控""短发控""手机控""星座控""零食控""大叔控"等。这些流行语反映出人们在使用或者积极改造这些流行语的过程中的心理和精神状态,即个体的无奈、失落、焦躁、愤懑情绪,而这种"负能量"在流行语的传播过程中必然会影响到使用者的精神心理状况。不可否认,情绪是会传染的,在流行语的流行过程中,消极的负面情绪会在不知不觉间影响到使用者的心情,甚至会作为诱饵,激发起使用者本可以升华或平息的情绪。当然,也存在这样一种可能,就是在使用相关流行语的过程中,个人的情感和情绪被冲淡、转移和娱乐化,从而沉溺在流行语本身带来的新奇而虚幻的体验之中,失去判断力,难以自拔。比如"寂寞体"的流行:"哥吃的不是面,是寂寞""哥抽的不是烟,是寂寞""哥答的不是题,是寂寞""哥唱的不是歌,是寂寞""哥睡的不是觉,是寂寞""哥上的不是班,是寂寞""哥读的不是书,是寂寞",还有"不要迷恋哥,哥只是个传说"等,很明显,人们的日常生活,无论是痛苦还是欢乐,在这样的流行语的改编和使用过程中,被空洞化和无意义化。

在网络空间中,人与人之间获得一种虚幻的有关平等和自由的错觉,模糊和拉平现实生活中的距离和差别,而且由于在当前网络安全状态下,这种虚拟的平等自由的无监控的泛滥和凸显,更是迎合和适应了青年人逃离传统束缚,追求自我个性彰显的心理诉求,导致消费主义、娱乐主义观念大行其道。这种网络监管的现状和青年人生存及心理诉求直接体现在网络语言的创造和使用上。比如，从"神马都是浮云""在街上看美女，高一点就是欣赏，低一点就是流氓""喜欢吸烟是因为它可以伤肺，却不会伤心""惊不惊喜，意不意外"等流行语就不难看出，有些流行语是反规范约束、反传统制约的，具有鲜明的叛逆性格色彩。尽管从社会心理层面分析，这种变化也深刻反映出改革开放以来，中国经济、社会、文化、教育等领域正在发生的显著变革和创新，但是，这样一些流行语的产生过程和流行机制还是反映出当前社会文化的虚无化、社会精神的娱乐化倾向，这是我们应该引起警惕的现象。

实际上，这样的流行语还有很多，而关键的问题是，人们往往只是会沉浸在这种语言的新奇和时尚气息之中，却很少会意识到这种流行语的使用行为本身，其实也隐含着消解人生意义的潜能。比如："怀才就像怀孕，时间长了才能看出来"，流露出的是怀才不遇的无奈；"是金子总要发光的，但当满地都是金子的时候，我自己也不知道自己是哪颗了"，表现出的是人生迷茫和自我价值认知的模糊；"人家有的是背景，而我有的是背影"，呈现出的是不服输却无可奈何的心境；"别和我谈理想，戒了"，透露出理想主义的失落；"人生最大的遗憾莫过于错误地坚持了不该坚持的，轻易地放弃了不该放弃的"，虽然有种人生的觉悟，但更多的还是遗憾和后悔；"人生就像是一个茶几，上面摆满了杯具（悲剧）"，很明显模仿了张爱玲的名言，但却只是传达调侃式的悲催心情；"人生没有彩排，每天都是直播，不仅收视率低，而且工资不高"，很明显是对现实生活的不满和抱怨；"人生重要的不是所站的位置，而是所朝的方向"，流露出的是现实中遇挫的自我安慰；而"人生最痛苦的事情是人死了钱还没花完"与"人生最最痛苦的事情是人还活着，钱没了"，反映出进退维谷的纠结心情；"人生不能像做菜，把所有的料都准备好才下锅"，言外之意则是已经失却了机会，流露出遗憾和不甘。这些流行语的产生本身就具有生态批评的价值，发人深思。

## 三　当代流行语内容的生态批评

流行语是社会生活的浓缩式反映，透射着时代与社会的风貌和气质，因此，通过流行语的内容，我们就可以了解人们的衣食住行，感受社会生活的酸甜苦辣。从这个层面来讲，流行语内容的生态批评价值在于它不仅记录了社会公共事件，更是通过一种无声而有力的方式，抨击着人们的良心，拷问着社会的良知，启迪着人性的光辉。

近些年来，出现了一批与食品安全相关的流行语，然而令人遗憾的是，这些流行语的内容都是触目惊心的由食品安全不合格而引起的社会性惨痛事件和让人们无法释怀的创伤。比如："大头娃娃"不是因为动画作品而流行，而是因为阜阳劣质奶粉致使的婴儿营养不良和畸形；"苏丹红"不是因为电视剧中经常会出现的"鹤顶红"而流行，而是因为在肯德基等外国餐饮企业生产的快餐食品中被检测出的具有致癌作用的"苏丹红"；"三聚氰胺"这样一个生僻的化工材料品名能够成为流行语而为全国人民所熟知，竟然是因为在给幼儿食用的三鹿奶粉中发现了大剂量的"三聚氰胺"，使得一批儿童患上了肾结石，不仅给受害儿童的身心带来巨大伤害，也给这个社会的道德带来损害，人们至今无法理解，同样作为一个母亲的三鹿奶粉董事长，怎么忍心在经济利益的驱使下，允许所经营的企业在婴幼儿食用的奶粉中掺加超量的"三聚氰胺"，真可谓丧尽天良。然而这并不是结束，或者说这些流行语刺激着人们的神经，也促使相关部门加大排查和打击力度，揭开了食品安全这项关乎人民生命财产安全的"黑幕"。于是我们看到，2011年"媒体十大流行语"将食品安全列为专题，"地沟油"这种来自残羹冷炙和地水沟并散发着扑鼻恶臭的有毒物质，居然经过违法分子的简单加工后，以低价卖给餐饮单位，又重返餐桌，而长期食用地沟油会引发癌症，严重威胁人民群众身体健康。同样是因为食品安全而出现的流行语，"瘦肉精"、"塑化剂"、"染色馒头"、"骨汤门"事件、"毒豆芽"等层出不穷，一次次撞击人们的神经，让我们的社会和生活充满不安和失望。

　　与人们生活密切相关的楼市也频频爆出一些不可思议的事件，引发了与之相关的流行语的出现。比如："炒房团"不以居住为目的，肆意"哄抬房价"，并通过"房价上涨"的假象来为自己赚取非法的巨额利润，致使不少人沦为悲催的"房奴"。房地产开发商与官家腐败分子勾结，违规强拆民房，使得"钉子户"成为流行语。在房地产行业出现的这种乱象面前，政府认识到单纯的市场调节无法解决诸如"强拆"等行为带来的不稳定因素，调整政策，因势利导，加大了宏观调控的力度。很快，"房贷新政""限购令""新国八条"等流行语开始为人们所使用；继之而来的是由于调整住房供应结构而出现的"廉租房""经济适用房""限价房""保障性住房""公租房"等。这些流行语都说明，"房价"无疑是百姓最关心的话题，高房价会使得民众的生活压力增大，会给刚步入社会的大学生带来直接的压力，从而影响青年人的工作和精神状态，会使得人们的婚恋观发生变异，高房价也会使一部分人铤而走险，给社会带来不稳定的因素。总而言之，"房价"关乎国计民生，联系着人们的幸福指数，直接影响"和谐社会"建设,而对这些流行语内容的研究和梳理,不仅能带给我们关于社会生态的警示,还能提醒我们自身的精神生态状况。

除了"食"和"住",那些关乎青年人的生活态度、生存状态和精神面貌的流行语也大量产生。校园流行语是其中一个重要的门类。比如,反映大学生学习情况的"台湾一日不收复,我一日不过4级",就体现出英语过级考试给学生带来的压力;"信春哥,不挂科"表现了期末考试临时抱佛脚的侥幸心理;"研究生都养猪了,你还不好好学习"表现出学生内心的迷惘;"小时候,我是个天才,经过二十多年的学校教育后,终于成功地被培育成了蠢材"表达了对教育与社会需要脱节的不满;"我用一麻袋的钱上大学,换了一麻袋书;毕业了,用这些书换钱,却买不起一个麻袋"表现出对于大学教育的质疑和读书是否有用的困惑;"毕业时才发现,不是我上了大学,而是大学上了我"则体现出毕业时刻的遗憾和焦虑;"宁愿考它十五年,也要拿下公务员"反映出青年人的求职观和公务员"铁饭碗"的超常价值。除了校园流行语,还有一些流行语的内容反映出青年人迈入职场,进入社会之后的人生感悟,也能很直接地反映青年人的精神心理状况。比如:"走别人的路,让别人无路可走!"反映出职场竞争的残酷;"我就像一只趴在玻璃上的苍蝇,前途一片光明,而我却找不到出路"表现的是遇到挫折时的沮丧;"帅有个屁用,到头来还是让卒吃掉!""男人长得帅有个屁用呀?到银行能用脸刷卡吗?"则反映出社会和职场只重金钱不及其余的价值法则;"此人已死,有事烧纸"表现的是自我的封闭;"我不是随便的人,我随便起来不是人"表现出工作和生活的重压之下人性的畸变;"流氓不可怕,就怕流氓有文化"则是对工作中不合理现象的气愤和讽刺;"你不能让所有人满意,因为不是所有的人都是人!"表现出工作的不容易以及人际关系的冷漠。

年轻人的恋爱婚姻观念也很能说明我们这个社会在世界观、人生观和价值观方面出现的失衡和扭曲现象,也折射出社会上各种压力比如就业难和婚姻成本提高对青年人带来的折磨,使他们放弃理想和尊严,只能为物质的积攒而活着的残酷现实。比如:"青春不常在,抓紧谈恋爱"反映出了及时享受人生的心理;"我爱你!关你什么事?"则是个性主义在恋爱中的极端展现;"我想早恋,但已经晚了"用调侃的语气指出当前恋爱年龄大幅提早的现实,心智尚不成熟的男男女女在爱情的名义下挥霍青春;"只要锄头舞得好,哪有墙脚挖不倒?"表现出一种自负而狂妄的恋爱观,把恋爱当作一场"战役";"爱情就像两个拉橡皮筋的人,受伤的总是不愿放手的那个"表现出年轻人在恋爱中的谨慎和可怕的理智;"鲜花往往不属于赏花的人,而属于牛粪"道出了在恋爱中的迷惑,不明白真正吸引对方的该是什么因素或者条件;"单身并不难,难的是应付那些千方百计想让你结束单身的人"则是居高临下地展示自我的优秀;"有时候,不是对方不在乎你,而是你把对方看得太重"表现了恋爱中的自我解脱和说服;"征婚启事:要求如下,A活的,B女的"说明当前在恋爱中,人们附加了太多条件,期待可以让爱情简单一点;"爱情就像快餐,不在乎什么味道,能解决生理需要就可以"与"爱,就像打篮球,拼命地抢,拼命地追,当得到以后便毫不犹豫地抛出去"则明显是把爱情当作儿戏,缺乏起码的真诚和尊重;"为了更好地离婚,我们结婚吧"反映了对于婚姻不确定性的不安;"真爱就像UFO,大家都在谈论它,却没有人看到过它"和"我曾经和一个人无数次擦肩而过,衣服都擦破了,也没擦出火花"表现了对于爱情期许的幻灭;"我喜欢你,很久了,等你,也很久了,现在,我要离开,比很久很久还要久"则较为抒情地表达分手的坚决;"爱情使人忘记时间,时间也使人忘记爱情"则传达出一种对于时间和爱情的领悟,但却多少有点心酸在里面的感觉;"问世间情为何物,不过一物降一物"则幽默地表达在与恋人相处过程中的妥协;"和爱的人吵架,和陌生人讲心里话"反映出恋人在相处过程中艰难的磨合,甚至有点疲惫。以上这些涉及恋爱婚姻内容的流行语,是处在这个社会现实中的人们都可以去体会、玩味的,它让我们从生态批评的角度思之神伤。

## 四 当代流行语传播过程的生态批评

当我们把研究的焦点对准流行语的传播过程,我们发现有许多值得我们深思的生态批评的问题。比如,当前流行语的传播,表面上是由于网络等现代媒介的助推作用,但我们不能被这个技术的客观支持遮蔽双眼,我们其实很容易发现在流行语流行过程中从未停歇的那只"手",就是资本的运作和商业利益的追求。许多被我们通过手机等客户端乐此不疲地转发的流行语,有时就是被一个职业的创作团队创作出来的。在大家竞相传播的过程中,不仅移动运营商赚足利益,许多关联行业和产品也通过加入边缝广告的方式实现了宣传的目的。毫无疑问,相当数量的流行语火爆传播的背后,都有一套商业链在操作。除了这种具有较强商业背景的流行语之外,我们也不能否认,同样存在许多被人们自发的积极使用而产生的流行语,而这样一些流行语之所以被大肆传播,体现出来的多半是人们世界观和价值观的错位,以及人生观与婚恋观等的变异。总而言之,通过对流行语传播过程的生态批评，我们发现主要有以下几个方面的问题。

（一）肆意流传以至于恶搞仿造，放大了某些流行语的负面意义

流行语的传播频次本身就能说明人们对相关内容和问题的关注度。在流行语传播的过程中，媒体或者某些具有相当话语权和影响力的"社会公知"，会在商业资本或者意识形态的掌控下，有意识地误导公众观念，转移社会舆论焦点，混淆大众视听，歪曲事实或者夸大社会负面问题。比如，与人们生活息息相关的自然生态、国家命运和社会现象当然会成为人们关注的中心，这种关注对于自然环境的保护、国家政策法规的制定和社会丑恶现象的揭示具有积极的帮助作用。比如"低碳"使人们认识到地球环境和气候的危机，改变自己的生活方式，但是这一流行语在流行过程中存在着被扭曲的现象，造成一种生态危机已经"病入膏肓"的假象，从而引发社会心理恐慌以及"破罐破摔"的消极逆反心理；还有"不折腾"这一流行语本来具有使人们对当前国际国内形势有了客观清醒的认识，从而实事求是地发展自己，不做损害国家发展和人民福祉的事情，但是在流行过程中，也会被无限制地夸大其现实状况，好像普遍并严重地存在着"瞎折腾"的情况，这同样不利于社会稳定与和谐；还有"躲猫猫"，反映出人们对官方话语的质疑，用戏谑和嘲讽的方式反映现实，也一定程度上促成了相关领域的整改，但其过度的流行性传播也会损害社会大众与政府部门之间的信任基础和沟通意愿；"被就业"传达了人们对就业统计年年提高与就业艰难的现实之间的质疑和不满，有助于就业政策的"接地气"，但是这种传播也同样有可能抹杀政府在促进就业方面所做的努力和获得的成效；"拼爹"让我们对社会上的炫富现象有了深刻的认识，即这种炫富背后往往

存在贪污腐败和道德败坏的事实，尤其是"郭美美"案发之后，央视的采访让一切水落石出，对腐败分子和好逸恶劳之徒是一个响亮的"耳光"，但是它的流行性传播也会使得一些年轻人开始打起"拼爹"的算盘而自暴自弃。简而言之，缺少自律和监管的流行语的流行性传播，有时会使得社会问题的解决走向事与愿违的境地。近年来，随着经济社会的发展和转型，出现了一些新的社会现象，其中不乏损害人们切身利益和影响社会公德的事件，在网络肆意传播下，与之相关的仿造流行语层出不穷：富士康员工跳楼引出了"今天你跳了吗"；袁腾飞关于历史的言论惹起争议引发了"历史是个什么玩意儿"；唐骏的"学历门"制造出"不怕狼一样的对手，就怕猪一样的校友"这个流行语；宜黄强拆自焚事件竟然产生了"没有强拆，就没有新中国"这样丧失底线的流行语；"赤脚医生"张悟本涉嫌虚假宣传，危害群众生命财产安全，但随之而出的竟然是"豆你玩""吃出来的病吃回去"这样一些搞笑式的流行语；王家岭矿难救援牵动人心，却出现了"丧事终于办成了喜事"这样的流行语，是对逝者及其亲属的不尊重，也是对政府救援行动的抹黑。这样的流行语传播，就完全可以讲是一种不负责任、别有用心的行为，值得人们警惕而不予盲目传播。

（二）网络传播中人们对流行语的非理性抉择

网络已经成为流行语产生和传播的重要平台和渠道，它的大面积普及和大规模使用，是近十年来社会生活的一个重要变化，它直接地改变了人们的交流沟通方式，也空前地扩张了人们获取信息和发出自己声音的渠道，给现代生活带来深刻的变化，"网虫"这个流行语就很生动地反映出这个变化。事实上，网络的使用在某种程度上已经成为人们的负担，但是却难以自拔，这在流行语的传播过程中有着较为清晰的体现，直接反映出人们在流行语传播过程中丧失主体性、能动性，把理智和智慧都交由网络虚拟世界来掌控的病态生活实践。人性是复杂的，人的价值观也是多元化的。人们不断地追逐新潮事物，是人性的驱动所致。但在流行语的传播过程中，这种正常的人性被扭曲的猎奇心理和创新意识所取代。流行语的语言材料中往往附加着特定的人生观、价值观、道德观、伦理观，我们每个人都是具有判断力的，关于美丑、优劣和是非应该有自己的认知，然后再决定自己的行为，然而在流行语的传播过程中，这种能动的自觉几乎消亡，变成在病态的猎奇心理和不负责任的潜意识主导下的娱乐行为。比如："人不为己，天诛地灭"这个流行语，很明显与社会主义道德观和价值观相抵牾，不利于构建和谐友善的人际关系，也必将损害到自身利益，但是却在网络空间中被大肆宣扬，并影响到人们的日常生活，把自私自利当成顺理成章，把损人利己当成无可厚非的行为，给我们的生活带来许多负能量的因素；"人为财死、鸟为食亡"明显地在宣扬一种以金钱为第一目标的不良生活态度，会把人变成一个赚钱的机器，并且变得冷漠和坚硬，没有人情味和同情心，不仅对周围的亲朋好友带来不良影响，而且最终会毁灭个人的幸福，但是却被人们底气十足地传播，甚至成为励志的"铭言"，这无疑是一个巨大的讽刺；2007年出现的网络流行语"有钱人终成眷属"把流传几千年的"有情人终成眷属"轻易地篡改，尽管在某种程度上反映了当前社会领域婚恋观的变化，但却无视人间真爱的存在，以少数媚俗现象来取代大部分人对于真爱的追求，并把它视为婚恋法则，无疑是大错特错的不负责任行为。随着它成为流行语，在传播的过程中就会慢慢侵蚀人们的道德和价值底线，尤其是对世界观、价值观尚未确定的青少年而言,更是会带来不可估量的伤害。因此,这样的流行语我们本该自觉抵制,但是,在网络等现代媒介的便捷和大规模传播下,个体显得势单力薄,对此我们应该有清醒的认识。

(三) 求快求简的生活心理使流行语在传播途中变异

世事多纷扰,追求简单快捷的生活几乎是人们普遍的心理诉求,而且当前快节奏的社会生活也要求人们在工作和生活中,在追求质量的同时必须保证效率的优先,这种富于时代特征的社会心理变化也影响到流行语的使用与传播过程。令人遗憾的是,尽管人们一味地追求简单快捷的生活,可现实生活却往往需要更多的耐心。当复杂的社会生活本身与人们追求简单化生活方式的愿望之间产生矛盾的时候,个人的心理和情感必然受挫,这种负面的情绪对于生活的质量具有破坏性。不可否认,流行语"言简义丰"的特点使其具有传达信息的便捷性,某种程度上顺应了人们快捷化的心理趋向,但是人们在使用和传播流行语的过程中,有意或者无意地把自身追逐快餐化与虚无化生活的心理倾向以及各种未经审视和沉淀的情绪,投射和蔓延到流行语本身,并导致流行语的形式与意义的变异,而这种变异又会反过来影响和加重整个社会的精神气候的浮躁和夸饰,容易形成一个恶性的循环。比如人们对于流行语"山寨"的不加鉴别的泛滥性传播使用,就使得本来具有批判和嘲弄意味的"山寨"反而渐渐拥有了一种自夸与炫耀的变异意味。再比如"神马都是浮云"这个流行语,被人们多频次地、机械式地传播,就使得其本来具有的一种乐观与豪情变异为一种漫不经心、毫不在乎的虚空与表浅。以上关于流行语在追逐简单快捷节奏的社会生活中被使用和传播而导致的变异情况,应该引起我们的注意和反思。

(四) 放任娱乐化生活态势

当今社会的娱乐化倾向越来越明显,体现为追求幽默诙谐、以俗为美、玩世不恭的心理。生活的压力会使人们处于一种精神高度紧绷的状态，紧张情绪得不到合理宣泄，在这种精神心理情况下，幽默诙谐的流行语很容易成为人们的最爱，希望借以排解压力、营造愉悦气氛、消除心理紧张疲劳。比如，"今天你偷菜了吗"，的确能起到调节气氛的作用，但是如果教师在上课之前也总是以此来调动气氛和拉近与学生之间的关系，就值得我们思考。改革开放以来，人们的思想获得解放，但是与之同时，背离传统的玩世不恭心理也在悄然滋生。比如"神马都是浮云"的流行性传播，就呈现出人们不端正的世界观和人生观，会导致消极避世和悲观厌世情绪的蔓延。

当然，我们在对流行语的传播过程进行生态批评考察时，也必须注意"民粹主义"思想的抬头，比如在"李天一"事件中，其父李双江因病住院这样一个正常的情况，也经由媒体的渲染，被认为要挟施压检察机关，迫使检察机关作出有利于其子审判作秀行径，这种违背基本的人之伦理道德常情的传播动机是我们要坚决抵制的。

## 五 当代流行语的生态批评实践

### （一）对改编文学作品类流行语的生态批评

流行语的种类繁多，其中对于文学作品的改编类流行语较为容易获得人们的青睐，借助文学作品脍炙人口的特性，蔚然成风。但是这种对于文学作品的改编，却存在着一种危险，即把神圣的、经典的、艺术的文学作品变为世俗的、媚俗的甚至恶俗的"段子"，并在众口传播的过程中，消解文学的价值和意义，破坏文学在人们尤其是少年儿童心目中的诗意与美好，沦为一种娱乐化的玩笑,这种结果,无论是对于文学本身,还是对于人们的诗意情感和梦想,都不啻是一个沉重的打击。比如,伟大的爱国诗人屈原在《离骚》中用来表达自己忧国忧民的真挚感情的"路漫漫其修远兮,吾将上下而求索"这句诗,却被改编为"路漫漫其修远兮,不如我们打的吧"!这种一味搞笑的改编,不仅是对经典文学作品的恶意伤害,也是对诗人爱国情操的亵渎,反映出当代社会道德滑坡的风险,值得引起我们的注意。还有改写诗人李白的《赠汪伦》,用来感叹人们对电脑病毒肆意横行的憎恨之情:"李白开机将上网,忽闻机内熊猫声;杀毒软件千千万,不及熊猫三炷香",这简直是对于文学作品和古代诗人的极端不尊重,而且有学生受到这种改编流行语的影响,变得不知道原诗,却能够对此无聊的流行语脱口而出;孟浩然的诗作《春晓》也受到这样的侵权,被改成了"春眠不觉晓,处处蚊子咬。喷了敌敌畏,不知死多少"。让人啼笑皆非的同时,也对此深感痛心;还有伟大领袖毛泽东的《七律·长征》,被改编为"当官不怕喝酒难,万盏千杯只等闲。鸳鸯火锅腾热浪,生猛海鲜走鱼丸。桑拿浴里三温暖,歌厅唱到五更寒。更喜小姐白如雪,三陪过后尽开颜"。不管这样的改编是出于什么样的目的,讽刺官员腐败也好,感慨世风日下也好,这种大不敬的改编都是不能接受、不该被原谅的,更不能助长其大肆宣扬。反腐败是很严肃的事情,绝不能用打油诗来开展工作,来感慨世风日下和官场的腐败。

值得注意的是,这种对于文学作品的改编流行语,往往不是一种孤立的情况,常常引起跟风式的模仿,从而致使许多文学作品一起遭殃。河北大学李启铭醉酒驾车,撞死一名女生后试图逃逸,被拦下后嚣张地喊出"我爸是李刚",这种对法律正义与公共伦理的公然挑衅行为,点燃了网民对于这种"官二代"积压很久的愤怒，纷纷转发和使用"我爸是李刚"这句话，很快使其成为一个网络流行语，然而让人始料未及的是，在这个流行语传播的过程中，遭殃的居然是文学作品。猫扑网"独辟蹊径"，发起了"我爸是李刚"的网络造句大赛，大众和民间的智慧纷纷出招，各种改编层出不穷，令人惊叹不已，唐诗、宋词、广告及流行歌曲都不能幸免，成千上万条各个版本的网络流行语在很短时间内横空出世，例如李白版："床前明月光，我爸是李刚"；叶绍翁版："满园局长关不住，一只李刚出墙来"；普希金版："假如生活欺骗了你，不要悲伤，我爸是李刚"；陈楚生版："有没有人曾告诉你，我爸叫李刚"；还衍生出了特仑苏版："不是每一杯牛奶都是特仑苏，不是每一个爸爸都叫李刚"。这种对于文学作品的改编并衍生到歌曲和广告的流行语，制造出一种虚假的文学繁荣的幻想，实际上是对文学的神圣性与诗意性的极大践踏。文学是人类心灵的必需，是人类幸福的承诺，对于文学作品的改编流行语，严重毁坏了文学的品格，也反映出人们的生存和精神状况的堪忧，值得我们从精神生态的视角加以纠错和引导。

（二）对流行商业广告语的生态批评

广告在现代人的生活里无处不在，从电视、电影、报纸广告到"牛皮癣式"的墙头、电线杆和候车亭小广告，让人无法回避，使得消费者心生厌烦，进而也影响到了广告的宣传效果，不利于商业行为的展开。在这种情况下，一些精明的商人也开始转变头脑，充分利于当代人的浮躁和困惑，追求与幻灭心理，借助大众传媒的帮助，创造出一些易为人们接受甚至乐意传播的商业广告，并促成其成为流行语，从而达到商业宣传的最优效益。比如聚美优品的两则广告："你只闻到我的香水，却没看到我的汗水;你有你的规则,我有我的选择;你否定我的现在,我决定我的未来;你嘲笑我一无所有不配去爱,我可怜你总是等待;你可以轻视我们的年轻,我们会证明这是谁的时代。梦想,是注定孤独的旅行,路上少不了质疑和嘲笑,但,那又怎样?哪怕遍体鳞伤,也要活得漂亮。我是陈欧,我为自己代言。"和"从未年轻过的人,一定无法体会这个世界的偏见。我们被世俗拆散,也要为爱情勇往直前;我们被房价羞辱,也要让简陋的现实变得温暖;我们被权威漠视,也要为自己的天分保持骄傲;我们被平庸折磨,也要开始说走就走的冒险。所谓的光辉岁月,并不是后来闪耀的日子,而是无人问津时,你对梦想的偏执,你是否有勇气,对自己忠诚到底,我是陈欧,我为自己代言。"不得不承认,聚美优品的这两则广告,的确传达出一些关于梦想、奋斗、执着、坚韧的正能量。但是我们不能因此而漠视其作为商业品牌广告的身份,尤其是那些因为这样的广告语触动了自己的内心,就以为产生了共鸣,并通过消费行为来作为回报的非理性消费行为,应该从生态批评的角度客观地审视这些商业化的营销策略。

(三) 对流行"脏词脏语"的生态批评

当今社会道德滑坡、理性沦丧,社会上浮躁焦虑的情绪一定程度上蔓延不止,这种社会风貌和精神心理状态的极端化恶劣呈现,也被流行语铭刻下来,也就是我们所说的"脏词脏语"流行语,这类流行语对社会文明、社会生态和语言环境与语言生态都带来了不良影响,是一种低级趣味的、肤浅庸俗的流行语,对于这类流行语我们应该坚决批判并自觉抵制。比如口头禅类的粗口等在网络和社会生活中肆意流行,甚至成为一种语言使用习惯,即便到国外旅行也是没有丝毫的顾忌,给国人形象带来很大损伤。比较有代表性的是"屌丝"一词，不管有些人给它赋予多少的现实意义，它都是不折不扣的一个脏词，但令人震惊和失望的是，这个脏词却被越来越多的人欣然使用，甚至成为励志的标签，在公开场合被高调地使用，作为一种身份的象征，这种现象正是人们的精神生态失衡并波及社会生态的突出表现。

## 第二节 当代流行语的符号学研究

### 一 符号学理论与当代流行语研究

符号学（Semiotics）是人类有关意义与理解的所有思索的科学，符号学就是意义研究之学。符号学是20世纪形式论思潮之集大成者，福柯在他1969年关于认识论的名著《知识考古学》中说："我们可以把使符号'说话'，发展其意义的全部知识，称为阐释学；把鉴别符号，了解连接规律的全部知识，称为符号学。"[①] 怀海德的意见与福柯相仿："人类为了表现自己而寻找符号，事实上，表现就是符号。"[②] 现代符号学的创始人是索绪尔与皮尔斯，他们在20世纪初分别提出了自己的符号学基础系统，但是符号学本身一直处于学界边缘，到了60年代，索绪尔的符号学以结构主义的名义起飞，使得符号学与结构主义几乎是一物二名。到了20世纪七八十年代，结构主义突破自身，成为后结构主义，其中符号学起了极大的作用，此后皮尔斯模式代替了索绪尔模式成为当代符号学的基础。符号学这个中文词，是赵元任在1926年一篇题为"符号学大纲"的长文中提出来的，在这篇文章

---

① 转引自赵毅衡《重新定义符号与符号学》，《国际新闻界》2013年第6期。
② 同上。

中他指出:"符号这东西是很老的了,但拿一切的符号当一种题目来研究它的种种性质跟用法的原则,这事情还没有人做过。"①他的意思是不仅在中国没人做过,在世界上也没有人做过。此后符号学在中国获得了长足的发展,当前中国的符号学研究以四川大学为中心,赵毅衡教授是符号学研究领域的权威,在他的努力下,四川大学开设了中国第一个符号学博士点。

流行语在社会中为不同群体普遍使用从而广泛流传,它随着社会现象的变化而出现、发展、定型或消亡,强烈地反映了社会现实。近年来流行语借助媒介等因素更加广泛地传播,流行语的使用也成为一种引人注目的社会现象,并受到了语言学界、社会学界等的关注。流行语的研究成果也不断出现,但因流行语作为语言符号的特性,研究成果更多地体现在语言学方面。事实上,我们完全可以用符号学的理论来研究流行语。回顾流行语的发展历史,我们就会发现,铭记着社会历史发展和改革进程的流行语,必然承载着一些社会的文化心理内涵,而且在被人们使用和传播的过程中,其意义不断丰富,已经成为一种表义符号,是社会文化和精神风貌的表征。比如:随着改革开放的发展,人们的收入增加,"万元户"和"大款"这样的流行语相继出现,不仅表明个体财富的积累,更是成为一种身份地位的象征性符号,让人赞叹、羡慕和期待。人们在使用这些流行语的过程中,躁动的发家致富愿望和互相攀比以及冷嘲热讽的多样化心理在流行语中一览无余。总而言之,从符号学的视角来研究流行语是合理的、科学的,而且通过符号学的研究,我们更容易窥见流行词语下的意义价值和文化心理,对于我们更好地监控、管理流行语的产生和使用具有重要作用。

---

① 赵元任:《赵元任语言文学论集》,商务印书馆2002年版,第178页。

## 二 当代流行语成为符号的动因

(一) 符号的标出性和流行语传播的内在要求

符号的标出性特征是符号学研究的一个新增长点。实际上，早在20世纪30年代，雅柯布森就讨论过"标出"概念。语言学对于标出性的研究是建立在相对可统计的基础上，即对立的两项不对称时，出现次数较少的那项，就是"标出项"，而对立的使用较多的那一项，就是"非标出项"，比如"大"与"小"是对立项，而我们在语言使用中常常会说"大家闺秀"和"小家碧玉"，而非"小家闺秀"和"大家碧玉"，其中，"大家闺秀"和"小家碧玉"是"非标出项"，而"小家闺秀"和"大家碧玉"就是"标出项"；再比如，"黑"与"白"是对立项，我们常说"幕后黑手"而非"幕后白手"，我们常说"白手起家"而非"黑手起家"，其中，"幕后黑手"与"白手起家"是"非标出项"，而"幕后白手"和"黑手起家"是"标出项"。值得注意的是，非标出项才是正常项，因此标出项的研究，目的就是找出对立的两项之间的规律。赵毅衡教授把标出性引入文化符号学研究，并创新地认为，在对立的非标出项与标出项之间，应该加入一个模糊的"中项"。他认为，"我们把携带中项的非标出项称为'正项'，中项的特点是无法自我界定，也没有自己独立的符号，必须靠非标出项来表达自身。我们把中项排斥的称为异项，即标出项，也就是说，标出项之所以成为标出项，就是因为被中项与正项联合排拒。这种中项偏边现象，是文化符号中判断标出性的关键"。① 从语言表意来

---

① 赵毅衡：《符号学原理与推演》，南京大学出版社2011年版，第285页。

看，能够清晰传达意义的是正项，大部分人采用的表意方式偏向于清晰传达，因而迂回表意的言说方式成为异项，即"被标出"。流行语相对于一般语言表达而言，就是标出项，因此用符号的标出性来研究流行语，有助于我们了解流行语得以流行的密码。

季羡林老先生曾说过："文化有一个特点，一旦产生，它就要传播，在民族内部传播，又传播到民族地区以外去，这就形成了文化交流。"[①] 流行语一旦形成，就有一种内在的诉求，即被使用和传播出去。而流行语之所以能够被人们注意到并愿意自动地充当传播的媒介，就是因为它的标出性，即它的非常规性和反规律性。这样一来，流行语的标出和流行就成为使用者个体实现自我个性展示和身份标出的有力"武器"。事实上，流行语的传播实践也验证了这一点，比如"玉米"和"凉粉"的传播，就鲜明地表明了使用者分别为李宇春和张靓颖"粉丝"的身份，并借助这种对于偶像的喜爱和"发烧级"的追随，彰显出自我的审美观和价值观。

（二）自我展示的诉求与商业经济的推动

流行语作为符号的载体，承载着意义，也具有其商业盈利的价值，尤其是在这个经济产业化运作的时代，许多商家更是乐意创造和推出属于自己的符号标签，并通过铁杆的支持者和多元媒介的帮助，使其尽快成为流行语，从而实现口口相传，演化成为中国传统文化里比较推崇的"口碑"，不仅节省广告宣传的成本，而且能够招徕成批次的、各年龄段的消费群体，并牢牢锁定与其相关的大众主体。比如："淘宝体"的"亲，熬夜不好哦！！！亲，包邮哦！！！"以及由其引发的"淘宝体"录取通知书："亲，祝贺

---

① 季羡林：《中外文化交流漫谈》，北京大学出版社1996年版。

你哦！你被我们学校录取了哦！亲，9月2号报到哦！录取通知书明天'发货'哦！亲，全5分哦！给好评哦！""淘宝体"交通提示语："亲，快车道很危险哦！""亲，红灯伤不起哦！""淘宝体"城管执法通知："亲，当您接到此宣传单时，说明您正在违反《山东省城镇容貌和环境卫生管理办法》和《济南市关于公布城市管理相对集中行政处罚规定的通告》的相关规定哦。"更加令人惊奇的是，联合国催要会费也使用了"淘宝体"："缴费啦！2013年已经过半，需要算算账了。截至6月19日，联合国193个会员国中有102个国家全部缴纳了2013年的年度预算摊款。其中包括五常中的中国、英国、法国和俄罗斯以及缴费大户日本、德国和意大利。尚未缴费的亲要赶紧啦！"真是让人"耳目一新"。除了"淘宝体"之外还有"凡客体"，也是出于商业目的用文艺的方式来"绑架"和"操纵"受众的钱袋的营销行为。比如由韩寒主打的符号式商业流行语：

爱网络，爱自由，
爱晚起，爱夜间大排档，爱赛车；
也爱59块帆布鞋，我不是什么旗手，
不是谁的代言，我是韩寒，
我只代表我自己。
我和你一样，我是凡客。

还有由王珞丹主打的符号式商业流行语：

我爱表演，不爱扮演；
我爱奋斗，也爱享受生活；

我爱漂亮衣服，更爱打折标签；

不是米莱，不是钱小样，不是大明星，我是王珞丹。

我没什么特别，我很特别；

我和别人不一样，我和你一样，我是凡客。

在"淘宝体"和"凡客体"之外，还有"咆哮体""TVB体""私奔体""李刚体"等，也都成为一种符号，它们作为一种文体格式和模板，不变的形式被装入多变的内容，这种并没有多少创新价值的造句方式，却意外地引起社会各阶层的竞相使用和跟风，这里面有自我个性展示的因素，更有被商业经济链条所利用并加以推动的原因，可以说是商业资本对于主体个性的控制和操纵，只是沉溺于这种语言狂欢的大众，或者是意识不到这种"枷锁"，或者是心甘情愿投身其中，并企图借以实现自我的利益诉求。

（三）消费主体的身份认同心理

社会生活的运转离不开消费，在娱乐化、享乐化和消费化主义的引导下，消费行为前所未有地在社会生活中占据极其重要的地位。与之相应，流行语也反映出在这种消费主义影响下的社会万象，以及在消费主义大潮中个体的自我认知焦虑，还有身份认同的强烈追求。比如："月光族"用来指代每月赚的钱都用光、花光的人，所谓"洗光吃光，身体健康"。他们是几乎从不进行储蓄理财的年青一代，他们的生活态度与父辈倡导的勤俭节约消费观念完全不同，追求吃得开心、穿得漂亮，根本不在乎钱财，尽管收入也许并不丰厚。他们当中许多人喜欢追逐新潮，爱打扮、购买漂亮服饰。"啃老族"是指那些并非找不到工作，而是很随意地主动放弃了就业的机会，赋闲在家，不仅衣食住行全靠父母，而且花销开支总是很大的人。他们的年龄都在23—30岁之间，自己虽然有谋生能力，却仍未"断奶"，依靠父母供养，被社会学家称为"新失业群体"。这两类"族人"主动把社会贴上的标签作为自己身份的标志，并且不可思议地产生一种优越感，表现出一种傲慢的、舍我其谁的气势，当这种标签在传播过程中成为一个符号之后，就会吸引许多原本有正常的生活态度和生活方式的年轻人加入其中，在这顶"符号帽子"的庇护之下，结朋会友，组建具有排外性的消费主义俱乐部，这种流行语的符号魅力的影响值得我们关注。

## 三 当代流行语成为符号的途径

当前，流行语成为符号的途径主要有以下三个方面。

(一) 市场机制和艺术机制结盟

我们当前置身其中的后现代社会，是一个复杂而多元的社会，在这样一个社会阶段和生活形态之中，政治的、阶级的、意识形态的属性逐渐消解，而世俗的、娱乐的、艺术的倾向不断升腾，导致的一个结果就是市场机制和艺术机制对于社会生活和个体发展具有越来越突出的现实意义。市场机制追求的经济利益达到一定程度之后，便失去了物质对于个体的吸引力，人们便开始改变想法，期待换种活法，否则即便天天享用豪门盛宴也一样味同嚼蜡，这种心理上的变化也符合马斯洛关于需求层次的理论。在这种情况下，就需要艺术的机制加入进来，进行调节和操纵，从而使社会生活不仅丰衣足食，还要在好看好听之外，必须有趣好玩。市场机制与艺术机制的结盟，影响到人们生活的方方面面，人类的语言交流也受其影响，体现在流行语的符号化过程中，就是推动流行语成为符号的进程，比如"淘宝体"和"凡客体"，就是二者结合的最好代表。

(二) 快餐文化的世俗化效能

快餐文化是指追求速成、通俗和短暂的流行，不注重文化传承和内在价值含量的后现代文化思潮和文化现象。当今社会的生活节奏加快，随着网络的快速发展和普及应用，快餐文化进入了疯狂的"e时代"，并慢慢地演变成为一种时尚，不断冲击传统文化。所谓快餐，顾名思义就是凸显"快"，但是缺乏营养，多吃无益。快餐文化同样存在着这些先天性的缺陷，缺乏深刻内涵，不可能比肩主流文化，而且过多地使用对于个体和社会都无益处。因此，尽管在现代快节奏的社会生活里，快餐文化满足了人们追求精神文化的心理诉求，但是其不良的影响也应该引起我们的重视。具体到社会流行语而言，快餐文化的效应体现为它促成了流行语的符号化现象，为其提供了较为广泛却肤浅的使用与接受的心理基础。比如"门"的符号化过程，开始是缘起于美国总统尼克松的"水门事件"，是美国民主制度下的政治丑闻，于是大家就以"××门"来指代一切丑闻或者具有较大影响和新闻效应强的事件。随着全球化的到来，"门"在中国也慢慢变得流行起来，比如作家李佩甫的小说就以"门"冠名为《羊的门》，但是从"艳照门"开始才成为流行语，并很快牵引出一系列的各式各样的"门"，比如"拉链门""脾气门""微博门""骨汤门""奖金门""甲酸门""学历门"等，只要是有一定新闻效应的事件或者丑闻都被冠以"门"，而随着这种符号化的传播，事件本身被遗忘。除此之外，还有"犀利哥"、"励志哥"、"寂寞哥"、"浮云哥"、"胜利哥"、"咆哮哥"、"瞌睡哥"、"摩托哥"、"孔雀哥"、"未来哥"、"淡定哥"与"犀利姐"、"淡定姐"、"炫校姐"、"洗碗姐"、"hold住姐"、"蛋糕姐"、"喂奶姐"、"跑调姐"、"失控姐"、"学历姐",这些肤浅而泛滥的流行语的符号化的传播和使用,除了粗俗的搞笑效果之外,只会慢慢地让人觉得无聊无趣,而这就是快餐文化的特征。还有"章鱼帝"、"表情帝"、"淡定帝"、"练摊帝"、"真相帝"、"演讲帝"、"口才帝"、"淡定帝"与"时尚达人"、"微博达人"、"美食达人"、"中国达人"、"减肥达人"、"化妆达人"、"音乐达人"、"舞蹈达人"、"方言达人"、"翻唱达人"也是如此,这些流行语的符号式的快餐文化传播让人已经很难提起兴趣。最后,还有"富二代""微富二代""穷二代""官二代""拼二代""文二代""民二代""星二代""房二代""权二代"等被符号化传播的流行语,也不过都是快餐文化的"产品"。当然,我们需要特别注意的是,这些流行语的组词现象可谓"你方唱罢我登场,各领风骚数十天",沦为快餐文化的佐料,很快被消耗掉娱乐价值,然后被直接淘汰。

(三)现代传媒的推波助澜

后现代社会的一个关键要素就是现代传媒的高科技含量增加及其多元综合发展,对于娱乐化社会的形成,对于消费主义的打造和对快餐文化的"呼风唤雨"都有着重要的作用。流行语的符号化过程离不开现代传媒的因势利导和推波助澜。从某种意义上讲,流行语的符号化狂欢正是现代传媒予取予求的"练兵场"和"试验田",现代传媒是流行语成为符号的关键"推手"。现代传媒不仅掌握社会大众的兴奋点,还能够制造"卖点"来针对性地引导大众进入自己设定的消费娱乐框架。以报纸、杂志、广播、电视、户外媒体广告、焦点广告和网络为核心载体的现代传媒为流行语的产生、传播和符号化过程提供着全方位的无缝衔接。比如:"白骨精",本是中国四大名著之一的《西游记》中的妖怪,"孙悟空三打白骨精"是中国妇孺皆知的故事情节,但在当今社会却被符号化为白领阶层和中产阶级的简称,即"白领、骨干、精英"之简化,并经由各种媒介的宣传,已经成为一个符号,几乎要取代小说中的角色在少年儿童心目中的位置。再比如"土豪",本来是指那些有财有势、横行乡里、欺压百姓的地主恶霸,但是 2013 年,网络上流传的一个段子却改变了"土豪"这个词语的内涵,并使之成为一种具有讽刺意义的符号——青年问禅师:"大师,我现在很富有,但是我却一点也不快乐,您能指点我该怎么做吗?"禅师问道:"何谓富有?"青年回道:"银行卡里 8 位数,五道口有 3 套房不算富有吗?"禅师没说话,只伸出了一只手,青年恍然大悟:"禅师是让我懂得感恩与回报?"禅师则说:"不,土豪。我们,可以做朋友吗?"还有"白富美"、"高富帅"和"国民老公"及"国民闺女"等,也经由现代社会众多媒介的"狂轰滥炸",已经成为一种具有固定意义的符号,影响着人们的审美、就业和择偶观念。在这些流行语符号化的过程中,现代传媒都发挥了决定性的作用。

## 第三节　当代流行语的奇观研究

### 一　奇观理论与当代流行语研究

道格拉斯·凯尔纳是法兰克福学派第三代的重要代表,与哈贝马斯相比,他更专注于对于后现代时期媒介的深入细致的考察,采用问症式的批判介入对于具体文化现象和现实问题的审视。"奇观"这一概念来自盖·德堡的《景观社会》,但经过凯尔纳的继承和创造之后，显然具有了区别于德堡的概念而属于自己的特点。第一，德堡的景观理论是抽象的，具有整体论的色彩，而凯尔纳的奇观理论则关注现实，是具体而接地气的。第二，德堡主要是通过对于资本主义制度的批判，以求觅得具有革命性的替代方案，而凯尔纳则显得更加务实，着力于对"奇观"现象的质疑和批判，从而来揭示当代美国社会和全球社会的文化特征及其发展的趋势。第三，德堡认为景观社会的威力无边，可以所向披靡，而凯尔纳在对具体奇观现象的考察中，发现了媒体奇观中呈现的矛盾和逆转现象，揭示了媒体奇观自身也存在着被结构的危险。在《媒体奇观——当代美国社会文化透视》中，凯尔纳认为媒介已经为奇观所统治和支配，而奇观则集艺术性、文学性和娱乐性于一身，通过精心设计的富于感染力的夸张的舞台效果，来吸引人们的"眼球"，人们的经验、人们的情感、人们的判断都正在被媒介所影响，并纳入由资本所控制的奇观中来，无声无息地被其左右，即便后知后觉，也无力自拔。[①] 凯尔纳的媒体奇观研究，是一种文化研究，并且是一种扎实的接地气的、有为的诊断式批判，而不是空泛无边的理论衍生，因此，他没有也不会停留在揭露和批评的层面，它同时也是一种建构的尝试实践。当前中国流行语的发展可谓异彩纷呈，在多元化的现代媒介的推动下，涉及大众日常生活、影视娱乐、教育和艺术、政治反腐和体育活动等诸多领域，并且经常出现越界现象，较为充分而典型地呈现出奇观的特征。事实上，作为奇观的流行语更富于流行性，更容易被大众进行传播，而这种大规模的、自发性质的传播，也使得以流行语为中心的奇观不断地蔓延和深化，从而为我们认知

---

① ［美］道格拉斯·凯尔纳：《媒体奇观——当代美国社会文化透视》，史安斌译，清华大学出版社2003年版，第3页。

和研究后现代社会的文化和心理，提供具体而生动的实例。完全可以这样说，流行语与奇观的结盟，是流行语研究的一个新的学术增长点，也是奇观理论更加接近大众日常生活的一个重要路径，是一个相辅相成、互利共赢的结盟。

以"我爸是李刚"为例，我们来看看流行语是如何成为奇观的。官二代李启铭在河北大学校园里危险驾驶撞了学生，却不管不顾，继续前行去宿舍楼接女友，途中被学校保安拦住，要求其承担责任，于是让全国人民震惊的一幕出现了，这名肇事者嚣张地说："有本事你们告去，我爸是李刚！"此事经过媒体的报道之后，"我爸是李刚"迅速红遍网络，引起社会的广泛关注和强烈反响，愤怒的网友通过人肉搜索查出了李启铭本人及其家庭成员尤其是他的父亲李刚的情况，认为肯定存在腐败现象，后来即使李刚在央视道歉也不能平息质疑，李刚所在单位的书面说明被大众认为是袒护行为，李刚甚至在社会舆论压力之下准备辞职。与此同时，网络上开始以"我爸是李刚"为固定搭配的造句行动，出现各种版本的"我爸是李刚"："天苍苍，野茫茫，风吹草低见李刚""床前明月光，我爸是李刚""为什么我的眼里常含着泪水？因为我的爸爸叫李刚""人间正道是沧桑，我的爸爸是李刚"等，还有"武松打虎版"和"金庸小说版"等版本的改编。毫无征兆地，"我爸是李刚"就成为街头巷尾和茶余饭后的谈资和笑料，并影响到小品创作和课堂语文教学，成为一个娱乐化的事件，作为媒体奇观，至今依然为大家所铭记。由这一流行语所引发的媒体奇观，威力无比，所向披靡，在媒介富于统治力的支配和簇拥下，融艺术性、文学性和娱乐性为一体，尤其富有夸张效果和感染力，左右了人们的情感，一定程度上支配了人们的判断，使得社会的舆论不知不觉地被纳入媒体奇观的模式之中。

## 二 当代流行语成为奇观的要素和方式

流行语要成为奇观需要一些要素的支撑,否则,即使是拥有相当受众的流行语也不能成为奇观,也就是说,流行语的先天条件,对于其成为流行语具有关键作用,否则,即便现代传媒多么"凶猛",也很难成为奇观。一般而言,流行语成为奇观,需要满足以下几个要素:要有足够"卖点",资本才愿意介入;要有漂亮"卖相",大众才乐意"买单";要有足够多元,才能随意越界;要相当复杂,社会才能慢慢消化。当我们整理2001年到2011年的流行语语料时发现,各行业有代表性的人名也成了流行语,并且很容易以其为中心,派生出一场媒体奇观,比如"李娜""刘翔""张怡宁""姚明""彭帅""丁俊晖""谢亚龙""萨马兰奇""潘基文""齐达内""杨利伟""费俊龙""聂海胜""郭敬明""韩寒""余华""六六""卫慧""安妮宝贝""张小娴""余秋雨""刘震云""易中天""张海迪""赵忠祥""小沈阳""小虎队""李宇春""张艺谋""芙蓉姐姐""旭日阳刚""凤凰传奇""于丹""小悦悦""乔布斯",甚至还包括"郭美美""范跑跑""卡扎菲""本·拉登"等。随着这些人名成为流行语,与之相关的各路信息和资源被无极限地发掘和制造,从而出于各种目的,特别是商业目的的打造成为一场场光怪陆离的奇观。

央视著名主持人白岩松的《痛并快乐着》一书的出版,让"××,痛并快乐着"也流传开来,在最强大的中文搜索引擎百度搜索中有4980个网页与"痛并快乐着"相关:"和上海男人一起痛并快乐着""痛并快乐着的领导者们""痛并快乐着的收藏家""痛并快乐着任父职""相亲：痛并快乐着""单亲母亲：痛并快乐着""建筑师：痛并快乐着""新浪上市：痛并快乐着""彩电降价：痛并快乐着""彩电企业：痛并快乐着""辣不怕：痛并快乐着""饥饿疗法：痛并快乐着""欧洲杯：痛并快乐着看球"，几乎什么都变得可以用"痛并快乐着"来套用，并涉及各行各业，事关大众生活的趣味和情调。在这场奇观的制造过程中，白岩松是一个关键要素，他在央视工作的身份，他敢于直言的个性，还有他为这本书取的名字本身都有值得挖掘的潜在价值，因此，不仅是"痛并快乐着"成为流行语，与之相匹配的是围绕这些改编，人们不断扩大和调整关注社会的范围和观察社会的心态，从一个人的一本书，波及社会生活的诸多领域，成为一场狂热追星又冷静思索的奇观现象。还有流行的"哥"和"寂寞"类流行语也是这样，像"哥吃的不是面，是寂寞"，紧接着便被仿写成"哥写的不是作业，是寂寞""哥读的不是书，是寂寞""哥上的不是班，是寂寞""哥发的不是帖，是寂寞""哥聊的不是天，是寂寞"，在无序和随意性的生发过程中也成为社会奇观，反映的是不同行业的人们却拥有相同的寂寞而疲惫的精神状态，引发人们的反思。

　　这样的流行语奇观还有很多，以下就以电视、电影中的流行语传播现象来探讨流行语成为奇观的方式。其一便是电视剧剧名或者电影片名在热播后成为流行语。比如"蜗居"就是受2009年热播的电视剧《蜗居》的热播而流行，引起人们对青年人的生存状态、就业情况和时代的婚恋观以及反腐败等问题进行讨论。

　　电影是当代流行语的重要传播方式，尤其是大片的影响更是不可忽视。电影片名在热映后成为流行语是流行语产生的一个重要来源，比如《没事偷着乐》《爱你没商量》《将爱情进行到底》等片名直接成为流行语。又如由冯小刚执导，著名演员葛优和舒淇主演的贺岁影片《非诚勿扰》以其独有的冯氏幽默诠释了为大龄女青年指点婚恋迷津的故事，剧中一贯的幽默加之情节的现实引起了强烈的反响，使之票房大卖，再加上江苏卫视的娱乐相亲节目《非诚勿扰》的热播，"非诚勿扰"这一流行语迅速走红，并以人们的婚恋和事业为中心蔓延开来，生成一道奇观现象。其二，电影中人物说的精彩语言被受众认可而成为流行语，并被人们不断地引申理解和赋予社会内容，然后又被不断地解读和传播，引起更多的关注，渐渐成为奇观。一部经典的电影作品经常给大家留下大量流行语，电影语言成为社会流行语，其类型可以分为格言型和经典幽默型等。如：《大话西游》中的"I 服了 YOU"，《加菲猫2》中的"歇菜""灰常灰常开心"，《疯狂的石头》中的"我顶你个肺""表（不要）摸我（指宝马车的标识——BMW）""要浪漫，先浪费啦"，《手机》中的"做人要厚道""审美疲劳"，《博物馆奇妙夜2》中的"你太牛了，我是你的粉丝""出来混，总是要还的"，《喜羊羊与灰太狼之牛气冲天》里的"山寨""很傻很天真""黑屏"等，《马达加斯加2》里的"恶搞"，《怪兽大战外星人》中的"靠谱""辣妹""宅女"等，《怪物史瑞克4》中的"剩女""淡定""按揭"等，很快都成了社会流行语。周星驰的《赌圣》《逃学威龙》《审死官》《唐伯虎点秋香》《大话西游之仙履奇缘》《大话西游之月光宝盒》等电影中的很多语言也成了流行语。如："给点儿专业精神好不好"，小狗叫"旺财"，蟑螂被叫作"小强"等。《手机》《天下无贼》等反映当代生活的作品，因贴近人们生活，拍摄手法高，票房好，社会关注度高，其台词也大多成为了流行语，并以之为载体，被人们用来谈论社会问题和世道人心，添油加醋，精彩纷呈，绝对是视听奇观。其三，影视歌曲是流行语传播的重要方式，因为歌曲传唱较广，受众广泛，因而影响较大。如"半糖夫妻"，源于 S.H.E 的歌曲《半糖主义》："我要对爱坚持半糖主义，真心不用天天黏在一起，爱得来不易，要留一点空隙彼此才能呼吸。""半糖夫妻"在流行语中指两人在工作日独自生活，周末、休息日共同生活，经济独立，定期不定期地分居生活。"壁花"则起源于台湾女歌手阿雅的一首歌《壁花小姐》，"壁花小姐"简称"壁花"，是因为这种在舞会上没有人邀请的女孩不是舞会的主角，而像是挂在墙壁上做装饰品的花一样，只能做陪衬。随着"壁花"的广为流传，其使用范围有所扩大，遭受冷落的女孩都可以称作"壁花"。其四，随着某些影视作品的热播，由于其中的故事情节、生活状态和情感倾向引起了影迷的共鸣，于是相应地产生了一些流行语。比如：2008 年电视剧《士兵突击》热播，电视连续剧中的经典台词"不抛弃不放弃"随之成了流行语中的一员，表达了一种绝不服输的精神。

## 三 当代流行语作为奇观的社会意义

当代流行语是反映一个社会文化的重要窗口，流行语是词汇发展过程中非常重要的一个横断面，它们集中反映了词汇在社会变革和文化碰撞时期的动态运动。当代的流行语创造和使用已然成为一个簇概念和社会现象，作为社会奇观现象，流行语让我们增长了对社会生活的认识，带给我们许多启示和思考。"山寨"一词在流行的过程中，表现了超强的组词功能，呈现出一场社会奇观，比如：山寨手机、山寨电脑、山寨"MP3"、山寨美女、山寨引擎、山寨品牌、山寨春晚、山寨新闻、山寨警察、山寨食品、山寨人大代表、山寨大学、山寨中国、山寨建筑、山寨货、山寨网站、山寨格格、山寨平板、山寨电影、山寨厂商、山寨明星、山寨机、山寨百度、山寨武器、山寨产品、山寨地板、山寨局长、山寨数码相机等，这么多的"山寨"奇观，不仅让我们在消费过程中提高警惕，更让我们思考为何我们的生活中会有如此多的"山寨"，对现代社会契约、知识产权和职业道德有了更清醒的判断。而 2009 年流行的"裸"字，也是如此，具有超强的组词能力，并因此引发一场奇观：裸考、裸婚、裸聚、裸居、裸归、裸替、裸降、裸跳、裸肌、裸账、裸退、裸捐、裸妆、裸唇、裸表、裸车、裸卖、裸线、裸坑、裸筷、裸烧、裸手、裸售、裸女、裸奔、裸力、裸戏、裸模、裸色、裸胸、裸聊、裸钻、裸货、裸价、裸死等，这样由一个"裸"字引发的造词奇观，让我们对教育、住房、影视、体育、慈善、养老等方面有了更加直观而深刻的认识。2010 年的流行语"控"是个外来词，具有新鲜感和陌生化的效果，因而受到了广大网友的追崇和热捧，并以此为根创造了许多流行新词语。如：电子控、网络控、手机控、汽车控、茶叶控、旅行控、豹纹控、甜点控、皮草控、长靴控、文具控、数码电子控、精品控、西门子控、淘宝控、时尚控、机器猫控、蝴蝶结控、螃蟹控、西餐控、旗袍控、西装控、围巾控、首饰控、大叔控、伪娘控、御姐控、袜控、颜控、足控、杯控、妹控、甜控、赖控、疯控、寿司控、绯闻控、打牌控、理财控、挣钱控、投资控、腹黑控、天真控、美丽控、强大控、清爽控、女王控、熟女控、节日控、图书控等，这个奇观让我们对大众的生活理念和生活方式、审美尺度和精神空虚度有了更客观的观照。还有 2010 年流行语"×二代",其构词能力也是很强的,同样制造出媒体奇观,比如:官二代、富二代、穷二代、文二代、民二代、星二代、红二代、贫二代、独二代、花二代、拼二代、创二代、画二代、农民工二代、炫二代、姚二代、煤二代、房二代、租二代、渔二代等,让我们对现代社会各个层级有了独特而深刻的认识。2010年流行语"×达人"也营造出奇观,比如:网络达人、社交达人、PC达人、公益达人、投资达人、中国达人、时尚达人、捕鱼达人、养菇达人、环保达人、旅游达人、理财达人、奇石达人、创作达人、装修达人、风水达人、美食达人、街头达人、高尔夫达人、摄影达人、潮流达人、省钱达人等,通过这个奇观,我们对当代社会的职业的细分和多元化发展加深了了解。

流行语作为奇观,还昭示和引领着草根文化的兴起。"草根"一说,始于19世纪的美国,彼时美国正浸于淘金狂潮,当时盛传山脉土壤表层草根生长茂盛的地方,下面就蕴藏着黄金。"草根",看似弱不禁风,却具有顽强的生命力,"草根文化"和"大众文化"、"民间文化"内涵相似,都是产生于民间,与传统的主流文化相对,贴近百姓的日常生活,具有强大的凝聚力和独立性。流行语不同于一般词汇的最主要特点是其社会语用义非常丰富,几乎每个流行语都是一面镜子,既揭示出社会的热点问题,又反映出大众的内心状态,我们试着把流行语作为奇观的社会意义总结如下。

(一)鞭挞丑恶

一个简单有趣的儿童游戏名"躲猫猫"竟然成了官方口里一条生命逝去的原因,整个事件引发了人们的强烈质疑,批评之声此起彼伏,因此"躲猫猫"被赋予了"隐瞒事实、逃避监督或暗箱操作"的新意义。执法者把普通民众当成了"鱼儿",诱使他们犯罪,这种"钓鱼执法"的行为也受到了人们的指责和批判,用"钓鱼"指代"违反法律精神,别有用心地引诱他人上钩的行为"。肇事者狂妄的一句"我爸是李刚",是对公平公正的社会制度进行公然的挑衅,激起民众的极端不满。人们用"拼爹"和"×二代"来讽刺社会上种种不公的行为和关系。

(二) 关注民生

近几年来,关注民生的流行语越来越多、越来越明显,并能相对容易地引发奇观,就足可以证明人们维权意识的崛起和祈求和谐的愿望。"低碳"的流行表达了人们对环境问题的关心;"蜗居"的风靡表达了人们对住房问题的重视;"蚁族"的蹿红发出了人们对刚出校门的大学生生活的忧虑;"和"表达了人们对和平、和睦、和善、和顺、和美、和谐世界的向往。引起社会关注通常会被大家忽视的社会内容,正是流行语奇观的价值体现。

(三) 宣泄情感

"被就业"表达了人们对权威话语的挑战和不满,饱含调侃、反讽的感情色彩;"纠结"则形象传神地描绘了人们在面对各种诱惑或各有利弊的选择时那种困惑苦恼、犹豫不决的心态;"神马都是浮云"是一种戏谑,也是无奈的淡然和自我的安慰;"囧"则是"郁闷、尴尬、无奈"情绪的描绘,"伤不起"表达了人们遭遇各种挫折后的无奈表白。人们通过制造流行语奇观来介入社会问题、释放个体情感,避免情绪的爆发和矛盾激化。

## 四 当代流行语奇观的案例研究

(一) "世界那么大,我想去看看"奇观

河南一个中学老师写了一封辞职信,内容只有十个字:"世界那么大,我想去看看。"这封辞职信被评论为"史上最具情怀的辞职信,没有之一"。出乎意料或者又在意料之中,围绕着这封辞职信,一场媒体奇观迅速形成并扩展开来。在全媒体时代,奇观的形成过程中,媒体当然是功不可没,正是他们用图片的方式直接把辞职信的原件置放进网络空间,并且经过新闻采访,证实这是真人真事而不是故弄玄虚而吸引大众眼球的炒作事件。人们惊讶于当事人的勇气,并觉得她也说出了自己的心声,同时感叹自己不能如此洒脱;也有感叹当事人有一个懂得尊重和理解的好领导,从而调侃自己的工作是多么的酸楚。基于这些心理暗示和预期,网络上很快出现了以"世界那么大,我想去看看"为主题的"段子",比如,对联式:上联"世界那么大,我想去看看",下联"钱包那么小,哪都去不了",横批"好好上班"。还有剧情式:老板问我:"世界那么大,你不想去看看?"我心里一惊,马上意识到,这可能是"炒鱿鱼"的委婉表达,于是赶紧稳稳地回答:"领导,您就是我的世界!"领导笑着说:"你哪里都不去吗?"我坚决表态:"请领导放心,单位就是我的家,我哪里都不去。"领导说:"可惜了,这次安排大家去欧洲走走看看,既然你这么说,那么你就留在单位值班吧!"

如果说,"世界那么大,我想去看看"起初反映的是上班族对于现实的郁闷和对于自由的期待的话,那么这句流行语迅疾地传播到学生、退休人员以及自主从业者群体中来,则从侧面反映出当前社会生活中,快捷的节奏、生活的重压以及有待调整的休假制度给人们的精神和心理带来的无形却又坚固的束缚,其实这种处在崩溃边缘的决绝式挣脱在歌曲《飞得更高》和《春天里》的流行过程中,已经被演绎得淋漓尽致,而这次由辞职信引发的情绪释放只不过在方式上更具情怀和诗意,而且不再满足于吟唱抒怀，而是直接地付诸行动。作为奇观的核心因素，"世界那么大，我想去看看"无疑是极为理想的"呐喊"，但是，在现代社会生活中，奇观的形成和传播又离不开资本的介入和推动。比如，写出"世界那么大，我想去看看"的当事老师，已经被各大景区和旅行机构视为"香饽饽"，力求与她达成合作意向，从而为景区的形象宣传和商业推广以及旅行创意的实施赚足"眼球"。在这种动机的促使下，不乏一些构成奇观的"佐料"被挖掘出来，比如，有媒体就爆料说，当事人已经到了成都，因为成都是她一直想要看看的城市，很快就有一些利益相近的城市媒体发布最新消息说当事人其实还没有离开郑州这座她工作和付出青春的城市。与旅行相关的机构也开始活跃起来，比如，有旅行机构就透露消息说，其实当事人之前有投简历做他们的旅行体验员；还有旅行机构声称已经为其量身定做了一套旅行方案，并趁机推出面向大众的多元化并富于特色的旅行策划；与此同时，国外的旅游城市和景区以及各大航空公司和旅行机构也不甘示弱，纷纷借机寻觅商机。可以预见，由"世界那么大，我想去看看"引发的媒体奇观将继续发酵和深入，我们也将拭目以待。比如，有作曲家已经捷足先登，以《世界那么大，我想去看看》为歌名而创作了一首全新单曲。

（二）"甄嬛体"奇观

"甄嬛体"是一种网络模仿文体，其流行得益于电视剧《甄嬛传》的热播，因为剧中的台词"古色古香"颇有古诗风韵而被广大网友大肆效仿。受其影响，人们张口便是"本宫"，形容事物喜欢用"极好""真真"等词，在各种不同版本的改编和传播过程中，"甄嬛体"已经形成一场媒体奇观。比如，交警版："今儿个是小长假最后一日，赶着回家虽是要紧，却也不能忘了安全二字。如今的路虽是越发的宽广了，但今日不比往昔，路上必是车水马龙，热闹得紧。若是超了速，碰了车，人没事倒也罢了，便是耽搁了回家的行程，明日误了早班，也是要挨罚的。总之你们且记住了：舒心出门，平安到家。"很像电视剧《甄嬛传》中人物的话语。又如，美容版："私下想来，明星为何年老无皱？方才在网上查了下，原来电波拉皮除皱很不错，有皱纹做电波拉皮，定可除之，真真是不错啊，若本宫有钱做电波拉皮除皱，定可年轻靓丽！说人话：电波拉皮除皱就是好。"内容说的是美容，但强调活脱脱是甄嬛们在说话。又如，失眠版："方才察觉今夜饮茶过甚，无心入眠，若长期以此，定将损肤，他日睡前饮牛奶一杯，方能安心入睡，对睡眠质量也是极好的，携友饮茶虽好，但也要适可而止，方不负恩泽。说人话：我失眠了。"又如，不想上班版："今儿倍感乏力，恐是昨夜梦魇，扰了心神。加上五一度假后，玩了真人游戏，不想身子越发疲累，连续休息两天也未能恢复。今儿个早上看错了时间，半路上方才明白，当真是春困至极。若能睡个回笼觉，那必是极好的！春困甚为难得，岂能辜负？说人话：今儿真的不想上班！"又如，欧冠版："巴萨的水平是极好的，大牌前锋配上中场大将，原是最好不过的了。虽说运气欠佳，点球未进，成全切尔西再入决赛，倒也不负恩泽。说人话：切尔西进欧冠决赛了。"除此之外，还有离婚版、留学版和减肥版、市场营销版等。这种改编的"甄嬛体"，内容几乎涉及人们生活的方方面面，男女老少皆宜。除"甄嬛体"外，其他如"凡客体""聚美优品体""JEEP体"等，人们天才地用这种语言仿造奇观，来描述社会生活现象，集艺术性、文学性和娱乐性于一身，让人忍俊不禁却又若有所悟，反思自我的生活理念与生活方式，反映出大众的文化需要和精神状态。

# 第四章　流行语的社会价值

美国学者道格拉斯·凯尔纳认为:"理解流行的好莱坞电影、麦当娜、音乐电视、说唱音乐、当代黑人电影、电视新闻以及娱乐节目等,有助于我们理解我们所处的当代社会。"① 理解与上述流行事物同为符号的流行语,也有助于理解我们所处的当代社会。通过探究当代流行语得以流行的原因,可以了解它们产生、流行的社会环境,从而审视当代社会和文化中正在发生的事情。

从社会文化的视角考察,流行语有三大功能。第一是协调功能。一个社会的文化,能够使社会内部各要素和全体成员互相适应,处于和谐一致的状态。流行语以其文化特质被大众认同,为社会成员所共享,因而能够起到统一认识、协调关系作用。流行语的这一功能,表现在它的文化属性上就是使用时的"高频性"。第二是维系功能。流行语的传播,是社会成员之间一种紧密有序的联系行为,不论是垂直传播、链式传播或者辐射传播,任何一个环节缺失都会导致流传终止或混乱。因此流行语在社会意义上具有一种维系功能。这表现在它的文化属性上就是流行语的"流

---

① [美]道格拉斯·凯尔纳:《媒体文化:介于现代与后现代之间的文化研究、认同性与政治》,丁宁译,商务印书馆2012年版,第15—16页。

行性"。第三是代谢功能。流行语具有新的内容和形式,有很强的时间性,有的流行语在使用过程中经过全社会成员的认同而进入全民性词语,有的可能随着反映的社会现象或事物的消失而消失,成为语言历史中的一现昙花。流行语比起其他语言现象来说,其新陈代谢功能更为突出。这一功能意义在于不断促进社会进步,增加社会活力。表现在流行语的文化属性上是它内容和形式的"新颖性"。

孔子将中国先秦时代流行诗歌的社会价值总结为四个字:"兴""观""群""怨"。例如,他在《论语·阳货》中说:"子曰:'小子何莫学夫诗?诗,可以兴,可以观,可以群,可以怨;迩之事父,远之事君;多识于鸟兽草木之名。'"这段话全面总结了先秦流行歌谣作为修辞文本的社会价值。所谓"兴",即诗歌可以激发正气、升发意志,具有提升个人道德修养和令人奋发向上的作用;所谓"观",即通过诗歌之形式及其所反映之内容,可以观察社会生活、民风民俗,考察为政得失;所谓"群",即诗歌可以引发共鸣,形成舆论,统群和众;所谓"怨",即宣泄愤懑,嘲讽劝谏。流行语的社会价值,从流行语反映社会生活的功能看,可以说古今一理。孔子归纳先秦流行歌谣的这四大功能,大致概括了流行语的社会价值。本章即对这四方面加以展开论述。

## 第一节 "兴":流行语的感发价值

孔子在《论语·阳货》中对《诗经》评论是:"诗,可以兴,可以观,可以群,可以怨;迩之事父,远之事君;多识于鸟兽草木之名。""兴",朱熹《论语集注》释作"感发志意"。《论语·

泰伯》："子曰：兴于诗，立于礼，成于乐。"何晏《论语集解》引东汉包咸注："兴，起也。言修身当先学诗也。"就《诗经》的功能而言，兴，意思是启发、振兴，指《诗经》中的流行歌谣可以激发人的正气，振作人的意志，令人奋发向上。如《诗》可以提高人在礼乐方面的修养。礼乐即礼节与音乐，通过音乐内在情感的触发和礼节外在行为的约束共同提升人的道德境界。流行歌谣如此，流行语也同样有这种功能，因为流行语本身含有丰厚的文化意蕴和饱满的情感态度，对读者不仅可以启发心志，陶冶情操，还可以激发积极情绪，提高自身修养，从而化育社会。

## 一 激发积极情绪

诗歌的内容及其音乐形式均有提升社会成员修养的作用，而流行语无音乐性可言，因此，流行语"兴"的社会功能只能从其内容上去考量。

中国古代浩如烟海的诗文中，有些句子经过人们反复传颂，而成为流行语。其中激发积极情绪的例子如：

三军可夺帅也，匹夫不可夺志也。（《论语·子罕》）
见义不为，无勇也。（《论语·为政》）
富贵不能淫，贫贱不能移，威武不能屈。（《孟子·滕文公下》）
有志者事竟成。（《后汉书·耿弇列传》）
老骥伏枥，志在千里；烈士暮年，壮心不已。（曹操《步出夏门行·龟虽寿》）
莫等闲，白了少年头，空悲切。（岳飞《满江红》）

生当作人杰，死亦为鬼雄。（李清照《夏日绝句》）
天下兴亡，匹夫有责。（顾炎武《日知录·正始》）

这些古代诗文中的名句，或劝勉勤奋好学，或褒扬德行操守，或启迪人生智慧。所以脍炙人口，流传久远。

当代流行语中，激发积极情绪的例子很多，例如"给力"（给予力量，引申指"酷""棒""爽"）、"正能量"（指的是一种健康乐观、积极向上的动力和情感）、"接地气"（喻指贴近老百姓真实生活，反映百姓真实情感）、"中国梦"（实现中华民族伟大复兴，就是中华民族近代以来最伟大梦想）、"点赞"（喜爱、赞同）、"四个自信"（道路自信、理论自信、制度自信、文化自信）等。

2010年11月10日，"给力"登上《人民日报》头版头条，题名为《江苏给力"文化强省"》，这被视为权威媒体认可网络词语的标志性事件。2011年"给力"一词登陆春节联欢晚会，小品《美好时代》表演结束后，主持人问大家"刚才的小品给力吗？"台下一片欢呼。"给力"成为2010年十大流行语之首，且被收入《现代汉语词典（第6版）》中。"给力"既能鼓励自己，又能影响别人，可以激发人们向上的劲头。"正能量"的意思是积极的、正向的能量，它原本是一个物理学概念，后来引申为一切给予人向上的信念和希望，促使人不断追求，力图让生活变得圆满幸福的动力和感情。该词深受大众喜爱，上至国家元首，下至普通民众均为其拥趸者。2012年12月13日，中共中央总书记习近平在会见美国前总统卡特时说："中美双方要不畏艰难，勇于创新，积累正能量。"流行语"正能量"将人体比作一个能量场，通过激发内在潜能，可以使人发现一个新的自我，从而更加自信和充满活力。流行语"接地气"要求官员广泛接触老百姓的普通生活，与最广大的人民群众打成一片，反映最底层普通民众的愿望、诉求、利益。"接地气"的流行不仅促进了党风官风的转变，还激发了各界对于如何深入实际、实事求是的思考。习近平总书记把"中国梦"定义为"实现中华民族伟大复兴，就是中华民族近代以来最伟大梦想"，并且表示这个梦"一定能实现"。"中国梦"这一口号同曾经的"振兴中华""团结起来，振兴中华""为中华崛起而读书"等一样，能够凝聚中华人民，激励中华民族。与此相类，"赞"和"最美"点燃了人们发现和赞赏美的热情。点赞之"赞"，肇始于网络社区的"赞"功能。轻轻一击、图标点亮，用户以这种简洁直观的方式，表达对相关内容的喜爱或赞同。好友之间晒心情、发图片、道晚安；自己阅新闻、听音乐、看视频，举手之劳点个赞。点赞可说是互联网时代的微表情、新风景。一个"赞"字，包含了赞美、赞赏、赞叹、赞同、赞许等诸多情绪，显示了广大社会成员爱憎分明、激浊扬清。"最美"称号不断涌现，如"最美教师"张丽莉、"最美司机"吴斌、"最美战士"高铁成等。2014年10月，广州地铁推出了"为广州点赞"的视频，鼓励我们坐地铁时不要做"低头族"，而应该抬起头，发现身边的美，并为之点赞。"低头看到的，是一个小小的空间，抬头发现的，是一个大大的世界，美，其实就在身边，今天起，抬起头，为广州点赞吧。""为改变点赞，为礼让点赞，为爱心点赞，为笑容点赞，为美食点赞，为文化点赞。"这一活动以流行语"点赞"为依托，鼓励人们发现身边的"美"，并加以赞扬。不断发现、认可和赞美"美"，使我们不断为美点赞，且不断耳濡目染，逐渐成为被赞的对象。在此过程中，对美的追求内化为下意识的心理动机，融入我们的血液，从而塑造我们的品格和修养。

以上这些流行语表达并传播一种积极向上的精神态度。

## 二 约束化育社会

中国自古就非常重视人文教化，有以人文化成天下的悠久传统。《易·贲卦》云："刚柔交错，天文也；文明以止，人文也。观乎天文，以察时变；观乎人文，以化成天下。"古人十分重视文化、教养，并善于综合利用人类文明已有的成果来教育、感化民众。

古代的例子如：

> 满招损，谦受益。（《尚书·大禹谟》）
> 投我以桃，报之以李。（《诗经·大雅·抑》）
> 多行不义必自毙。（《左传·隐公元年》）
> 己所不欲，勿施于人。（《论语·颜渊》）
> 知足不辱，知止不殆。（《老子》）
> 老吾老，以及人之老；幼吾幼，以及人之幼。（《孟子·梁惠王上》）
> 锲而不舍，金石可镂。（《荀子·劝学》）
> 少壮不努力，老大徒伤悲。（汉乐府《长歌行》）

这类流行语谈的是人的德行修养，也属于孔子的"兴"的类型。当代属于修养、励志类。例如："hold 住"（面对各种状况都要控制把持住，要充满自信，从容地应对一切），"光盘"（吃光盘中饭菜的意思，号召大家培养节约粮食的美德），"气场"（指由气质、学识、修养等的综合表现而形成的超凡魅力）。当代流行语中有许多为我们进行社会活动时的言行举止、待人接物等提出了要求，有些积极向上、意味隽永的流行语具有一定的道德教育作用。人们在传承、学习、运用流行语时，其心灵、精神和道德就可不同程度地得到启迪、净化与升华，从而潜移默化地浸润、贯穿到人们的日常行为之中。这些流行语在日常生活中的频繁出现能给人以提醒，使之有意识地对自己的行为作出修正以符合规范，并在不断的重复中达到"随心所欲不逾矩"的高度，实现人格完美，从而达到化育社会的目的。

　　一些流行语对当今的思想政治教育有特别的配合作用。如前国家主席胡锦涛2006年在第十届中国人民政治协商会议第四次会议的民盟、民进联组会上提出的"其内容为：社会主义荣辱观"，"社会主义荣辱观"被评为2006年春夏中国主流报纸十大流行语之一。它概括了作为一个文明、民主的大国的公民所应具备的基本素质，应该作为化育社会的材料来规范和约束民众的行为，提升民众道德修养。有的流行语也反映了这方面的内容。比如"扶不扶"就涉及"团结互助"问题，其语义是别人跌倒了需要帮助的时候，是否该伸出帮扶之手？"扶不扶"这个流行语引起了公民对当今道德危机的强烈反省，热心帮扶或是视而不见，只在一念之间。"扶不扶"的流行可以引发深思，是对公民爱心的考验。扶不扶，扶起的是个人的担当、社会的良心、民族的希望。"扶不扶"与"管不管"在2014年3月的"两会"（第十二届全国人民代表大会第二次会议、第十二届全国政协第二次会议）上成为讨论话题。许多媒体也以各种形式报道相关事件及民众观点，并引发了市民和网民的广泛参与和热烈讨论，所以流行语"扶不扶""管不管"之类，体现出民众对团结互助的良好社会风气和社会公德的殷殷期盼。又如流行语"啃老"是对年青一代依赖父母经济的针砭,呼唤他们要"辛勤劳动";流行语"……是怎样炼成的……""爱拼才会赢""从头再来""不经历风雨,怎么见彩虹"等,是鼓励人要"艰苦奋斗";流行语"做人要厚道""出来混,迟早都要还的"是在教诲对成功梦寐以求的年轻人要"诚实守信"。由此说明,激励型流行语可以起到正规思想政治教育形式所起不到的作用。

## 第二节 "观":流行语的反映价值

"观",就是通过流行歌谣所反映之内容及其反映方式,可以观察社会生活、民风民俗,考察为政得失。郑玄解释为"观风俗之盛衰",朱熹解释为"考见得失"。就是说流行歌谣是反映社会现实生活的明镜。古代君王要了解百姓的生活生产情况,考察自己的为政得失,便将信息渠道建立在流行歌谣的收集上。

古代诗文中反映社会生活的流行语句如:

春种一粒粟,秋收万颗子。四海无闲田,农夫犹饿死。(李绅《悯农》)

独在异乡为异客,每逢佳节倍思亲。(王维《九月九日忆山东兄弟》)

朱门酒肉臭,路有冻死骨。(杜甫《自京赴奉先咏怀五百字》)

醉卧沙场君莫笑,古来征战几人回。(王翰《凉州词二首·其一》)

绿杨烟外晓寒轻,红杏枝头春意闹。(宋祁《玉楼春·春景》)

春色满园关不住，一枝红杏出墙来。（叶绍翁《游园不值》）

以上这些流行语句，反映的是古代自然界的景色现象、民间的生活疾苦、战士的戍边生活、为政者的苛严昏庸。

现在的信息传递媒介十分发达，加之互联网络的兴起，流行语的产生、传播和收集便更为方便快捷，它对社会生活的反映功能越发增强。

语言反映政治状况的功能最早得到重视。《礼记·乐记》："凡音者，生人心者也。情动于中，故形于声。声成文，谓之音。是故治世之音安以乐，其政和；乱世之音怨以怒，其政乖；亡国之音哀以思，其民困。声音之道，与政通矣。"国家的政治状况可以从人们的语言行为和话语中观察出来，社会公众的言语行为情况是社会政治生活的晴雨表。政治清明时，民众的言语展现出欢乐与和谐；政治黑暗时，民众的言语透露出怨愤与怒气；国家面临衰亡时，民众的言语充满悲哀与思念。

当然，语言的反映功能远不止于反映政治状况，它对经济、文化的变化同样敏感。约瑟夫·普利策说："倘若一个国家是一条航行在大海上的船，新闻记者就是船头的瞭望者，他要在一望无际的海面上观察一切，审视海上的不测风云和浅滩暗礁，及时发出警报。"[1] 在新媒体时代，每个人都是一个媒体，是新闻文本的制造者和消费者。但凡有人制作出某一流行语并迅速在社会上流行，那么，就说明社会在这一方面出现了问题。因为流行语能够及时反映社会生活，是社会变迁发展的"晴雨表"。正如符号学家赵毅衡所指出的："某种符号大量出现，就证明社会严重缺

---

[1] 转引自黄宏《传媒素养教程》，浙江大学出版社2013年版，第136页。

## 第四章 流行语的社会价值

少某种意义。"①

除了内容意义外,表达方式也能体现出流行语的反映功能。常言说"什么时代说什么话",这句话包含三层意思:第一,时代不同,社会政治要求不同,人们的思想观念及其价值观念就不一样;第二,人们的谈话内容应与所处时期的社会政治形势的要求相适应;第三,说话的方式也要随时代而变化。因此我们可以说,什么样的政治环境或社会背景说什么样的话,反之,什么样的说话方式反映什么样的政治或社会。政治环境或社会背景对言说方式的影响是很自然的。例如面对褊狭的掌权者赵太后,触龙只能以委婉的方式规谏,而面对较为开明的唐太宗,魏征则可直言劝谏。"文化大革命"中表达对伟大领袖崇敬之情的抒发方式往往采用拟人、反复、呼告等直抒胸臆的修辞手法;而与当时的政治主张相左的言论则只能以"谐隐"的方式发言,主要采用谐音、双关等修辞手法。例如《天安门诗抄》中的一则:

> 黄浦江上有座桥,
> 江桥腐朽已动摇。
> 江桥摇,
> 眼看要垮掉。
> 请指示,是拆还是烧?

这是"文化大革命"后期的诗作,作者采用了双关的修辞手法。"江桥摇"暗指"江青""张春桥""姚文元"。这种表达方式就反映了当时的政治环境与社会背景。

---

① 赵毅衡:《符号学原理与推演》,南京大学出版社2011年版,第372页。

当代流行语的社会价值研究

流行语就像一块块化石，忠实地记录着历史。流行语不仅是一种语言上的"时尚"，更是一个时代的反映。它既能反映出时代的特征，也能深刻揭示当时社会的病症。每个流行语都与深刻的社会背景相联系，从政治到经济，从社会到民生，从法律到道德，都印证着时代的脚步。把流行语串联起来则犹如一部简史，将历史画面生动地呈现在我们面前。

总之，语言，特别是社会现象最敏感的探测器——流行语，通过其内容与表达方式观照着这个日新月异的世界。下面我们就当代流行语所反映的某些社会现实加以讨论。

## 一　后现代元素崭露头角

在政治文化研究领域享有盛名的美国学者罗纳德·英格尔哈特（Ronald Inglehart）于1977年出版了《寂静的革命》，提出了一些有关文化变革及其与政治、经济关系的设想。十几年之后，又在此基础上通过多年积累的广泛资料深入论证他所提出的设想，先后出版了《发达工业社会的文化转型》《现代化与后现代化：43个国家的文化、经济与政治变迁》等重要著作，在学界产生了广泛影响。

罗纳德·英格尔哈特认为，"随着代际人口更迭的发生，这些公众的价值观已逐渐发生了重大转变，即从物质主义为主的优先目标转向后物质主义目标。这一转变的后果之一，就是在这些国家中对经济增长的强调在衰退，而对环境保护和保持生活质量的强调在加强——甚至在必要的情况下愿意为此牺牲对经济增长价值的追求。与物质主义者或混合价值观持有者相比，后物质主义者明显较少强调经济增长；与高薪和工作稳定相比，他们更强调与自己喜欢的人一起共事，或者是做自己感兴趣的工作。而且，后物质主义者所取得的经济成就往往不大，也就是说，抛开一个事实（即他们来自较富裕的家庭，受教育程度较高）不论，他们的收入显然要低于持物质主义价值观的人群。最后，后物质主义者更加强调环境保护，与物质主义相比，他们更有可能是环境组织的积极分子。这一切表明，当社会日益受到逐渐强大的后物质主义少数派影响时，它们就会越来越降低经济增长的优先地位。"①

朝向后物质主义价值观的转变本身仅仅是一场更为广泛的文化转型的一部分，或者说只是更为广泛的文化转型的反映和视窗。该文化转型正在重塑发达工业社会政治景观、宗教取向、性别角色以及性观念。新兴的态度取向较少强调传统文化规范，尤其是限制个人自我表现的规范。自我表现价值观的兴起带来了广泛范围内的基本社会规范的代际转变，即从与人类生存相关的文化规范到追求个体幸福相关的规范。例如，较年轻的年龄群体明显比他们的长辈更宽容同性恋。而且，他们对堕胎、离婚等非传统行为的态度也越来越宽容。自我表现价值观的一个特别重要的方面就是它与性别平等的上升趋势密切相关。在后工业发展阶段，性别平等的趋势成为现代化的一个中心点。固有的性别角色发生转型是与自我表现价值观的上升相关的，导致了对人口多样化的愈加宽容以及多条战线上的反歧视运动。②

罗纳德·英格尔哈特认为发达工业社会的文化转型有着深刻的经济背景，虽然他反对"经济决定论"，肯定社会政治、经济、文化的互相作用，但一个明显的事实是，这种后物质主义的价值

---

① ［美］罗纳德·英格尔哈特：《发达工业社会的文化转型》，张秀琴译，严挺校，社会科学文献出版社2013年版，第56页。
② ［美］罗纳德·英格尔哈特：《现代化与后现代化》（中文版序），严挺译，祁玲玲校，社会科学文献出版社2013年版。

转向只有在发达工业社会才可能出现。因此，我们可以说经济和文化互为因果，但在这一转向问题上，经济决定文化。

既然经济基础决定了后物质主义这一文化转型，那么我们便可以通过文化的转型反观、印证经济的发展、政治的进步。

罗纳德·英格尔哈特指出："中国尚未发展到其多数人口在成长过程中可以视生存为不成问题的阶段，这意味着，中国尚未进入后现代价值观开始主导较年轻人群的阶段。但是，在过去30多年里，中国取得了令人瞩目的经济和技术进步……如果我的理论正确，在接下来的几十年里，中国将经历代际价值观转变的过程，较年轻的群体将比他们的长辈更明显倾向于性别平等，宽容外来群体，以及更重视言论自由。……当一个社会越是达到较高的经济安全和教育水平时，某些特定的转变就越有可能发生。"①

流行语是观察社会的极佳切入点，前文已多次阐述。流行语大量出现这一现象本身也展现出政治的民主化、言论的自由化。下面我们结合罗纳德·英格尔哈特所列出的有关后物质主义价值观的主要表现，以流行语为切入点，考察中国当今社会中的后现代元素。

（一）张扬自我个性

随着经济的发展，现代人的文化需求已经发生了巨大的改变。自我表现、展现个性已逐渐在年青一代中取代传统的循规蹈矩的中庸之道。新时期以来，人们的思想观念得到了空前解放，人们不再拘泥于权威规范，不再受制于精英话语，特别是网络时代的到来，给人们提供了自由畅谈的空间，如"被"的超常搭

---

① [美]罗纳德·英格尔哈特：《现代化与后现代化》（中文版序），严挺译，祁玲玲校，社会科学文献出版社2013年版。

配、"裸"的强组词功能、"神马都是浮云"的万能句式,都体现了人们对自由、自立、自主的渴望。年青一代追求个性,敢于自我表现的特征被"阳光后代""状态人""炫""秀""晒"等流行语记录了下来。

"阳光后代"首见于2002年,指在阳光下沐浴、生活的后代,指生活在幸福和平时代的年轻人。在他们那里,早恋、时尚、享受、自我、叛逆父母,不相信一切的理念大行其道,你很难在他们中间找到责任感、同情心、征服挫折的坚韧和临危不惧的胆识。他们身上所呈现出的特征正是后物质主义的主要特质。

"状态人"指热衷于通过微博或个性签名发布个人及其生活动态信息的人。如今,把自己每时每刻的状态展现在微博上的人越来越多,他们在微博时代演绎着凡人真人秀,在网络中展现真实的"生活秀"。

"炫"即炫耀,表现出一种强烈的表现欲。以"炫"为语素,形成了"炫父、炫富、炫酷、炫苦、炫穷"等流行语。炫富、炫父表现的是一种自傲,而炫苦、炫穷则表现的是一种自信或无奈、自嘲。

"秀"在过去被理解为"张扬、出风头、不检点",是件丢人的事情。而如今,它却被大家争相追逐,"想×就×"是现代人敢"秀"的宣言。2005年以来,主流媒体上有关"秀"的流行语的数量急剧增长,如"超级女声""平民偶像""草根文化""快乐男声""红楼选秀""舞林大会""我型我show"等。以"秀"为词缀进而衍生出"作秀""脱口秀""宝宝秀""服装秀""作家秀""家庭秀""生活秀""秀霸"等新词语。

现代人之所以敢炫、敢晒、敢秀,与中国的经济快速增长有极大的关系。关于经济发展与自我表现的关系罗纳德·英格尔哈特已在多本相关著作中以实际数据为支撑作了学理性和实践性的阐释。中国的经济发展为大众参与流行文化及文娱活动提供了条件。

（二）环保意识增强

后现代社会对生活质量问题更为关注，而且对社会运作提出更高的标准。人们更加关心他们的生存环境，例如担心全球变暖、大气污染、水污染等环境问题。随着经济的飞速增长，全球的环境也在急剧恶化。中国过去走的是先污染后治理的路子，而如今，从官方到民间，都已树立起牢固的环保意识。政府提倡环保、低碳、绿色、节能减排，在民间得到了广泛响应，环保理念深入人心，从而催生了一系列"绿色"流行语。且"低碳"成为中国评选的2009年十大流行语之一。"绿色"流行语如：

环保××：环保购物袋、环保汽车、环保电器

生态××：生态建设、生态农业、生态工业

低碳××：低碳生活、低碳经济、低碳科技、低碳城市、低碳婚礼

绿色××：绿色食品、绿色婚礼、绿色圣诞、绿色奥运

××日：爱绿日、低碳日、减塑日、低碳体验日、垃圾减量日

随着全球、全民环保的浪潮不断向前涌进，全国许多省市已下调 GDP 增长目标，此举可以解读为更注重提升发展质量，结束以环境换增长的粗放型发展时代。重视环境是重视生活质量的一个方面，这是经济发展的必然趋势。

（三）两性更加平等

中国自古对女性的要求是"三从四德""相夫教子"，男尊女

卑的两性格局一直延续至中华人民共和国成立之前。但是，随着女性自我意识的觉醒，女权运动在世界各地如火如荼地开展，女性的地位得到了大幅提高。"中性化""春哥""曾哥""女汉子"等流行语充分说明了这一点。

在2005年的"超女"热中，冠军李宇春以其中性化的外形吸引了一大批粉丝，引导了女性中性化的潮流。因李宇春的俊朗外形，不少人称之为"春哥"，且衍生出"信春哥，不挂科"等谐谑的流行语。参加"快女"而出名的曾轶可同样因其中性化外形而被称为"曾哥"，并衍生出"信曾哥，得永生"的流行语。

女性中性化的现象引起了许多讨论，有人叫好有人唱衰。普遍认为女性中性化是竞争压力之下的变异，女性中性化是社会发展的必然结果。在巨大的竞争压力下，为了适应社会，女性只有不断地改变自己，使自己更加强大。女性之所以要承受社会的压力，正因为她们获得了更多的机会，进入了之前以男性为主的职场，越来越多地享受了与男性同等的社会待遇，取得了与男性同等的社会地位。随之便有了去年上榜的流行语"女汉子"。"女汉子"指带有"纯爷们性格"的女性，她们拥有女人的外表和汉子的内质。现代都市生活让人"压力山大"，许多女性为了生存和发展，不得不把自己变成独立、自主、强悍的女汉子。而她们之所以有可能成为"女汉子"，是因为她们获得了与男性在职场竞争的机会。

男女平等是发达工业社会的普遍现象，在美国，曾被认为是"理工男"天下的硅谷，女性频频攀上事业的巅峰，谷歌、雅虎、脸谱网、邻客音等互联网公司，因为女性高管的作为而更加出彩，有人惊呼，硅谷快变成"闺谷"了。在当今的中国，女性高管也不乏其人。在诸多领域，女性与男性并驾齐驱。女性的地位得到了极大的提高，她们获得了追寻自由和幸福的权利，2010年出现了一个新词语——"休夫潮",正是这一变化的表现。"休夫潮"指由女性主动提出离婚的社会潮流。据资料显示,鹿城法院工作人员花了一个多星期时间,浏览了他们2010年1月至8月受理的536起离婚案,发现六成左右竟是女方提出的,其中98件属于"80后"群体。在"80后"群体中,女性提出离婚的比例占75%左右。"80后"群体出现"休夫潮",当然有各方面的原因,但不可否认,女性意识的觉醒是一个重要的因素。

男女平等之后,如"剩男""剩女""剩斗士""闪婚""闪离"等流行语层出不穷,反映出平等之后的一些新问题。

## 二 反向社会情绪日益突出

反向社会情绪的内核是冲突。冲突,是人类社会产生以来就一直存在的社会现象,它在任何一种社会关系中都存在,是不同信仰、观点、价值观念、需求、设想或目标之间的不协调冲撞。

2013年1月7日,中国社会科学院社会学研究所发布的《社会心态蓝皮书》[①]中,"反向社会情绪"作为一种值得警惕的现象被强调,它指出"仇恨、敌意、愤怒"等负面情绪,及其所导致的"本该同情却欣喜、本该愤恨却钦佩、本该谴责却赞美"的、与社会发展所需相悖的反向态度。反向社会情绪的积累及不断降低的情绪引爆点,成为社会环境不稳定因素之一。这些反向社会情绪由社会矛盾催生,从而激起了民众对社会结构和政治体制的反抗。

社会变革使得人们可以在政策形成中扮演日益重要的积极角

---

① 王俊秀、杨宜音主编:《中国社会心态研究报告(2012—2013)》,社会科学文献出版社2013年版。

色,也可以让他们参与所谓的"挑战精英"活动,以对抗"精英主导"型传统政治。"挑战精英"型政治则在具体决策层面上赋予公众日益重要的角色,而非仅仅让公众在早已确定的两套方案中进行非此即彼的被动选择。这里的精英等同于上层,包括权力精英、资本精英、文化精英。

中国的"反精英"现象多由大众自发性萌发,并经由自身的实践与媒体中所营造的拟态环境(如充斥的对精英的揭露、批判性叙事)得到印证和强化。① 如今,网络舆情中"官民对立"与"贫富对立"已成为最具代表性的社会对立的意识结构。冲突与反抗是反智心理的外在表现,而这一心理的形成是多方面因素导致的。

(一)意识结构二元对立

反向社会情绪的产生有多方面的原因,首先便是语言构建人类认知的功能,即语言塑造人的认知,影响人的行为。

布尔迪厄认为,符号系统是建立在包含和排除的基本逻辑上的分类系统。所有的符号系统都遵循这个基本分类逻辑把各个因素划分组合进对立的种类,并因此通过排除与包含的对抗逻辑产生意义,语言符号也是如此。这个符号系统的逻辑建筑了一系列的二元对立,比如稀有与常见、好与坏、高雅与低俗、内在与外在、男性与女性、精致与粗疏,它们作为潜在地制约着我们心理活动的"基本分类范式"而起作用。

这些配对的对立起源于社会结构,是日常生活中的社会生活分类的建筑材料,被所有人所共享,它们在不知不觉中被用以强化社会生活中的权力关系。这一套"包含在日常语言中的准编码

---

① 孙卫华:《网络与网络公民文化——基于批判与构建的视角》,中国社会科学出版社2013年版,第64页。

化的对立"①阵列,最终却是与一个更加基本的两级对立——统治与被统治的对立——联系在一起。这是所有成双成对的对立的最终来源。

  从上述理论可以看出,语言符号的对立源自社会的对立,而语言符号的对立因被同一语言社群中的所有人共享而反过来强化社会对立。以二元对立为编码机制的语言符号决定了人们认知世界的"包含与排除"的基本范式。这种对立最终归为统治与被统治的对立,但又可投射到诸多领域,泛化为上与下的对立。因此,作为根本动机的"对立"始终存在于人们的潜意识中,随时可能被唤醒。而当下的中国正处于改革的深水区,一步步深陷布尔迪厄所强调的这种"对立"之中。近些年来,媒体话语中对社会成员二元分类形成了一系列"强—弱"两分的"对立者"形象:穷人—富人、消费者—厂商、患者—医生/医院等。这种对立存在于脑海中,表现为刻板印象。此类刻板印象最容易在网络舆论中观察到。网络舆论往往呈现出对正统思想观念、主流意识形态的逆反心理,表现出反传统、反主流、反权威的价值取向。对政府政策、官方言论、主流观点、社会精英、富裕人群统统持怀疑态度,存排斥心理,宁信其错,不信其对,宁信其坏,不信其好;一些有违社会公德和道德的人和事,在互联网上不仅很少受

---

① 布尔迪厄指出:一个特定的社会形式中的所有行动者,都共享着一系列基本的知觉框架,这种知觉框架通过成对的对立形容词——它们被普遍地用于区别与限定实践领域中大量的人与事物——开始其对象化活动。高雅(崇高、优雅、纯粹)与低俗(粗俗、低级、中庸),精神与物质,优美(优雅、精致)与笨重(肥胖、粗野、野蛮),轻盈(精细、生动、清晰、灵巧)与笨重(缓慢、粗大、愚钝、费力、笨拙),自由与强迫、宽广与狭小等对立,或者,在另外一个维度上,独特(稀有、与众不同、出类拔萃、绝无仅有、独一无二、新颖)与普通(普通、陈腐、平庸、琐事、例行公事),才华横溢(聪明)与愚蠢笨拙(晦涩、灰暗、平常)等对立,是所有老生常谈的发源地,这种老生常谈之所以被现成地接受,是因为在它们的后面存在着整个社会秩序。参见[美]戴维·斯沃茨《文化与权力——布尔迪厄的社会学》,陶东风译,上海译文出版社2012年版,第98页。

到指责和抵制，反而会受到追捧，上述心态都是刻板印象所致。需要特别指出的是，这种极端化的心理状态，在低年龄、低学历、低收入的网民身上表现得尤为明显。由此可以看出，对立是深植于阶层之间的。

媒体话语中的二元分立仅仅是连锁反应中的一环，下面我们通过几组流行语来分析"反精英"现象的形成及所反映的社会问题，看看潜意识中处于潜伏或者低速运转状态的"对立"是如何被唤醒的，而媒体为何又要作如此区分。

（二）精英群体失信于民

部分社会精英的行为导致民众对精英阶层的信任危机逐渐加剧，由此而产生了极为丰富的讽刺上层的流行语，如"我爸是李刚""躲猫猫""表哥""欺实马""炫富""砖家""叫兽"等。

（1）2010年10月16日21时40分许，在河北大学新区超市前，一牌照为"冀FWE420"的黑色轿车，将两名女生撞出数米远。被撞一陈姓女生于17日傍晚经抢救无效死亡，另一女生重伤，经紧急治疗后，方脱离生命危险。肇事者口出狂言："有本事你们告去，我爸是李刚。"2011年1月30日，河北保定李启铭交通肇事案一审宣判，李启铭被判6年。此后，这句话成为网友们嘲讽跋扈"官二代"的流行语。

（2）一个因盗伐林木被关进看守所的青年，2009年2月8日在看守所内受伤，被送进医院，2月12日死亡。晋宁县公安机关给出的答案是，当天李乔明受伤，是由于其与同监室的狱友在看守所天井里玩"躲猫猫"游戏时，遭到狱友踢打并不小心撞到墙壁而导致。当地另一家媒体报道称，警方调查结果显示李乔明"躲猫猫"时眼部被蒙,所以"不慎撞到墙壁受伤"。但据《云南信息报》2月14日报道,24岁的玉溪北城镇男子李乔明因盗伐林木被刑拘,1月30日进入看守所,2月8日下午受伤住院,4天后在医院死亡,死因是"重度颅脑损伤"。此后,"躲猫猫"一词频频出现在各种媒体上。

(3) 2012年8月26日凌晨陕西延安境内发生重大车祸致36人死,2人重伤。陕西省安监局局长杨达才视察事故现场微笑的照片引发了网友对他进行了人肉搜索,网友从这位官员身上"搜"出了各种名表,被网友们称为"表哥"。

(4) 2009年5月7日晚,年仅20岁的大学生胡斌,驾驶三菱跑车在杭州市西湖区文二西路与朋友飙车,撞死了正在过斑马线的年仅25岁的青年谭卓。事件经媒体报道后,由于胡斌的特殊身份背景和事后的反应,立刻成为网民持续关注的话题。网友经过搜索发现胡斌所驾驶的"浙A608Z0"跑车曾多次严重超速,而随后交警在通报会上称"通过旁证(旁边人的证明)和肇事者的口供,当时车速在70码左右"更引起网友的质疑,从而产生了网络新名词"欺实马"(70码)。

(5) 2006年,女网民"雅阁女"公然炫富,并声称:"我就是喜欢日本车,工资3000元以下的都是低等人,敢站出来我就不怕骂!收入决定身份,身份决定一切!"从此"雅阁女""宝马男"成为炫富的流行语。

(6) 某女教授建议退休年龄推迟到65岁,或50岁退休65岁领养老金期间男的可去干园丁,女的可去做饭洗衣。由此而产生了对专家、教授加以嘲讽的流行语"砖家""叫兽"。

以上七个实例均源自网络上引起热议的社会事件，它们或催生了一些流行语，或验证了一些流行语。这些社会现实无疑触动了民众心中紧绷的对立神经，使潜意识的"对立"加速运转。

有人曾以"对你思想行为影响最大的群体是什么"为问题进行了社会调查，调查发现，对民众具有影响力的人群按影响力大小排序为：知识精英48%，政府官员25.2%，工商界精英17.4%，明星4.6%。同时又进行了题为"你对哪些群体的伦理道德状况最不满意"的调查。调查发现，群众对政府官员群体的不满度高达73.3%，企业家群体27.1%，演艺娱乐界52.6%，学校12.1%，其他3.5%。对比两项调查，我们不难发现，最具影响力的群体却同时又是群众最不满意的群体。这一状况说明，群众正处于十分痛苦的纠结状态，相信还是不相信？从上述数据可以看出，人们对精英不再盲从，更多人选择怀疑。调查者指出，"对中国当代意识形态来说，更深刻的问题发生在媒介的主导者或主体身上。现代媒体中最活跃的话语主体是两种人：一是演艺人员，二是政府官员。然而事实情况却是：在当代中国，这两种人事实上都失去了话语权力，缺乏构建或引导意识形态统一性的能力和力量"。[①]

（三）媒体的放大与精英的衰微

精英群体失信于民，"精英"已被污名化。在此危机之下，精英群体应当深刻反省，极力弥补、挽救形象，而非继续自我污名。然而，现实情况却是媒体极力渲染精英劣行，精英团体则依然我行我素。

在众生狂欢、消费至上的当代社会，点击率和注意力是媒体

---

① 樊浩等：《中国大众意识形态报告》，中国社会科学出版社2012年版，第18页。

特别是新媒体的生存之道。他们"有的抓住公众喜好起哄、围观的弱点,有的抓住大众喜欢消费故事、段子的弱点,有的则瞄准人们内心中的某种恐惧或热烈期待,还有的瞄准浮躁、没有耐心、情绪化、先入为主的偏见、刻板的立场等"。① 媒体对事件大肆渲染、添油加醋,渲染事件中的冲突性元素,诱发网民的激愤情绪,从而落入媒体精心设计好的圈套,为媒体所左右。《人民日报》发表评论反思当下中国社会的极端主义之后,《中国青年报》发表了一篇名为《批判极端主义,也要反思现实土壤》的评论。某网站在转载时将题目改为极具挑动性、起哄性的《中青报驳某些媒体:极端是因为权力被垄断》,并列的标题是《人民日报》昨日发文:《民众应摒弃狭隘极端主义客观看待腐败》。这样的标题,是对两家报纸评论的双重扭曲。该网站刻意篡改评论观点,营造冲突,消费公众情绪。这一典型的例子充分体现了某些媒体"唯恐新闻不刺激,唯恐冲突不激烈"的嗜血偏好,加剧了社会冲突。3月10日,《新京报》发表题为《绵竹公安局副局长亲属打医生》,有网媒以《四川绵竹公安局副局长侄子因不满检查暴打医生》为题将其转载。这两个标题有一个共同的特点,即在打人者之前有一个很长的限定语,只为说明"侄子"他叔不是一般人,副局长侄子打医生是新闻,一般的侄子打医生则不称其为新闻,且在"打"之前还要加上极具攻击性和挑动性的"暴"字。这样的"黄色标题"是危害社会和新闻生态、民众心理生态的毒瘤,标题中刻意强调的内容形成一种预设和指引,颇有"请君入瓮"的意思。在这个缺乏耐心、浮躁轻率的浅阅读时代,在此类标题的指引下,民众将新闻标题所涉人物进行范畴化,将个

---

① 曹林:《不与流行为伍——对中国社会流行谬误的批判》,中国发展出版社2013年版,第32页。

人的行为上升为群体行为,将个人素质映射为群体素质,将个体的对立置换为群体的对立。媒体在此过程中,通过迎合民众心中潜意识的对立而操纵民众的情绪,使对立群体化、阶层化。纵观近些年来不同社会阶层的冲突事件,从哈尔滨的"宝马撞人事件"、浙江杭州的胡斌飙车事件,到最近的河北大学"李刚门"事件等,事件过程与细节在大众以及大众媒体那里被置换为"富人与穷人、富二代与穷二代、官二代与民二代、财大气粗的地产商与房奴"之间的战斗。迎合受众成了某些记者的职业操守,临事"站队"成了某些记者的职业习惯。在事实面前,不首先调查事实如何,而是选择站队。站在"弱者"和"反抗者"的立场,能更好地迎合民众喜好、容易赢得公众鼓掌。二元对立往往是各大媒体的报道逻辑,扶"弱"抗"强"似乎是他们的终极目标。带着"替弱者维权"的定式思维和固有偏见,被自己潜意识所撷取的资料障目,甚至障蔽了理智,障蔽了作为新闻人的职业操守,升级、强化冲突,误导民众。

网络事件常掺杂着别有用心的人或媒体意欲操纵大众舆论的目的,对事件添油加醋,制造新闻,甚至不惜捏造事实。如哈尔滨宝马案中的肇事者系当地政协主席的儿媳妇的传闻,杭州飙车案中的宣传部长之子的传闻,河北大学"李刚门"事件中的肇事者的副省长姥爷的传闻等。而作为最高权力代表的政府在诸多广受争议的事件中却"缺席"。当然,在这种汹涌的对立情绪面前,政府缺席似乎是迫不得已。因为任何试图站在更为客观、中立层面来就事论事的"思考者"都被设定为具有极其可疑背景的人,将被置于人民公敌的位置。任何公共权力机构的辟谣与对事件真相的进一步还原都被视作"此地无银三百两",不仅事无补,反而激起网民更强烈的反弹。

而以独立性、创新性为特征的肩负着守候传统文化、开创新文化、引导主流意识的文化精英在此过程中也"集体失语"或陷入"雷语"状态。知识分子应该独立,既要独立于国家权力,又要独立于世俗和商业,只有具有独立的精神,才能担负起启蒙的重任。如若不然,则有堕入媚权、媚俗、媚钱的危险。草根文化崛起,平民话语强势,在网络中,底层的逻辑更具合法性,本应更具主导性的文化精英在此成为边缘化的群体。经济学家茅于轼有感于"现在为穷人说话的人很多,替富人说话的人很少。另一方面,为富人办事的人很多,为穷人做事的人很少"的社会现状,专门撰文《为富人说话,为穷人办事》,倡导对富人群体的话语保护机制与对穷人群体的切实补贴机制,结果在网络上遭到强烈反弹,被指斥为"富人利益的代言人"。中国知识分子作为"文明标杆"和"启蒙者"的角色被大大弱化,世俗的、无厘头式的文化大有控制主流文化高地之势头,"大众为一种自发的经济兴趣所左右,追求着官能的满足,拒绝了知识分子的'谆谆教诲',下课的铃声已经敲响,知识分子的'导师'身份已经自行消解"。①

流行语"砖家""叫兽"等的产生,就是这一现象的最佳证明。中国青年报社会调查中心通过民意中国网和搜狐网进行的一项调查显示,只有6.5%的人认为专家值得信赖。"专家"为何变成"砖家"?调查显示,79.6%的人觉得是因为"部分专家缺乏社会责任感,为利益群体代言";72.3%的人认为"大量'伪专家'充斥专家队伍,素质良莠不齐"。同时,有28.5%的人认为媒体难辞其咎,"媒体争相报道专家'雷人雷语',放大负面印

---

① 王晓明:《人文精神寻思录》,文汇出版社1996年版,第122页。

象"。由以上数据可知,即便媒体应承担一定的责任,但专家自身才是让"专家"变成"砖家"的责任主体。

知识分子身份的消解是一个外力与内力共同促进且循环往复的过程,大众文化侵蚀传统知识分子的主流地位,使之边缘化,而文化精英在此境地中灰心丧气,放弃抵抗,抛弃崇高理想和独立人格,主动放弃理想主义和启蒙价值。面对市场和政治的双重合力,知识分子或选择与政治权威合谋,心甘情愿作政治的传声筒,逃避现实,粉饰太平,而逃避他们的社会责任;或选择与商业合谋,利用其在大众那里仅存的信任将所有的文化转化为可以量化的经济资本。文化精英的地位及独立身份岌岌可危,以至于他们必须要依附于某一主体,越依附其独立地位越弱化,越弱化越需要依附,如此往复,文化精英融入了或官或商或世俗的范畴。

从上述分析,我们可以看出,精英阶层的言行举止使他们失信于大众,从而激起了大众强烈的对立情绪,在此洪流之中,上层的基石——公共权力、文化权力都被卷入其中,被其裹挟而前,且在洪流中与底层的细小却众多的沙石相碰撞,基石不断被磨蚀,磨蚀部分融入洪流,继续消减已然脆弱的基石。

上述流行语反映出中国现阶段的种种社会冲突与现象,这应该说是中国经济发展带来的积极结果,反映了民众政治参与热情高涨,是政治民主化、言论自由化的折射。

## 三 社会生态日趋多元

20世纪90年代以来,随着中国市场经济的蓬勃发展、各领域现代化步伐的日益加快,人们(主要是城市人群)的生活方式日趋世俗化、消费化、娱乐化、消遣化。人们摒弃中心化,同样反对非此即彼的生活、思维状态,逐步进入了多元化的时代。

(一)物质主义与后物质主义并存

亨利·列斐伏尔(Henri Lefebvre)认为,资本主义的扩张造就了一个"平凡的世界",它把经济的、工具性的和技术性的东西置于首位,而把"任何涉及文学、艺术、客体以及一切诗意的存在驱逐得无影无踪"。①

资本的急遽扩张固然激发了无限的物欲,使人遗忘了精神价值,但罗纳德·英格尔哈特告诉我们,许多发达国家青年的价值观已经发生并将继续发生从"现代价值观"向"后现代价值观"的转变。这种"后现代价值观"不再强调实现经济增长的最大化、成就动机、法理权威,而是强调实现生活质量、个体幸福的最大化等。这一转变正是资本扩张、经济突飞猛进的结果。

随着中国经济的日新月异,后物质主义已崭露头角,但物质主义仍具有压倒性优势,形成了物质主义与后物质主义并存的局面。

物质主义与后物质主义的并存在人们对"土豪"的态度中可以鲜明地察觉。"土豪",已经成为热度盖过"高富帅""白富美""屌丝"等名词的新的群体标签,这个流行词语最简单的解释就是"土气的富豪",它多被用来形容花钱无脑的人和极爱炫耀的族群,这是一个既豪且土,虽有钱财而品位不高,追求奢侈而审美不足,炫耀消费而内涵不够的群体。人们对"土豪"的态度较为"纠结",否定他们的精神荒芜——厌弃他们的"土",却又肯定他们的物质财富——艳羡他们的"豪"。他们以"土豪金"为身份标签,大块的金晃晃的金子俗不可耐,然而同时又不可避

---

① [英]安东尼·吉登斯:《社会学:批判的导论》,郭忠华译,上海译文出版社2013年版,第113页。

免地引起了人们的羡慕与嫉妒之情。于是出现了"路见不平一声吼,抱着土豪不放手""土豪,我们做朋友吧"这样的自我嘲弄和相互之间的戏谑之语。有人认为"对'土豪'的嘲讽本身就是一种建设性力量,促使国人减少对物质的盲目崇拜,提高精神文化修养"。总之,"土豪"一词暗示着人们对财富和精神的双重追求。

另一个流行语"小清新"同样展现出后物质主义的价值理念。"小清新"是年轻人追求个性、追求美好的脚注。实际上,小清新本身就有对流行文化的刻意躲闪,有关注自我的人文主义,有对物欲、商业的天然抗拒;而满含对青春的伤感式怀恋、对童年的乡愁式叙事,小清新也关乎一代人普遍的生存状态。这一清新俊秀、格调雅致、极具文艺气息的词语是当代部分年轻人追求个性、美好和浪漫的最佳见证。

相关研究表明,当代中国博士生在价值观取向上比一般公众更加趋向于"世俗—理性价值观"和"幸福价值观",他们的价值观有由"现代价值观"向"后现代价值观"转变的趋势。这和发生在许多发达国家青年身上的价值观变化一样,说明博士生在观念认知层面上确实走在了时代和社会发展的前面,他们更加强调生活质量、主观感受和自我表达。具体而言,他们在参与政治、赞成民主社会、不盲目崇拜权威、不看重金钱、对自身命运的选择和把握、具有责任感方面都表现出较高的程度,这是一个有利于社会未来发展的可喜现象。[①] 例如近来流行起来的"慢文化"就是"后现代价值观"的表现。与慢文化相关的两个流行语是"慢食"和"慢城"。"慢城"是一种新的城市模式。与快节

---

[①] 郭莲:《中国博士生与中国公众价值观的比较——"后现代化理论"的验证研究》,《大学·研究与评价》2008年第3期。

奏的生活方式不同，在这里，有更多的空间供人们散步，有更多的绿地供人们休闲娱乐。流行语"断舍离"同样体现出当代人新的价值观。"断舍离"出自日本杂物整理咨询师山下英子《断舍离》一书。随着图书的畅销，"断舍离"成为流行语，意思是"断绝不需要的东西，舍弃多余的废物，脱离对物品的迷恋"。"断舍离"已成为一种现代生活理念，它的流行暗示着人们已开始摒弃对物质的过度追求，而更为注重舒适的生活空间和丰富的精神世界。流行语"裸婚"不仅仅体现的是一种择偶的自由性，也是对当今现实功利式婚姻的反击。这种不把爱情和婚姻建立在物质的基础上的做法为大学生树立了正确的爱情价值指向。"裸婚"是对"宁愿坐在宝马车里哭，也不愿坐在自行车后笑""傍大款""被包养"等物质主义价值观的鄙夷和蔑视。

上述结论与罗纳德·英格尔哈特对后物质主义价值观的描述相吻合，中国经济的发展、教育的普及、社保的加强等因素共同培育出持后物质主义价值观的新生代。但持物质主义价值观的上代人正值壮年，加之中国社会和地区发展不平衡，物质主义价值观仍占优势，因此形成了物质主义与后物质主义并存的局面。

（二）威权政治向民主政治转变

后现代主义转变的一个主要组成部分就是背离宗教权威和官僚权威，淡化对所有权威的盲信和盲从。在不安全状态下，如面对外敌入侵、内乱或者经济崩溃的威胁时，人们热切地寻求能保护他们的权威角色，并顺从权威，即便以牺牲自由为代价。相反，在社会繁荣安定状况下则希望社会多元、政治民主。因此富裕的国家比贫穷的国家更有可能变得民主，这已为近一个世纪的发展历程所证明。

中国在经济飞速发展、人民生活水平普遍提高、国民素质不断增强、民主意识加快觉醒的背景下,正经历着从威权政治到民主政治的转型。一系列的网络事件为我们展现了官民的博弈,也让我们看到了民主的力量。流行语"我爸是李刚""拼爹""被就业""老虎苍蝇一起打""官不聊生"等为我们勾勒出这一艰难而伟大的变革历程。

河北大学学生李启铭在2010年10月在校园内醉酒驾车造成一死一伤后,央视在此事件发生后,第一时间采访李刚和李启铭,并让李刚出镜向受害人及家属表示诚恳道歉并深深鞠躬,但并没有对事件的受害人家庭在第一时间进行采访报道。这个新闻报道中,受害者是缺席的,有网友和媒体质疑道:央视播发了5分钟左右的李刚哭着向全国观众道歉的镜头,不知道央视是否播放了晓风一家人痛哭的镜头?作为媒体客观公正的立场何在?在解读媒体文本时,除了关注被再现的对象外,我们还要探究这些文本中没有得到再现的对象,挖掘出那些"被省略的意义"。

新闻报道对立面的"缺席"常常揭示了该媒体意识形态的立场及背后的各种权力运作。李刚是河北保定市公安局北市区分局副局长,央视的这一做法或许有它的考虑,但却让民众隐约感觉到了权力在其中发挥的作用。因此,民众以"我爸是李刚"向权力提出质疑。

"拼爹"是2010年十大流行语之一。"拼爹"拼的是"爹"的实力和地位。"我爸是李刚""我叔是金国友"都是典型的"拼爹"语言。这类流行语的流行,反映的是大众对强权的不满情绪,同时更暴露出权大于法的威权社会的弊端。

"被就业"是2009年十大流行语之一。2009年7月,一位应届大学毕业生在网上发帖爆料:在他不知情的情况下,学校已经替他签好了就业协议书。于是网友发明了"被就业"的说法，以讽刺这种虚报就业率的行为。随后，但凡意愿遭遇强迫时，均可套上"被××"的帽子，如职工"被全勤"，举报人"被自杀"，交择校费的家长"被自愿"。"被"表达的是强权下的无奈，形形色色的"被××"均体现出威权政治仍大行其道且弊端百现。行政事业单位掌握着公权力，具有支配社会资源的权力。然而有些公职人员不正视社会问题，虚报数据，粉饰太平。

从以上流行语可以看出，虽然威权政治仍有较强的影响力，但正逐渐受到民主政治的抵抗。一系列"被××"是民众对权威的揶揄、讽刺和反抗，正体现出民众民主意识的觉醒。"我爸是李刚""拼爹""被就业"等一方面反映了威权政治的现实，另一方面，这些流行语的产生本身说明威权下的对抗，民众以戏谑、讥讽的方式发出了要自由、要民主的呼声。

经济改革成效凸显，民主呼声日益高涨，政治改革迫在眉睫。在此背景下，十八大以来，中央把推进机构改革和职能转变设定为主要议题，强化民主政治制度基础。2013年2月召开的中国共产党十八届二中全会审议通过了《国务院机构改革和职能转变方案》。8月底召开的中央政治局会议审议通过了《关于地方政府职能转变和机构改革的意见》。2013年1月22日，中共中央总书记、中共中央军委主席习近平在中国共产党第十八届中央纪律检查委员会第二次全体会议上发表重要讲话，指出："要坚持'老虎''苍蝇'一起打，既坚决查处领导干部违纪违法案件，又切实解决发生在群众身边的不正之风和腐败问题。""要加强对权力运行的制约和监督，把权力关进制度的笼子里，形成不敢腐的惩戒机制、不能腐的防范机制、不易腐的保障机制。各级领导干部都要牢记，任何人都没有法律之外的绝对权力，任何人行使权力都必须为人民服务、对人民负责并自觉接受人民监督。要加强对一把手的监督，认真执行民主集中制，健全施政行为公开制度，保证领导干部做到位高不擅权、权重不谋私。"习总书记的此番讲话强调要约束权力，要打击腐败。在此情形下，有些养尊处优、肆意妄为惯了的官员便矫情地感叹"为官不易""官不聊生"了。

"官不聊生"完全是一个伪命题，官员有固定的工作，享受国家给予的优厚的福利保障，不存在"不聊生"的可能。其实，"官不聊生"反映了部分官员对自身职责和权利的错误认识。过去，权大于法、以权谋私，他们任意妄为却把这种违法乱纪的行为当作国家和人民对掌权者的"特殊优待"；如今，国家强力整顿吏治，"将权力关进制度的笼子"，削除了被官员们认为理所当然的"特殊优待"，于是有些官员便矫情地感慨"官不聊生"。从"为官不易""官不聊生"中我们更要看到当今的社会正在加快从"官本位"向"民本位"转型。

2008年度中国主流媒体十大流行语中的"政府信息公开""公平正义""服务型政府"，2010年的"公共服务均等化"，2012年的"网络反腐"，2013年的"简政放权""老虎苍蝇一起打"等流行语均反映出威权政府向民主政府的转型。

(三) 话语秩序重整

"话语秩序"即与特定场合或情境相关的话语实践规则。政治、文化以及国家政策与媒体的关系有什么变化，都或多或少反映在政治话语秩序的变化中。如今，中国的政治话语秩序有了重整的迹象。如国家领导人把传统中在政治话语秩序中严格区分的话语（如保守和自由话语）体裁交织起来，把政治话语与日常生活话语秩序交织起来，把媒体采访与政治演说体裁交织起来。政府工作人员开始用形象化行为和语言在平民百姓中树立亲民形象。平民话语秩序的渗入使老百姓能"听懂话",是政府工作人员群众路线的一个具体体现。

2014年初,习近平总书记带来的"包子效应"正逐渐引领各级官员深入基层、亲民爱民。各大媒体纷纷称赞习近平主席、李克强总理的讲话风格和亲民形象。随后又出现了"克强style",其内涵便是"讲白话、说重点、务实效"。国家主席、总理主动亲民,广大民众则更加"放肆",称习近平主席为"习大大",称李总理为"克强""强哥",有网友在留言中直抒胸臆,说"强哥V5"(强哥威武)。2014年3月2日,全国政协十二届二次会议新闻发布会在人民大会堂新闻发布厅召开,大会新闻发言人向中外媒体介绍本次大会有关情况并回答记者提问。南华早报记者提问说:"外界有很多关于周永康的报道,不知道政协有何回应?"发言人称:"我和你一样,在个别媒体上得到一些信息。无论什么人无论职位有多高,只要触犯党纪国法,就要严厉惩处。我只能回答成这样了,你懂的。"这里很自然地运用了流行语"你懂的"。这些通过流行语展现出来的现象体现出政府欲"接地气"("地"比喻人们群众),民众欲"接天气"("天"比喻领导上层)的新的政治生态,而话语权的交织和重整正是这一政治生态的一个侧面。

流行语不但在人们的日常生活和社会生活中日渐增多,在官员的话语、代表官方话语的新闻中也开始使用,并开始进入一向较为严肃的广播用语中。流行语具有简易、时髦和权威的特点,在新闻报道中适当使用流行语可增强受众的亲近感。对于广播而言,流行语在某种程度上可以提升广播语言的魅力。例如中央电视台2014年第一期《新闻联播》的结尾词是这样说的:"人们说

2013就是爱你一生，2014是爱你一世，新闻联播和你一起，传承一生一世的爱和正能量。"有网友说："配着这温暖的背景音乐，和这文字，觉得真是温馨。"河南日报微博评论说，元旦《新闻联播》的结尾，主持人也拿"一生一世"说事儿——这么"高大上"的节目也"卖萌"？很多小伙伴儿都惊呆了！仔细想想，也不奇怪。2019年8月11日，新闻联播主播康辉在节目中送给国泰航空一句话："No zuo no die!"同样引起了观众的热烈反响。一向严肃的央视新闻节目使用流行语有助于拉近主播与普通网民的距离，减少隔阂感，增强电视节目的亲和力和收视率。

流行语"接地气"最能说明话语秩序的重整。该词是2012年十大流行语之一。流行语"接地气"中的"地"喻指百姓生活。"接地气"就是"贴近老百姓的真实生活""反映百姓真实的生活情感"。而党员干部"接地气"，就是要深入基层，广泛接触民众，了解民众的苦与乐以及民众的愿望和需求。

在迎来了以微博为代表的自媒体时代之后，公共话语的释放空间得到了再次配置，而话语秩序也发生了相应变化。随着话语多元化的不断发展，它们渐渐地与社会主流意识形态不断发生交流碰撞。话语权的转移已在民众中形成了较为自觉的意识。

## 第三节 "群"：流行语的和谐价值

群，即流行语可以引发共鸣，形成舆论，统群和众。《论语集解》引孔安国的解释说"群居相切磋"，意即人们存在于一个生活共同体中，必然要互相接触、互相交流，其目的是达到"同一"而共存。朱熹注："和而不流。"意思是和谐相处，但又不盲目附和，这同时说明一个群体的向心凝聚是有选择性的。

古代的例子如：

二人同心，其利断金。（《周易·系辞上》）
君子成人之美，不成人之恶。（《论语·颜渊》）
三人行，必有我师焉。（《论语·述而》）
己欲立而立人，己欲达而达人。（《论语·雍也》）
礼之用，和为贵。（《论语·学而》）
天时不如地利，地利不如人和。（《孟子·公孙丑下》）

流行语是修辞的产物。修辞研究的"同一"观认为修辞存在于普遍的人类生存环境之中，修辞的作用是通过符号和劝说使人们克服"分"而达到"合"，即达到"同一"。修辞学着眼于修辞双方的互相交流，消除分歧并找到双方互相满意的解决途径，寻求解决问题的和平方法。修辞作为一种柔性权力，已介入大众意识形态的建构。因此修辞具有"群"（团结群众）的功能。

流行语的传播，是社会成员之间一种紧密有序的联系行为，通过流传和交流协调，有助于统一认识、缓和矛盾，实现社会团结和谐。因此，在日常的社会交往中，我们应该积极利用流行语这一交际工具，达成共识、缓和矛盾。

## 一　增加认同

不论是日常生活中的劝诫，还是政治思想领域里的对话，以至于政治宣传，都必须通过心理认同来取得最佳效果。而欲达成认同，在语言上必须借助修辞。修辞行为是社会政治生活的桥梁，它可用于调节阶级之间的行为和利益关系。毛泽东在《反对党八股》一文中曾指出："射箭要看靶子，弹琴要看听众，写文章做演说倒可以不看读者不看听众吗？我们无论和什么人做朋友，如果不懂得彼此的心，不知道彼此心里面想些什么东西，能够做成知心朋友吗？做宣传工作的人，对于自己的宣传对象没有调查，没有研究，没有分析，乱讲一顿，是万万不行的。"① 毛泽东的这段话可简单地概括为，欲达成共识，首先要在语言的形式和内容上与对方的习惯和期待一致，才能达到沟通、认同的目的。

语言的意义源自人的大脑中所储存的百科知识，处于同样文化语境中的同一种语言的使用者具有大致相同的百科知识，它是人与人之间的一种共情联结，也是一个共享的结构、一种认同他人的能力。因此，语言符号具有一种潜能，它隐含的是一种"我们"的状态，一种有可能把人们统一到一起的联结力。

词语在取得认同方面的作用是突出的，比如"我们"（we）这个词。有人甚至认为，战争状态下说"我们"可以把在战争中不共戴天的敌对势力并置在一起。假定的"我们"是一种既微妙又有力的同一策略。人作为一种社会动物，总是力图从周围的环境中寻求支持，避免陷入孤立状态，这是人的"社会天性"。共同的话语、兴趣等均表达出彼此的认同，理解和使用流行语也是和谐氛围、提高认同感、增强凝聚力的有效途径。

下面的生活实例可以说明流行语的认同功能：

经过先睹者的推荐，我们这儿多数年轻人都看过《疯狂

---

① 《毛泽东选集》第3卷，人民出版社1953年版，第837页。

的石头》，交口称好，都说过瘾。工作间隙，《疯狂的石头》成了主要的谈笑话题。作为"后遗症"，电影里的精彩台词也被"批发转零售"，迅速成为办公室里的流行语，互相间动辄就说"我顶你个肺""别摸我"。说到运气差，就是"雷劈你八次，你也中不了一次"；说到东西不值钱，就是"玉皇大帝拉出来的胆结石也值不了……"这些"石头语"虽然粗俗，但是都来自生活，又能生动地表现真实心情，所以很容易在现实生活中遇到相似的语言情境，于是就被我们不由自主地拷贝下来了，给办公室带来了欢笑。

能够理解和使用流行语的人是群内人，否则就是群外人。同样的生活实例同样在这篇文章中显现：

> 但是我们的头头没有看过《疯狂的石头》，当然不懂"耐克还出照相机"之类的"石头语"。一次一位女同事想提前下班向他请假，另一位男同事冷不防在一边插嘴："公共厕所吗，想来就来想走就走。"头头听了一本正经地批评道："把办公室比作公共厕所？太不文雅了！"惹得我们哄堂大笑。请假的女同事不便说穿是"石头语"，尴尬地站着苦笑；头头也不明白他的话为什么会引起超常的反响，只得以傻笑收场。[①]

这种认同能够营造较好的人际关系，缩短人际距离，增进人际情感。又如"亲"是2011年十大流行语之一。几年前，"亲"

---

① 徐玲：《影视流行语，拷贝入生活吗?》，见《新闻晨报》2006年8月11日。

曾在某些群体的小范围中使用，随后进入淘宝网的交易平台："亲，快来抢购哦！""亲，包邮哦！"于是，"亲，×××"风行起来，被人们称为"淘宝体"。跟"亲爱的"相比，"亲"显得简洁，也屏蔽了"爱"的暧昧色彩，亲切感却有增无减，并且扩大了适用范围。该流行语既不至于过于亲密而显得矫揉造作，又可以瞬间拉近距离，消除防备。"We are 伐木累"是2015年的流行语。邓超在综艺节目《奔跑吧兄弟》中一句"We are 伐木累"让在场的同伴捧腹大笑，这一流行语的幽默方式与另一个流行语"闹太套"① 异曲同工，都是因蹩脚的英语发音而引人发笑。二者都有调节气氛的功能，但相比之下，"We are 伐木累"则多了一些团结情感的力量。

又如"中国梦"，是中国共产党召开第十八次全国代表大会以来，习近平总书记提出的重要指导思想和重要执政理念，正式提出于2012年11月29日。习近平总书记把"中国梦"定义为"实现中华民族伟大复兴，就是中华民族近代以来最伟大梦想"。国家的前途和命运与每一位公民的前途和命运紧密相关。"中国梦"既是国家的伟大的复兴梦，又是每一个中国公民的梦，它是每一个中国公民的梦的集合。"中国梦"的提出使得每一个中国公民都紧密团结起来，在各自平凡的岗位上做出自己不平凡的贡献，为圆我们共同的梦而合力奋斗。

"不抛弃不放弃"是2008年十大流行语之一，是长篇军事题材小说《士兵突击》和同名电视连续剧中的一句十分经典的话。宁可牺牲自己，也不抛弃战友；宁可牺牲自己，也不放弃完成作战任务——这是《士兵突击》中英雄连队"钢七连"的灵魂，也

---

① "not at all"的蹩脚发音。

是战士许三多的精神支柱。温家宝总理在四川抗震救灾第一线，发出了不惜代价、争分夺秒、不抛弃不放弃争取每一位生命的号召。"不抛弃不放弃"于是传遍华夏大地的每一个角落，激发出国民前所未有的凝聚力，并且成为之后的救灾及其他社会活动中的精神指动力。

这类流行语，充分体现出能够统群和众的社会价值。

## 二 缓和矛盾

比利·巴德（Billy Budd）一拳打死了大副，他在受审的时候大声说："如果用语言可以解决问题的话，我就不会动手打他了……我只能用拳头来表达我要说的意思。"① 由此可见，语言具有缓和情绪从而缓和矛盾的功能。

人是一种修辞的动物。修辞学可把人的所有交际方式都纳入其研究领域之中，并把修辞学作为减少社会冲突、发现真理、构建和谐的手段。理解、合作和决策是基于修辞的，修辞活动是形成和维持和谐社会的固有活动。人类的修辞主要在语言中展现，而语言活动是形成思想的强大力量。因此，我们要意识到修辞学在发挥语言的效力方面的强大作用，使之更有效地服务于和谐社会的建设。

作为修辞文本的流行语的一大特点是委婉、幽默，这一特点在流行语发挥缓和矛盾功能时显得格外明显。如此，人们使用流行语既可以达到宣泄的效果，又不至于言辞过于激烈，导致矛盾激化。北京师范大学教授、著名民俗学者萧放认为，当今社会存

---

① ［美］罗洛·梅：《权力与无知——寻求暴力的根源》，郭本禹、方红译，中国人民大学出版社2013年版，第65页。

在各种各样的矛盾，但矛盾可以通过诙谐的方式表达出来，就像20世纪80年代相声很红火，当时就有很多针砭时弊的段子给人留下了深刻印象。

最近"芳草天"成为网络热词，导源于韩寒写的一件书法作品，内容为李叔同的《送别》。后因有人以侮辱性的话语说广大网友盲目追捧，称看不懂写的是什么。韩寒在微博回复："长亭外，古道边，芳草天。"被机智网友勘破其意，随后被炒成网络热词。其实韩寒在回复中骂了那位网友，却不是用直白的辱骂方式，而是通过修辞手段，将其想要表达的意思隐去，从而达到其骂人的目的。他的回复是尽人皆知的名句，少了"碧连"二字，即"不要碧连"，利用谐音不带脏字地回骂了网友。该表达既达到了目的，宣泄了自己的不满，又避免了正面交锋的无尽谩骂，起到了很好的缓和矛盾的作用。

又如你批评一个网友"PMP"（拍马屁）、"真e心"（真恶心）时，是不是要委婉了许多呢？流行语还可以以其幽默特质缓和代际紧张氛围。下面有这样一则实例：

放假在家，他老是盯着电脑打游戏，那天在饭桌上，我和他妈妈你一言我一语地教训起他来。刚开始他没作声，等我和他妈越说越酣畅淋漓时，他有点受不了了，停下手里的筷子，幽幽地说："伤自尊咧，你们再说就伤我自尊咧。"一听这口气说话，我就气不打一处来。我还不信了，做出要扇他耳光的姿势。还没扇下去，他就站起来按住我的手说："你骂我两句吧，你开不了口；你打我两下吧，你下不了手。"我朝他妈妈看了一眼，她那里也正憋不住，我们一下子都笑了出来，也自然下不去手打耳光了。儿子乘机逃走了,真是拿他没有办法。①

  以流行语的方式进行讽刺,可以避免生活中的谩骂和攻讦、挑唆和煽动。从本质上讲,以流行语为手段的讽刺,是一种捍卫、一种警醒,是治病救人、化解矛盾,而不是搅局添乱。对于构建和谐社会,维护政治稳定,只有好作用,不会有坏作用。

  流行语不仅有利于缓和人际矛盾,而且有利于官民间的和谐。前文所提到"根叔式演讲"所引起的轰动效应已经证明了这一点。再如"习式流行语"质朴通俗、直接精练,是"官说民话"的典型体现,与总书记所倡导的转变作风、反对官僚主义的理念相一致。"打铁还需自身硬""理想信念就是共产党人精神上的'钙'""空谈误国,实干兴邦""中国梦""把权力关进制度的笼子里""老虎苍蝇一起打""敢啃硬骨头,敢涉险滩""鞋子合不合脚,自己穿了才知道""和平有如空气和阳光""小康不小康,关键看老乡""照镜子、正衣冠、洗洗澡、治治病""新常态""不留暗门、不开天窗"等流行语,没有高调的口号,也没有任何豪言壮语,而是用一种近乎谈心的方式与民众交流,让人产生亲切感,在语言细节上充分体现出一位大国领导人的亲民风采。又如网上有一则新闻,标题为"公交车'矮矬穷'则政府'高大上'"。文中还指出:"坐在公车上的人'高大上'了,但政府在人民心中的地位却'矮矬穷'了。"用流行语"矮矬穷"来形容官员的形象,显然是一个大胆而巧妙的创新。作者通过这个流行语,不仅拉近了平民与官员之间的距离,也让民众看到了官员形象由"矮矬穷"变为"高大上"的希望。由此可见,民众

---

① 徐玲:《影视流行语,拷贝人生活吗?》,《新闻晨报》2006年8月11日。

正在为官员使用流行语拉近官民关系的行为点赞。上述事例都是流行语"官说民话"的具体体现,官说民话能把问题讲得简单、生动,宣传效果会更出色,官民会更和谐。

流行语所代表的意见即一种社会舆论。舆论一旦形成,就会发挥重要的社会控制作用。对上,大众舆论反映民意,及时表达社会民众的利益诉求,对政府具有强大的监督作用。对下,有助于培养社会道德,构建文化规范,同时让每一个社会成员以此自鉴,遵纪守法,检点自己,有助于社会安定和谐。

## 第四节 "怨":流行语的讽谏价值

孔子说:"诗可以怨。"怨,就是宣泄愤懑,嘲讽劝谏。孔安国注:"怨刺上政。"是说《诗经》可以批评指责执政者为政之得失。宋代朱熹注:"怨而不怒",指的是"怨"的方法与限度,即怨怼而已,不可仇怒。与《诗经·国风》的主旨"主文而谲谏"(主张言辞要委婉地劝谏君王)相符。细审"怨"的内容,纵观古今,可以分为三类:怨怼、嘲讽、谏诤。

(一)

及尔偕老,老使我怨。(《诗经·卫风·氓》)

苛政猛于虎也。(柳宗元《捕蛇者说》)

长恨人心不如水,等闲平地起波澜。(刘禹锡《竹枝词》)

(二)

欲加之罪,何患无辞。(《左传·僖公十年》)

天下本无事,庸人自扰之。(《新唐书·陆象先传》)

商女不知亡国恨,隔江犹唱后庭花。(杜牧《泊秦淮》)

（三）

其身正，不令而行；其身不正，虽令不从。(《论语·子路》)

得道者多助，失道者寡助。(《孟子·公孙丑下》)

防民之口，甚于防川。(《国语·周语上》)

上述"怨"的三个分类，各有不同的侧重，但其作用也有共通之处。怨怼可以缓释消极情绪，消减社会不安因素；嘲讽可以揭露讽刺社会弊端，促进社会公平正义；谏诤可以劝诫批评执政当局，督促勤政爱民廉洁奉公。后两类均以"讽刺"为核心，只是层次上有所不同。因此我们将后两类的作用合并为"揭露讽刺社会弊端，促进社会公平正义"来加以阐述。

## 一 缓释怨气，消减社会不安因素

人之所以有怨气，与人的内在心理和外在遭遇相关。内在心理方面，人们更倾向于关注坏消息、抱怨。人们总是认为公平是理所当然的，而不公平的事却长久萦绕心头，让人寝食难安。与内在心理因素相比，外在遭遇因素更能影响人的情绪。市场经济以经济增长最大化为重点，通过强调竞争，迅速提高了经济增长速度，降低了挨饿的风险，却增加了心理的负担。这种心理负担发展成抑郁、焦躁、烦闷的情绪，从而产生了不幸福感和挫折感，因此变得满腹怨诽。从根本上讲，怨气是社会诸多的不公现象造成的郁积于胸的不满情绪，是社会冲突的结果，更是新的社会冲突的潜在因素。

冲突处于初级阶段时，不易爆发，但是不等于没有冲突。如果不注意敌对情感的释放，让敌对情绪积累起来，一旦冲突爆发,就可能非常激烈。因此,应高度重视社会上反向情绪的释放。如流行语"大竹事件""瓮安事件""石首事件"等所反映的冲突,均是由民众长期以来与干部、富商、警察之间的矛盾和积怨未得到合理宣泄疏导而爆发的。而当代现实社会中的引爆点太多,媒体的渲染又太过,使得社会处处充满引爆的危险。所以,若怨气和愤怒能适时得到释放,就不至于发生暴力冲突。

不良情绪需要宣泄,这对和谐社会极为重要。语言对于缓解人的紧张情绪、释放压力、放松心情具有重要的作用,是人重新获得心理平衡的一种工具。流行语具有新异、简洁、诙谐等特点,能帮助人们以一种积极的心态轻松地面对社会和生活。

(一) 宣泄功能

在生活或工作上,当你遇到烦心事的时候,可能有两种处理方式,一是"想开些",二是发泄一番。所谓"想开些",实质上就是自我的内向宣泄;发泄一番就是外向宣泄。内向宣泄的心理活动往往可以用下面三句话来表述:

第一句:不要紧。不管发生什么事,都要对自己说"不要紧",因为积极乐观的态度是解决和战胜任何困难的第一步。

第二句:算了吧。生活中有许多事,可能您经过再多的努力都无法办到。因为只要自己努力过、争取过,结果就不重要了。

第三句:会过去的。不管雨下得多大多久,总有晴天的时候。所以,无论遇到什么困难,都要以积极的心态去面对,坚信总有雨过天晴的时候。

与上述三句话相对应的流行语很多,例如"神马都是浮云""天空飘来五个字儿,那都不是事,有事也就烦一会儿,一会儿就完事""爱谁谁""爱咋咋地"等。

然而,有了不满和怨气,人们往往需要外向宣泄。流行语"吐槽"就属于一种外向宣泄。流行语"吐槽"源自日语,多指在网络上宣泄心中的不满和牢骚。除此之外,我们还可用"咆哮体"嘶吼出自己的不满。"咆哮体"是一种网络上流行的语言表达形式,因有多个感叹号和表达强烈感情的词"有木有""伤不起""尼玛"等而得名。"咆哮体"没有固定的格式或内容,就是带许多感叹号的字、词或者句子,这种体带有很强烈感情色彩,因此引来了粉丝的追捧。又如流行语"甚惆怅"也常用以宣泄。2012年4月22日,刚刚开通新浪微博的著名作家倪匡发布了一条发现自己电脑时间显示不对的微博,并发出"甚惆怅"的感慨:"发觉计算机显示的时间不对,现在是10时19分。甚惆怅。"一时间,众多网友纷纷效仿,发布各种"甚惆怅"的感慨,涉及房价、婚恋、职场等诸多方面,"惆怅体"成为抒发和缓解心理郁闷的出口。又如流行语"整个人都不好了""也是醉了",以戏谑的方式宣泄无语、无奈、受不了了等情绪。

当个人的情绪得到宣泄后,其向外施加暴力以疏泄愤懑的风险就会很大程度降低,从而有助于维护社会的安定。

(二)心理防御功能

心理防御,是指个体面临挫折或冲突的紧张情境时,在其心理活动中具有的自觉或不自觉地解脱烦恼,减轻内心不安,以恢复心理平衡的一种适应性功能。心理防御是一种自我保护的心理策略,它与无意识的心理活动密切相关。实际上,在现实生活中,每个个体都经常在应用心理防御功能,但通常自己并未意识到，是在不知不觉中运用的。

流行语幽默、诙谐，在心理防御方面具有积极的作用。心理防御的一个重要手段就是"幽默"，即用一种奇特、含蓄、双关、诙谐的语言和动作来化解困难和尴尬场面，并赋予生活以情趣和活力，前文所谈到的自嘲就是一种积极的心理防御。自嘲化尴尬为笑话，表现出内心的自信和强大，很好地维护了自己的尊严。

心理防御有时也以消极的方式进行。例如流行语"神马都是浮云"，意思就是"什么都不值得一提"。它可以用于抱怨，可以用于感叹，还可以用于表达超然的心态，成为许多人的口头禅。深入玩味，它看似超然豁达，实则是消极否定了某种价值。又如流行语"无所谓啦"，通过减弱自己所做的事情的重要性，以获得心理平衡，从而实现对自己的保护。再如"打酱油""裸考"等流行语同样具有很好的心理防御功能。这两个流行语暗指自己只是随便参与一下，并未做很好的准备。有了这样的预设，那么事情的成功就是惊喜，失败也是理所当然。如此，即便最终失败，也不是能力问题，而是未做充分的准备所导致的。将自己"退化"到幼稚状态，也是一种消极的心理防御。例如流行语"萌萌哒"、"卖萌"、"孩纸"（孩子）、"稀饭"（喜欢）、"肿么"（怎么）等，反映出一种集体的"幼稚化"倾向，这种反成熟的倒退现象心理学上被称为"退化"，即使用较原始而幼稚的方法来应付困难，用以避免面对现实的问题与痛苦。

流行语中属于表达"怨怼"一类的语句，有的具有情绪宣泄和心理防御的作用，并由此体现出这类流行语缓释怨气，消减社会不安因素的社会价值。

## 二 讽刺弊端，促进社会公平正义

讽刺社会弊端包含两个方面，一是对不良社会现象的嘲讽和揭示，一是对执政当局的讽刺和劝谏。

（一）揭露不良现象

嘲讽是一种用来使某事物显得荒谬可笑，并引起读者或听众对这一事物产生乐趣、鄙夷、愤慨或蔑视的手段。嘲讽的对象往往是社会的不良现象，流行语对不良现象的嘲讽可以引起人们对这些现象的重视，并因之而自省，从而使整个社会风气得以改善。近年来，流行语开始呈现鲜明的批判、反讽特征。

例如"包养""啃老""拼爹""炫父""拼同学""傍傍族"等嘲讽年轻人好逸恶劳、好钻营、好走捷径的现象；"肉展""肉模""芙蓉姐姐""凤姐""一露成名"等嘲讽商界的畸形营销；"短信脖""低头族""电子小三""数码控"等反映出高科技的负面影响；"地沟油""毒胶囊""瘦肉精""毒豆芽""三聚氰胺""问题奶粉"等流行语提醒我们食品安全已到了极为严重的地步；"临时工"等嘲讽有关政府部门不严格约束自己及部下，出了问题便以"临时工"为由为自己开脱的现象；"闯黄闪""中国式过马路""到此一游"等流行语讽刺不遵守法规或道德准则的现象；"心神不宁"等流行语讽刺媒体造假现象；"人和猪的区别就是：猪一直是猪，而人有时却不是人"等流行语嘲讽为达目的不择手段的卑劣行径；"钱不是问题，问题是没钱""人家有的是背景，而我有的只是背影""有钱任性，没钱认命""有钱人终成眷属""城会玩"等流行语嘲讽分配不均、社会不公、金钱至上的社会现象。

上述流行语，均是对一些不良社会现象的嘲讽。它们并不仅仅是为了博君一笑，更是为了引起每一位社会成员的自省，引起官员和政府的警醒，如此便达到了讽谏上政的高度。

（二）讽谏执政当局

孟德斯鸠在《论法的精神》中说："在专制国家里人们几乎不懂什么叫讽刺文字。在这种国家里，一面由于软弱，一面由于无知，人们既无才能，也不愿意去写讽刺文字……而在民主国家，讽刺文字通常是写来反对有权势的人的……"

孟德斯鸠所谓的"讽刺文字"，在刘勰的《文心雕龙·谐隐》中称之为"谐隐"，而谐隐存在的意义便在于讽谏。刘勰说："古之嘲隐，振危释惫。虽有丝麻，无弃菅蒯。会义适时，颇益讽诫。"意思是："古代用来嘲讽的笑话和隐语，可以用来挽救危难尴尬的局面、释放紧张疲惫的心境。文体虽多也不丢弃谐隐，犹如虽然有了贵重的丝麻也不丢弃菅蒯这些贱草。只要说得在理、说得合时，就很有益于讽刺劝诫的效果。"有些流行语和"嘲隐"一样，具有幽默诙谐、表意含蓄的特点，具有突出的讽刺劝诫功能。

讽刺可分为明讽、暗讽、反讽和讥讽四大类。其中反讽是实现讽刺的最重要的手段，而许多流行语都具有反讽的性质。反讽具有明显的批评性和挑衅性，是一种煽动和对抗的策略。具有"讽谏"功能的流行语通过反讽，与权力产生对抗，从而起到讽谏、监督的作用。

公开的批评和讥诮能在一定程度上维护一国政府及其政治群体的声誉，因为公开讽刺的存在证明了政府的自信及其包容性，或者至少认同国民有在快乐中思考的权利。讽刺不只是一种生活权利和思想权利，而且是一种政治权利。它激起民众对政治人物的严苛的监督，普通民众可以借助这点"幽默精神"一点一滴地规范权力。而许多流行语，正是讽刺的产物，如"河蟹""元芳，你怎么看""临时工""保护性拆除""俯卧撑""躲猫猫""你幸福吗""被××""楼××""欺实马"等。

中国共产党的十七大把十六大提出的"党内民主是党的生命"的重要论点进行延伸和拓展，首次明确提出"人民民主是社会主义的生命"，并把人民民主的主要内容概括为"知情权、参与权、表达权、监督权"。其中，"表达权"是历次党代会报告中没有出现过的词语，是新时期适应时代需要提出的民主政治的新内容。尤其是新媒体的出现，为公民的自由表达和政治参与提供了新的渠道。近年来，随着网民队伍的扩大和素质的提高，很多热点新闻事件和新闻现象，都会催生流行语，诸如"这事不能说太细""我爸是李刚""反正我信了""俯卧撑""欺实马"之类的具有鲜明的公民意识和舆论监督色彩的流行语不断涌现，它们是对社会灰暗现象的无情而又机智的揭露。

此外，还出现了直接讽刺形式主义、官僚主义、扰民腐败类的流行语。例如："检查团未到，惊天动地。检查团来时，铺天盖地。检查团来后，花天酒地。检查团走后，威信扫地。""酒场就是战场，酒风就是作风，酒量就是胆量，酒瓶就是水平。""拍脑袋决策，拍胸脯保证，拍屁股走人。"这些词语都是网民所创造的具有浓厚的舆论监督色彩的流行语。以上流行语以"反讽"为策略，巧妙且"晦而显"地表达了怨愤之情，表现出这类流行语的揭露与监督功能。

再如，人们用"作秀"这一流行语对官员进行讽刺，表达自己对官员"超常"举动的动机的怀疑，提醒官员们时刻保持警惕，群众监督的探照灯时时刻刻都照在他们身上。流行语"作秀"是一个贬义词，含有夸大其词和做表面文章的意思。这一意义正是通过"反讽"的手段所获得的，其目的在于讽刺官员的弄虚作假行径。官员每每有些亲民的举动，则被民众批评为作秀。下面我们以"盒饭书记"为例，来分析是在什么样的语境之下，出现了这么多的"官员秀"。

新华网2012年6月27日报道，记者在经过祁东县县委书记办公室门口时，偶遇书记正与办公室工作人员一起吃饭，走近才看清，吃的是盒饭。据了解，除了日常必要的应酬，在办公室吃盒饭成了书记的家常便饭。于是记者在微博上发出的一条《最平民才最美：盒饭书记》。在短短不到半个小时就有数百条转播评论，受到广大网友的关注和热议。一时间"盒饭书记"成了网络上热议的一个新名词。有人赞其是榜样，有人批其是作秀。

"盒饭书记"为什么能吸引人们的眼球？原因即在于这一现象太稀罕，出乎大众对官员的认知。在民众心中，香车宝马、山珍海味、中华茅台才是官员的消费品，"盒饭"根本和官员八竿子打不着。有人不无调侃地说："世上本没有路，走的人多了，也便有了路；官员吃盒饭本不是新闻，吃的人少了，也便成了新闻。"[①] 该新闻实在是一种反讽，再次勾起民众对个别官员腐败形象的联想。

正是在这样的语境下，官员的这一"平民"举动超出了人们为官员所设定的"行为准则"，于是民众选择了"作秀"这个词语来表达他们的怀疑。近来媒体和民众动辄批评那些办实事、说实话、走平民路线的官员为"作秀"。不错，这确实是在

---

① 钱桂林：《"盒饭书记"走红，阐释"最平民才最美"》，中国经济网，2012年6月28日。

刻板印象影响之下的非客观的先入为主的评价，但这正反映出官员在民众心中的形象是不办实事、不说实话的官僚做派。

　　与此相关的流行语甚多，又如"擦汗门"。2010年8月3日下午，武汉市洪山区交警大队的执勤交警接到集合通知，在烈日下等待半小时后，武汉市公安局交管局政委王某前来为他们擦汗，并有记者跟拍，擦完汗后政委随即离去。王某被指有作秀嫌疑。这一事件被网友称为"擦汗门"。2012年8月19日《中国青年报》发文指出："从'戴脚套种树'到'擦汗门'，一些地方公职人员作秀习气盛行，让人们审丑疲劳，久而久之，也在人们心中植入了'官员好做表面文章'的刻板印象，损害着公职人员的公信力。"再如"元芳，你怎么看"是2012年十大流行语之一，出自电视剧《神探狄仁杰》。狄仁杰遇到案情难解之处，时常会问副手李元芳："元芳，你怎么看？"而李元芳的回答通常是："大人，此事蹊跷，背后必定隐藏着一个惊天的阴谋。"2012年该语的流行，源于一起网络事件，泉州有一个女孩疑似被肢解后坠落高楼，警方判断为自杀。一名网友以"元芳，你怎么看"进行嘲讽，暗指案情背后或有蹊跷。该句式于是迅速流行，人们多将它缀于某个句子或语段的末尾，表达某种质疑、嘲讽或公开征询看法。

　　上诉流行语虽饱含民众的偏见，但绝非无事生非、无理取闹。不少素质低下的官员的所作所为在不断地给"官员"这个标签增加负面的语义要素，而语言符号的概括性、模糊性以及人类心理的范畴化使得人们将这一蕴含诸多负面意义的标签贴在所有官员身上。

　　"网络反腐"成为可能，同样有流行语监督功能的一份作用。网络反腐，即通过网络技术对行政行为与执法行为的监督和约束,达到有效预防、遏制、惩戒腐败行为的一种全新方式。2012年12月12日,《京华时报》对网络反腐做了总结,据截至12月10日的公开报道,《京华时报》记者整理了5年来的39个网络反腐典型案例。其中,2008年2例,2009年3例,2010年7例,2011年8例,2012年19例。数据显示,利用网络手段反映官员腐败的现象逐年递增。① 有效的权力监督应当是自上而下的监督、平行监督和自下而上的监督这三者的有机统一。但目前中国的监督更多地注重自上而下的监督,平行监督和自下而上的监督还很薄弱。相对而言,大众舆论监督能够体现民情、反映民意,及时地表达社会民众的利益诉求,具有强大的威慑力。政务流行语的出现为权力监督提供了较为有效的途径,使得监督无处不在,而且能使监督成为一种不自觉的反应,甚至成为一种风尚、一种潮流。可以毫不夸张地说,创造和使用流行语已成为公众针砭时弊、表达民意、进行舆论监督的重要手段。"表哥""房叔""房姐""房爷""房祖宗""房氏宗族"等流行语的爆红正是这一事理的最佳证明。

流行语有其讽谏监督意义,我们可以断言,在很多情况下,这些以讽刺与质疑为内容的流行语中蕴含的舆情动向和民意,都不是"无中生有"或"庸人自扰",而是在针对现实社会生活中存在的欠缺、不公和其他问题,发挥十分宝贵的"疗救作用"。

通过以上分析,我们认为,"怨"实际上是民意表达通畅的一种表现,与之相对的是"敢怒而不敢言","国人莫敢言,道路以目"。而且,如前所说,"怨"可以缓释消极情绪,通过倾诉,民众对社会及政府的不满可以得到很大程度上的消解,从

---

① 李显峰:《网络反腐5年"抖"出39案》,《京华时报》2012年12月12日。

而一定程度上消减社会不安因素、降低社会风险。所以，居庙堂之高者不必"视舆情为险情"，以防、封、堵的消极方式来应对，而应该以"言之者无罪，闻之者足以戒"的胸怀来自鉴自省，与民众一起促进社会的公平正义，共同建设社会主义民主社会。

# 第五章 流行语的规范问题

一个时代有一个时代的流行语,流行语的产生是语言发展的表现之一。

当代流行语蔚然成风,陈原曾说:"凡是词语形成一股'风'的,都会产生'负效应'。"① 此言甚是。流行语在发挥其积极作用的同时,不可避免地存在一些不规范现象或负面成分。就语言发展而言,有些流行语的不规范现象,一定程度上影响了汉语的纯洁性;有些谐音、别解、词语搭配的无理化等现象,使语言在交际过程中产生困难;少数品味低下的粗话脏话的传播,容易给现代汉语带来低俗化倾向。就文化发展而言,有些流行语品味低下,粗俗不堪,与传统优良文化背道而驰,一定程度上加剧了社会文化的低俗化倾向以及青少年素质的下降。教育部和国家语言文字工作委员会2015年10月15日联合发布的《2014年度中国语言生活状况报告》指出,网络语言粗鄙化需要治理,规范网络语言的必要性逐步得到社会认同,对它们的不规范问题到了非治理不可的程度。

---

① 陈原:《在词语的密林里》,生活·读书·新知三联书店2005年版,第49页。

流行语的不规范问题是任何时期都可能存在的,例如中华人民共和国成立初期,普通大众创造了为数众多的流行语,因其中的不规范流行语泛滥而引起了相关部门的关注和重视。为此《人民日报》1951年6月6日发表了一篇题为《正确地使用祖国的语言 为语言的纯洁和健康而斗争!》的具有划时代意义的社论,文章批评道:"他们不但不重视和不肯好好研究祖国的语言,相反地,他们不但不加选择地滥用文言、土语和外来语,而且故意'创造'一些仅仅一个小圈子里面的人才能懂得的各种词。他们对于任何两个字以上的名称都任意加以不适当的省略。"时至60余年后的今天,特别是近10年来,由于新词新语的大量涌现和网络词语的进入,现实社会流行语的不规范现象显得更为突出。

当前,流行语中的不规范现象主要包括以下三种情况:一是记录流行语的符号没有使用《现代汉语通用字表》《简化字总表》所规定的通用汉字,因此不能准确地记录语言信息;二是有的流行语的构词不符合汉语的基本构词规律和方法,生拼硬凑,词义不明;三是有的流行语的意思肮脏粗鄙,有损中华文明,不宜在书面语和正规场合中使用。第一种情况属于文字问题。文字是记录语言的符号系统,汉语就应当用汉字来记载,应当按《现代汉语通用字表》《简化字总表》的规定加以规范。流行语中网络词语部分,有大量的阿拉伯数字、汉语拼音字母、英文字母单用或者混用或者与汉字一起混用的符号组合,如"9494"(就是就是)、"7456"(气死我了)、"GG"(哥哥)、"js"(奸商)、"4a4a"(是啊)、"v587"(威武霸气)、"hold 住"(控制、把持住)、"幸福 ing"(表示正在享受幸福的过程)等。这些是网民群众在新兴的虚拟世界中创造的交流符号和语言,它们使用方便快捷，风格幽默多趣。它们只能在不同规模网络的小范围中使用，它们也会在使用中逐步完善、自行规范定型。但如果进入现实社会中来，严格地说是不规范的，因为它们不能够准确无误地记载汉语语言信息，不能够起到语言作为交际工具的作用，应该在治理之列。第二种情况属于汉语语法中的构词规律和法则问题。汉语有汉语的构词法则，不依照汉语构词法或构词习惯造出来的词，会让使用汉语的人不理解它的意思，也就无法达到交际的目的。例如，"喜大普奔"是"喜闻乐见、大快人心、普天同庆、奔走相告"的缩略；"人艰不拆"是"人生已经如此艰难，有些事情就不要拆穿了"的意思；"不动然泼"意谓"不为所动，然后被泼了一盆冷水"；"累觉不爱"意谓"很累，觉得自己不会再爱了"；"说闹觉余"是"其他人又说又笑，我觉得自己很多余"的意思，用于自我嘲讽；"注孤生"是"注定孤独一生"的意思。此类短语还有一些，此不一一罗列。这些现象虽然数量不太多，但此风不可长，应在规范之列。第三种情况属于流行语中的脏词詈语问题。指的是它们的词义或语义肮脏下流，或是骂人词语，格调低下，有伤风化，有损中华文明传统。应该严禁这类词语在书面语言和正式场合中出现。

对于流行语的某些不规范现象，我们也不必过分多虑，因为语言本身就是人际间的一种交际工具，它是群众创造的，也在群众中使用。语言中的语音、词汇、语法三大要素的法则是在长期的使用历史中逐步形成、完善和定型的，这是一个约定俗成的过程，任何人都不能违背，任何人也不愿意违背这些法则。因为不依照这些法则，就不能实现交际活动。任何一种语言都需要新陈代谢，都在发展变化。这种变化有外部原因，也有语言内部的原因。社会、自然和人为的原因可以影响语言的发展变化，语言内部的三大要素也有自我调适、自我规范的功能。例如流行语中的一些新词新语，它们在被使用过程中就存在着生灭替废的情况，即其中有些新词新语只能是昙花一现，有些新词新语会成为全民性词汇仓库中的一员，长期存活下来。所以，优胜劣汰，适者生存，是流行语发展的规律，也是我们对待上面所谈到的第一、二两种流行语的一种态度。对于第三种格调低下、有损文明的脏词詈语，应该严加规范，禁止使用。孔子曾经说过："言之不文，则行之不远。"意思是言辞如果粗野不加修饰，就不可能流传久远。政府的行政命令或意见，总是要传达到最基层的地方；大众传媒的信息，总希望传播给更多的受众；民众中特别是虚拟社会中个体的意见以及哀乐怨怼各种情绪，有的借助流行语表达出来，也希望让更多的人传递远方。所以，流行语如果"不文"，不符合群众约定俗成的构词方式，表意不明，甚至言辞粗鄙，就不能流行久远，就违背了它产生之初衷。

流行语的规范，涉及多方面的问题，如规范标准或原则问题，即哪些流行语需要规范；规范主体问题，即谁来规范；规范策略问题，即如何落实对流行语的规范；规范领域问题，即在哪些领域中使用流行语需要被规范。上述四方面在以下的论述中都将涉及，但我们不打算面面俱到，仅就规范主体问题，从政府、传媒、个体三方面谈谈流行语的规范问题。

流行语的规范需要政府、传媒和个人三方面的努力。从社会控制在个人层面上的意义上来讲，社会控制可以分为外在控制和内在控制。外在控制是通过成文的法律、社会规范等来达到个人约束，对违反规矩的个体采取消极的社会控制手段，从而使得个体对越界产生畏惧而顺从和适应当下社会规范。内在控制则是相反地通过社会文化风气的熏陶、舆论的压力等途径将其内化为个人意识和价值观，不需要外界压迫，由自身能动性来严格要求自己符合社会期望和社会规范。而大众传播媒体作为社会控制越来越有力的工具，在内在控制方面起到了很大作用。

## 第一节　当前流行语不规范现象

### 一　不规范流行语的使用现状

不规范的流行语在口头、报纸、广播、电视和门户网站等载体上屡见不鲜，出现频次颇高。下面以较易观察的报纸和门户网站为例，大致展现不规范流行语的使用情况。例如"Hold住"这一流行语是英语单词和汉语词语的拼合，显然不合普通话的规范，但它却被纸媒和网媒频繁使用。这一点从下面罗列的新闻标题中可见一斑。

　　hold住幸福！hold住未来！（《深圳特区报》2012.1.1）
　　hold住幸福！未来！（《新快报》2012.1.1）
　　有些事，HOLD住了/HOLD住经济大局/政务微博，HOLD住舆情/HOLD住军威/有些事，HOLD得住否？/中国足球的崩溃，HOLD得住吗？/如何HOLD住医患关系/有些事，没HOLD住/HOLD不住的美军/HOLD不住的股市/HOLD不住的想象力/姚明，HOLD不住的篮球生涯/镁光灯下，HOLD不住的婚姻/HOLD不住的逃犯/HOLD不住的地沟油（《羊城晚报》2011.12.25）
　　你"hold住"大局的能力有多高（中国网，2012.7.6）

房产"限购令"已难 HOLD 住全局（中国网，2013.8.15）

语言规范的主要对象是书面语，然而作为书面语载体的纸质媒体无禁忌地使用网络不规范语言甚至低俗语言，推助了网络语言低俗化向纸质媒体的转移。《网络低俗语言调查报告》指出，一些市场类刊物、文化类报纸甚至党报党刊管理下的都市晨报、都市晚报为吸引眼球，故意制造应用网络低俗语言的标题。如《绿茶婊只是明骚，女汉子才是暗贱》《马年将到，"草泥马"给您拜年了》《让明星情侣"撕逼"飞一会》等，反映出部分文化载体无视社会责任的情况。

2015 年 6 月 2 日，在国家网信办主持召开的"净化网络语言"座谈会上，人民网舆情监测室公布了《网络低俗语言调查报告》。人民网舆情监测室根据网民用到的低俗词语进行了简要的筛选统计，选取 25 个。它们按使用频率的高低，依次是尼玛、屌丝、逗比、砖家/叫兽、艹、你妹、装逼、草泥马、我靠/我擦/我中艹蒜蕐、妈蛋、逼格、特么的、撕逼、滚粗、蛋疼、小婊砸、傻×、跪舔、绿茶婊/心机婊、碧莲、碧池、土肥圆、你 M 的、矮矬穷、焚蛋/坟蛋。

《网络低俗语言调查报告》（以下简称《调查报告》）是国家网信办主持的座谈会上发布的，理应受到各界的重视，并自觉规范流行语的使用。然而现实效果又如何呢？下面是《调查报告》公布的低俗流行语中的三个在 2015 年 6 月 2 日之后的使用情况。

【屌丝】

火夕《花千骨》幸福收官 张正言新戏成屌丝男（搜狐

娱乐，2015.9.11）

斓曦《我就叫刘传说》演绎女神爱上"男屌丝"（搜狐娱乐，2015.9.8）

黄晓明自认是屌丝 称有得有失才是完整人生（网易娱乐，2015.9.11）

岳云鹏"不务正业"玩魂穿 屌丝逆袭白富美（北青网，2015.8.17）

静安闸北合并，贵族小姐嫁屌丝？（凤凰网，2015.9.8）

各大媒体联合专访快一步兼职CEO高淼林：90后屌丝的逆袭之路（青海新闻网，2015.9.7）

【尼玛】

尼玛，这可不是郭美美的爱马仕啊，这可是投资好几个亿的大片啊，虽然出来以后直让人骂坑爹，但是这才是真爱啊。尼玛神马时候咱也能遇见这样的真爱啊。（人民网——娱乐频道，2015.9.16）

这尼玛是我国第一部第三代高机动性军用越野车，是与美国的"悍马"同级的军车！（北青网，2015.9.14）

【逼格】

鲍汁扣柚皮拌海参提升家宴"逼格"。（《广州日报》2015.9.24）

16名"清华人"的"高逼格"煎饼。（《新京报》2015.9.17）

似乎自巩俐小姐开始，所有走高逼格国际路线的内地女演员都不屑起一个英文名字。（《新京报》2015.9.2）

以上资料显示，"屌丝""尼玛""逼格"等极度低俗的流行语仍堂而皇之地生存于主流网站甚至是报纸上。低俗流行语已然如此,更不用说那些虽不低俗但十分不规范的流行语了。

## 二 不规范流行语的不良影响

低俗流行语冲击公序良俗。流行语中,不规范的成员根据其特征族聚为不同的群体,不同的群体对社会产生了不同层面的不良影响。

首先,不规范流行语污染文化风气,不利于构建文明健康的社会。一些负面流行语往往是低俗语和脏词脏话。这些语言呈现出口语化和愈加隐秘化的特点。包括人们常见的一些直白的脏词流行语如"靠""你妹"等,也包括较隐蔽的如"屌丝""草泥马"等。前者和以往的旧脏词脏话一样口头传播较多,在书面中很少出现,而后者因其隐蔽性而被形诸文字。这些流行语的传播,一方面污染了文化风气,不利于构建文明健康的社会;更重要的是,另一方面,隐蔽性较强的鄙俗流行语为鄙俗语言开辟出一条传播渠道——曾经只能隐秘地通过口头传播的流行语,换上"马甲"后就可以更"自由地行动"了。这种"示范"模式,在某种程度上鼓励了不规范流行语的发展。

其次,不规范流行语存在潜在性的危险。一些流行语通常是偏极端情绪的表现,具有强烈的感情色彩和个人意志,这样的流行语对于事物的反映存在着失真、扭曲或夸大的问题。这样的流行语多在网络上流传,增长了网络谣言和暴力行为。比如"约炮""事业线""股沟"等往往增加了色情因素,又如"谈话死""躲猫猫"等容易引发人们的惯性思维,将类似的事件归类,从而容易引起偏见的形成。这些词都有着潜在性的危险,一旦引发聚合性效应就容易产生公众事件。

　　再次，不规范流行语有碍青少年的成长。青少年是流行语的主要使用群体。2013年中国互联网信息中心发布的《第32次中国互联网络发展状况统计报告》指出，中国当下5.91亿网民中，30岁以下的青年和少年占54%，而流行语的主要传播渠道正是互联网，同时，由于青少年喜欢异于他人，经常推陈出新，也乐于接受新鲜事物，这种特质使得他们很容易地成为了流行语的主要使用群体。另外，有调查显示，青少年对于不同性质流行语的使用频率从高到低依次为讽刺攻击性的（47.4%）、中性的（41.1%）、暴力污秽的（34.6%）、赞扬的（19.2%）、幽默的（14.99%）。以上数据表明了当下的流行语的使用中存在着负能量流行语较多、流行语使用不规范的状态和趋势。不规范流行语对青少年"三观"的形成及母语运用技能的提高均有阻碍。容易使青少年滋生不良情绪，"官二代""富二代""衙内"等词，暗含着仇官、仇富、仇军等负面情绪，影响青少年对社会的认识。模糊道德标准，"艳照门""兽兽门""闪婚""闪离"等流行语，与我们的传统文化大相径庭，容易模糊青少年的道德标准。影响正确价值观的确立，"神马都是浮云""理想很丰满，现实很骨感""别跟我谈感情，谈感情伤钱""有钱人终成眷属""宁愿坐在宝马车里哭，也不愿坐在自行车上笑"等流行语与中国传统文化弘扬的"自强不息""穷且益坚""诚实守信"等价值观背道而驰。容易滋长青少年对现实生活的不满，对国家发展道路、制度体制的怀疑，进而影响青少年正确人生观价值观的确立，影响其对个人与集体、奋斗与成功、吃苦与享受等关系的正确认识，个人主义、自由主义、享乐主义、虚无主义就会乘虚而入。

最后，一些不规范流行语容易造成沟通不畅的问题。缩略而成的流行语和"火星文"在此方面表现最为突出。可以说，当代流行语的特点之一就是充斥着为数众多的缩略语，如"城会玩"（表示"城里人真会玩"）、"人艰不拆"（意谓"人生已经如此艰难就不要拆穿"）等。这些流行语犹如行话，对于"行外"人来说，简直不知所云，严重影响人际交流。而"火星文"等网络语言又是这些问题的另一方面。当下许多网络语言和所谓的"火星文"不断融入流行语。如：用"200"来表示动物园，得意于数字"200"和英文单词"zoo"的相似性；用"C×O"来表示某某执行官，其中的"×"并不是英文单词缩写，而是表示"某某"之意；用"：p"来表示鬼脸；用"虾米"来谐音"什么"等。这样的流行语往往是取其相似性或者是运用多种手段拼合而成，对于没有相应经验的人来说，很难理解其真实意思。

## 第二节 政府在流行语规范工作中的责任

规范流行语的主体有政府、媒体和个体公民，政府是主动规范者，后二者是被动规范者。在语言使用方面，想要化被动为主动，具有较大的难度，不是一朝一夕可以见效的；而作为主动规范者的政府，可凭借其行政权力，在此方面收到立竿见影的效果。流行语的规范必须依赖政府的法令条文以及媒体的推广才能又快又好地见效，才能使个人具有自我规范的意识，从而自觉规范流行语的使用。

自中华人民共和国成立以来，国家十分重视语言文字工作，颁布的语言文字相关规范标准已逾200件。由此可见，中国政府对语言文字的规范工作十分重视。然而，遗憾的是，社会上实际语言使用中的不规范现象仍比比皆是，甚至泛滥成灾。就流行语而言，不规范的流行语大量产生、大行其道，民众不以此为不规范，反而认为是新潮；报刊、广播、电视和网络对《中华人民共和国国家通用语言文字法》置若罔闻，却以怪异、鄙俗的流行语博人眼球。

政府职能部门的规范可大致分为强制命令和建议引导两个方面，不规范流行语泛滥，规范工作未取得实质性进展与这两方面的工作有着直接的关系。

## 一 政府规范流行语收效不佳的原因

政府各职能部门发布的有关语言文字的法律法规不可谓不多，涉及流行语的亦不乏其例，但均收效甚微。究其原因，我们认为主要有以下几个方面。

（一）法律法规过于宽泛

由于语言文字的特殊性，有关语言文字（特别是词语）规范的法律法规往往无法细致入微，无法明确具体语言单位的规范与否。也就是说，有关语言文字的法律法规往往较为宽泛，这无疑削减了法律法规的约束力，同时也增加了相关部门的监管难度。

例如《中华人民共和国国家通用语言文字法》是我国语言文字规范的根本依据，它确立了普通话和规范汉字的法律地位，并规定了必须使用普通话和规范汉字的场合。依照该法，文字、标点和拼音均有所据：使用汉字、标点符号、汉语拼音等，应当执行《现代汉语通用字表》《简化字总表》《标点符号用法》《汉语拼音方案》《汉语拼音正词法基本规则》《中国地名汉语拼音字母拼写规则（汉语地名部分）》等国家通用语言文字的规范和标准。

然而词语方面，却没有类似的表来加以明确。

又如，2014年11月27日国家新闻出版广电总局发出《关于广播电视节目和广告中规范使用国家通用语言文字的通知》（以下简称《通知》）。《通知》要求，严格规范使用国家通用语言文字。各类广播电视节目和广告应严格按照规范写法和标准含义使用国家通用语言文字的字、词、短语、成语等，不得随意更换文字、变动结构或曲解内涵，不得在成语中随意插入网络语言或外国语言文字，不得使用或介绍根据网络语言、仿照成语形式生造的词语，如"十动然拒""人艰不拆"，等等。这一通知同样存在规定较为宽泛的问题，主要仍表现在词语问题上。该《通知》规定不得在成语中随意插入网络语言，何为"网络语言"？哪些词语属于网络语言的范畴？这些问题较难回答。即便是能得出认可度较高的答案，但落实到某些具体的词语身上，恐怕又会陷入左右为难的境地。

通过上面两个例子我们看到，有关语言文字规范的法律法规等往往不可避免地存在较为宽泛的缺憾，尤其表现在词语规范方面。这一缺憾是词语系统的变动不居和开放性这一语言事实所导致的。当代流行语，作为词语系统中最年轻的组成部分，已有的法律法规对它更难产生有效的规范效果。因为已有的法律法规并未规定哪些是流行语，哪些不是。

在此情况下，人们便对法律法规置若罔闻，仍然我行我素。不仅普通公民如此，那些肩负社会责任的媒体从业者亦是如此。

（二）对违令者惩处不严

由于法律规定过于宽泛，未能事无巨细一包到底，使得语言生活中流行语的规范，特别是对违令的报纸、广播、电视和网站的惩处上有些失之过软。

《中华人民共和国国家通用语言文字法》第三章"管理和监督"中涉及惩处的字眼只有"批评""建议""责令改正""警告""处理",从其措辞可以看出国家对违犯语言文字法的惩处力度极为轻微。

法令本身未规定较为严厉的处罚条款,加之监管不力,导致法令形同虚设,报纸、广播、电视和网站等置之不理。

2015年6月2日和8月14日分别举行了"净化网络语言"座谈会和"抵制网络低俗语言、倡导文明用语"专题座谈会,会议上与会代表一致认为:"自觉使用规范、干净的语言文字,是新闻媒体和网站义不容辞的责任。网络低俗语言违反语言规范,污染社会环境,损害公序良俗,误导广大受众,整治网络语言低俗之风、遏制网络低俗语言蔓延刻不容缓。"国家语言文字工作委员会、国家新闻出版广电总局等有关部门负责同志"希望报纸、广播、电视、网站等在遵守语言规则、文明使用语言上带好头"。中国记协、首都互联网协会还在座谈会上发布了《抵制网络低俗语言、倡导文明用语倡议书》,号召新闻媒体和网站负起主体责任,净化语言传播环境。

会上各媒体代表都意见明确,态度坚决,一致表示必须抵制网络低俗语言,那么他们是否言行一致,言必行,行必果呢?显然并非如此,前文所列举的"屌丝""尼玛""逼格"三个低俗流行语的用例均出现于2015年8月14日之后。这些用例说明大多数媒体仍未真正重视网络低俗语言泛滥的恶劣现象,仍然以习惯性的"应付"态度来对待有关部门组织的相关活动,台上一套,台下一套;说一套,做一套。这也从另一个方面反映出一个严肃的问题,即政府相关部门在语言规范问题上监管不力,惩处不严。

(三)各部门未齐抓共管

流行语规范所涉及的政府部门较多,如中宣部、教育部、文化部、新闻出版总署、广电总局、国家语委、网信办等。在流行语规范方面，各部门应充分发挥作用，互通消息、齐抓共管，携手遏制低俗流行语的蔓延，这样才能取得理想的效果。此紧彼松、此管彼放，必然导致事倍功半，无法取得流行语规范的良好效果。例如2015年6月人民网舆情监测室公布的《网络低俗语言调查报告》及2014年11月国家新闻出版广电总局发出《关于广播电视节目和广告中规范使用国家通用语言文字的通知》中明确指出"十动然拒""屌丝"等流行语低俗或不规范，其他部门也应加以考量，在自己所管控的领域内积极推行，使不规范或低俗的流行语在报纸、广播、电视、网站、出版物等各个领域全面杜绝。目前，在这一方面各部门做得还很不够。

《关于广播电视节目和广告中规范使用国家通用语言文字的通知》发出后，电视节目和广告中诸如"十动然拒""人艰不拆"之类的流行语基本不再使用，但在网络（甚至是主流的门户网站）和报纸上仍然能看到它们的身影。例如：

大三师弟"苍白体"求婚大四师姐 师姐"十动然拒"（人民网，2015.5.18）

可惜，他被师姐十动然拒，师姐劝他好好读书。（《新快报》2015.5.20）

他按照明星遭遇信任危机时的公关套路，走了一步"十动然拒"棋，"十分感动，然后拒绝了母校的留岗挽留"，想必还能挽留住大部分喜爱他的粉丝吧。（《检察日报》2015.5.21）

在这种情况下自己去的最多的居然还不是联谊会，而是别人的婚礼……只是想想就忍不住感叹人艰不拆。（环球网，

2015.7.15）

榜单告诉你那些人艰不拆的事实。（人民网—上海频道，2015.5.8）

以上用例显示，《关于广播电视节目和广告中规范使用国家通用语言文字的通知》所明确规定不能使用的流行语仍然出现在主流网站和部分报纸之中。此外，《网络低俗语言调查报告》中所提及的25个低俗流行语仍是各大网站上的"常客"，甚至有些纸媒也照用不误。例如：

再再后来是因为偷情与第二任老公撕逼。（人民网—时尚频道，2015.9.16）

第二季是否能延续第一季的高水准撕逼我们暂不讨论。（《新京报》2015.9.16）

这一场苏州近期难得的高逼格音乐演出吸引了大量观众（人民网—娱乐频道，2015.9.6）

如此之类为数众多，在此不必一一列举。

（四）引导性举措未落实

为引导普通民众自觉抵制低俗网络语言，各有关部门也正积极推出相应举措、举办相关活动。但多数引导性举措并未落到实处，而是流于形式，或成为上下心照不宣的过场。例如由国家互联网信息办公室指导，新华网主办，人民网、中国网、央视网、中国新闻网、光明网、新浪网、腾讯网、新浪微博协办的"2015中国好网民"流行语与故事征集活动于2015年6月18日正式启动，旨在推广"四有"中国好网民标准——有高度的安全意识、有文明的网络素养、有守法的行为习惯、有必备的防护技能。该活动主网站称:"活动开展以来全国各地网民积极响应和参与,涌现出了一大批高质量作品。目前活动已进入入围作品投票阶段,组委会现推荐流行语和故事作品各50件。"

以下为"2015中国好网民"流行语与故事征集活动中流行语入围作品的前10条:

1. 不远千里,前来点赞;风雨同舟,网民共伴;明辨真伪,共苦同甘;文明之邦,你我共捍。(作者/刘琦琪、吴新星 推荐/黑龙江省互联网信息办公室)

2. 争做中国好网民,发出时代最强音。(作者/李勤芳 推荐/甘肃省互联网信息办公室)

3. 给网络一片蓝天,给心灵一片净土,用心灵的防火墙去抵制病毒,以思想的磁石去吸取知识,让每次点击都为心灵撑起一片绿洲。(作者/王洁 推荐/云南省互联网信息办公室)

4. 嘲讽戏谑莫相随,低俗庸俗要靠边。(推荐/河北省互联网信息办公室)

5. 轻轻一点,点出人生轨迹;微微一击,击出网络文明。(作者/李德平 推荐/山西省互联网信息办公室)

6. 互联网,双刃剑,摸不着,看得见。网下事,网上现,有陷阱,要防范。讲诚信,不轻言,增素养,提内涵。尊法律,守底线,疑谣言,不可传。学知识,勤操练,备技能,保安全。(推荐/辽宁省互联网信息办公室)

7. 笑傲网络江湖,争做清朗侠客。(作者/张天鹏 推荐/湖北省互联网信息办公室)

8. 扬文明之旗，华夏涌动爱与美；举正义之剑，斩尽网络假丑恶。（作者/丁迎新　推荐/湖北省互联网信息办公室）

9. 理性应对舆论"雾霾"，让网络空间洒满阳光。（作者/董飞　推荐/山东省互联网信息办公室）

10. 千里之行始于足下，文明上网始于指尖。（作者/宜文静　推荐/山东省互联网信息办公室）

从以上10条材料我们可以看出，与其称之为"流行语征集"，毋宁称之为"'四有'中国好网民宣传口号征集"。所谓"流行语"，必须有很高的使用频率。以上10条不过是临时的应景之作，几乎都是第一次出现在公众的视野中，除了第1条中的"点赞"是流行语外，其余9条没有一个"流行语"，称之为"流行语"实在滑稽。流行语征集成为"口号创作大赛"，其群众基础之薄弱可想而知。如此缺乏群众参与的引导活动必然收效甚微，其评选出的所谓"流行语"必定难以对普通民众产生影响，更难以起到引导作用。也就是说，该引导活动并未落到实处，无法产生预期的效果。

## 二　政府规范流行语的宏观策略

### （一）推进"媒介素养"教育

媒介素养指的是"人们对各种媒介信息的解读和批判能力以及使用媒介信息为个人生活、社会发展所用的能力"，所谓媒介素养教育则是指"指导学生正确理解、建设性地享用大众传播资源的教育"。

近年来，随着新媒体的出现、网络技术的发展，人们越来越意识到"媒介素养"教育的重要性，但是现在活跃在社会上的"70后"、"80后"以及"90后"几乎都没有在学校中受到正规的"媒介素养"教育。除了大力宣传和鼓励大众提高个人媒介素养外，还需要政府通过正规教育的渠道来提高媒介素养。政府推进媒介素养教育，可从以下几方面着手。

第一，将"媒介素养"设置为常规课程。当下中国媒介素养教育存在的首要问题是，被纳入中小学的常规课程的地区较少。这种从小媒介素养的教育的缺失导致了孩子易沉迷于电视、网络的现象，由于没有培养批判性地对待流行语等媒介信息的能力，对流行语也是不通过认识和思考就全盘收入囊中、胡乱使用，从而容易被流行语所带的价值观所影响，缺乏对待信息处理的独立性。因此，要落实媒介素养教育在中小学教育中的正规课程位置。青少年时期是一个人认知观和价值观形成的重要时期，现代社会比学习能力更重要的是选择的能力，在中小学义务教育的过程中，要循序渐进地对孩子进行媒介素养的培养。比如，在小学课程中要正确普及传播媒体和媒介信息的相关知识，中学要了解传媒的分类、职业规范以及传媒的运作流程，树立起批判性接受媒介信息的意识，而在高等教育中需要让学生更多地实际接触传媒技术，社团组织和实践课程对此都有很大帮助。

推行"媒介素养"课程，应分地区分层次进行。中国地理幅员辽阔，人口分布不均衡，经济社会环境也在区域间大相径庭。中国当下人口分布依旧是向城镇集中和向东部集中的趋势。在社会和经济的综合作用下，不同地区的教育水平差距较大，传媒的发展水平差距也较大。媒介素养属于文化素养的一种，文化素养的高低取决于教育程度的高低。就城市和农村来讲，城市的青少年在日常生活中接触电视、互联网等传媒较多，教育质量也相对较高，而农村的青少年对媒体的接触相对较少，甚至在偏远山区就其义务教育的保证都很困难。倘若不分地区投入同等程度的媒介素养教育，容易造成城镇媒介素养教育资源不足或者是农村媒介教育资源的浪费。因此，分地区分城乡地进行不同程度的媒介素养教育是很有必要的。

第二，培养媒介素养组织建设，加大社会宣传力度。中国媒介素养教育还存在推广度不够的问题。除了党政系统和大学校园宣传，社会宣传效度不高，系统讨论中国本土媒介素养的书和教材十分缺乏。2013年10月由国家行政学院出版社出版了《公务员媒介素养》系列丛书，但推广度不够，很多地区的行政单位并没有统一购买这类书籍。中国更多的媒介素养教育都是空口号，且多为学术界内部的"呐喊"，政府和社会没有足够重视。现今的媒介素养教育还停留在"学术圈"，还未涉足社会中。

因此，除了针对不同行业加强媒介素养教育培养以外，应当加强"媒介素养"教育的校园组织和社会组织建设。就目前来看，中国本土媒介素养教育几乎没有正式的社会组织形成，应多向西方发达国家学习，借鉴其适用于本土的组织模式，利用社会组织扩大媒介素养教育的推广，达到社会响应。

第三，鼓励有关媒介素养的学术研究。目前，媒介素养的相关研究存在不够深入的问题。一方面，纵观近年来与媒介素养教育相关的学术论文和成果，大多是对媒介素养的概念性介绍，方法也多是直接翻译西方发达国家的那一套，极少有和中国本土相联系提出的策略。另一方面，这些研究多偏向于定性研究而非定量调查，而少有的定量调查多是靠研究者个人或临时课题组织，对象也多是小范围内的特定群体。这样是无法得到中国媒介素养的整体情况和区域、行业等对比差异的。只有用定量调查的方法了解清楚中国的大众媒介素养状况,才能依据实际来策划出符合国情、符合民众素质的媒介素养教育策略。因此,学界研究应转向定量研究,以为本土"媒介素养"教育提供数据支撑。

(二)监管和引导大众媒体

政府应该对流行语的主要传播渠道——媒体进行监管和引导。

流行语的主要传播渠道为各种媒体和口头传播,互联网络作为新媒体的主要代表,其诞生和普及改变了中国传统的信息处理发布模式,以往的"先过滤再发布"变成了现在的"先发布再过滤",这使得各类信息粮莠杂陈、鱼龙混杂,给政府维持良好社会文化风气的工作带来了较大困难。因此,政府应加强对网络传媒的监管。首先,对于负面流行语要有一定的敏感性,在传播之初就予以管控;其次,对负面流行语进行分级,对于极端恶劣的流行语应直接屏蔽;最后,对于其他一些负面的却不至于对社会造成直接破坏的流行语,应当取得网络媒体的配合,加大宣传教育和正向引导。

此外,在流行语的运用方面,政府对大众媒体的管理要采取分层分级区别化对待的策略。也就是说,政府作为高端指挥机构,不能将所有的媒体胡子眉毛一把抓,而是要将媒体进行分级,区别对待。依据和政府亲密关系的高低可以大致将当下大众媒体分为三个层次:较高层次包括党报、行政及内部报刊、网络等媒体,在这一层次中,对流行语的监管较为严格,较少运用和报道流行语,倘若要运用,必须要考察该流行语的意义、稳定性和准确性等;中等层次包括省市级网络、刊物等,在这一层次中,对流行语的监管比党政报刊要宽松,可以适当地灵活运用流行语,但对流行语的创造依旧要保持严谨的态度,不随意创造流行语;较低层次包括私营的期刊媒体,在这一层次流行语的运用是鲜活的，可以引用最新的流行语也能够合理地创造流行语。这种分级区别化对待媒体的策略能够保证流行语的活跃环境，同时也能够限制流行语不会肆意地胡乱发展。

政府对媒体进行引导，主要表现为为媒体设置议题。对于传播过程的监管是一方面，而更重要的一方面是对传播趋向的引导，这就需要谈到议题的设置工作。当下的媒体大多已完全商业化，媒体出于对利益的追求愈加偏向于迎合大众的口味。如此，便不可避免地会出现大众媒体从俗、媚俗的现象。因此，新时代的背景下，需要政府为媒体设置议题。

2012年，中央电视台推出了《走基层百姓心声》特别调查节目"幸福是什么"，走基层的记者访问了城市、农村等不同地区的各种行业身份的人，该节目得到了很高的关注度，民众的不同回答也在网络上成为一时热点，而节目中主持人提的问题"你幸福吗"迅速蹿红网络，成为当年的流行语。

当代信息传播渠道的确很多样化，但总归也有一定的宽度限制，这种主动设置议题的举动，不但引导了媒体和大众的思考方向，而且在吸引眼球的同时占领了大部分该时段的信息传播渠道，挤压了不规范流行语的传播空间，以此有效地引导流行语的发展方向。

## 三 政府规范流行语的微观策略

语言文字规范标准的研究、制定、颁布要跟上时代发展的步伐，与此相关联，已颁布规范标准的宣传、贯彻和执行更需切实落实。从上述分析可见，规范标准和引导活动与人民群众之间尚存鸿沟，要使规范标准深入语言文字使用者的心中，两者之间亟待搭建桥梁、拓展通道。对此，我们提出以下对策和建议。

(一) 编制词表、辞典

颁布法律法规的目的在于让人们有法可依、遵法而行，但宽泛的条文无法起到应有的作用，反而使得人们无所措手足。

就流行语的规范而言，无论用多少字、多大的篇幅来描述，都无法囊括所有的个体。因此，在制定流行语的规范条文的同时，还需要由政府相关部门、专家和民众合力确定动态的《推荐使用流行语表》和《禁止使用流行语表》，通过清晰的指引让民众有所取舍。所谓动态，即定时变更，增加新成员，保证与时俱进，从而确保其适用性。以上二表配合有关语言文字规范的法律法规或通知等使用，主要针对报纸、广播、电视和网站。对于以上媒体，《推荐使用流行语表》中的流行语可自由选择使用与否，《禁止使用流行语表》中的流行语禁止使用，如若发现使用，则按规定严惩不贷。对于普通民众，这两个表也具有一定的引导作用。以上二表在相关权威部门的官网发布，每月更新，各媒体自行查询，据此规范使用流行语。如此便可在一定程度上弥补法律法规过于宽泛的缺陷，使流行语使用者"用得放心"。

此外，每年可以出版具有权威性的规范的流行语辞典，以供媒体和广大民众作为选用依据。

(二) 地方立法配套

《中华人民共和国国家通用语言文字法》只确定了语言文字使用的根本原则，为语言文字的使用指明基本方向，具体的细则则需要地方立法给予配套。

例如《广东省国家通用语言文字规定》在遵循《国家通用语言文字法》的基础上，增加了激励与保障、法律责任条款，突出了政府相关职能部门如教育、广播电影电视、新闻出版、信息产业、民政、工商和语言文字工作机构等在语言文字工作中的职责。在第四章"法律责任"中，则出现了力度较重且含义明确的"行政处罚""处分"等词语。

（三）常抓监管惩处

对违令单位惩处不严，其中一个很重要的原因就是相关职能部门未尽职尽责，不重视语言文字规范工作。人民和国家赋予相关部门监管惩处的职权，各部门就应该尽职尽责，为中国的语言文字的规范和纯洁而尽心竭力。相关职能部门若真能履行义务、行使权力，往往能取得立竿见影的效果。

这样的例子并不鲜见。2015年8月，文化部集中排查了内容违规的网络音乐产品，共排查出《北京混子》《不想上学》《自杀日记》等120首内容存在严重问题的网络音乐产品。文化部要求互联网文化单位集中下架这些网络音乐产品。对拒不下架的互联网文化单位，文化部表示将依法从严查处。被列入黑名单的120首网络音乐产品，都很低俗、庸俗和恶俗，有的脏话满篇，尽是污言秽语，传递的是令人作呕的价值取向。

音乐产品是否低俗，虽然有常识判断，也有相关的认定标准，但仍然难以避免众说纷纭。文化部此次"点名道姓"，列出了120首音乐作品的歌名，既表现出文化部清理内容违规的网络音乐产品的决心，也让与此相关的互联网文化单位明确哪些是下架的对象，从而依令而行。该行动成效显著，各大互联网文化单位闻令而行，令行禁止。之所以有这样显著的效果，其原因正在于文化部打击的力度和精度。

流行语的规范也可以采用这样强力度、高精度的打击行动。目前已有许多的现成资源可以利用，例如2014年11月国家新闻出版广电总局发出《关于广播电视节目和广告中规范使用国家通用语言文字的通知》中所涉及的不规范流行语，2015年6月人民网舆情监测室公布的《网络低俗语言调查报告》中的低俗流行语等。

（四）统筹规范工作

各职能部门未齐抓共管是流行语规范工作未取得实质性成效的原因之一。有鉴于此，应指定某一职能部门统筹流行语的规范工作，以便于规范工作统一部署、整齐划一，保证每一次规范行动的广度和深度，从而避免此紧彼松、此管彼放或者此处这样管彼处那样管的现象。

（五）加强规范引导

最近，净化网络空气、构筑和谐网络的议题广受关注。有关部门就此议题展开了系列活动。其中有关语言规范的如2015年8月14日由中宣部、中央文明办、中国记协联合举办的"抵制网络低俗语言、倡导文明用语"专题座谈会。国家语言文字工作委员会、国家新闻出版广电总局等单位有关负责人，中央和北京市新闻单位、网站以及社会有关方面代表和学者40余人出席座谈会。又如2015年6月18日正式启动的由国家互联网信息办公室指导，新华网主办，人民网、中国网、央视网、中国新闻网、光明网、新浪网、腾讯网、新浪微博协办的"2015中国好网民"流行语与故事征集活动。

这些活动都由核心部门发起，立意颇高，但正如前文所言，难以落到实处。引导民众规范使用流行语应采取春风化雨、润物细无声的方式，而非轰轰烈烈的"活动"。轰轰烈烈往往意味着其至也急，其去也速，还未调动起大众的积极性，活动已戛然而止。

春风化雨、润物细无声的方式，其来也渐，其入也深，在不知不觉中已深入人心。规范使用流行语的引导工作不能一哄而上，需在日常下功夫，需在平时无声地滋润心田。有鉴于此，我们认为可以从多个方面着手引导公众规范使用流行语。

第一，制作公益广告。公益广告为非商业性广告，是社会公益事业的一个最重要部分，具有相当特别的社会性。公益广告的主题具有社会性，其主题内容存在深厚的社会基础，它取材于老百姓日常生活中的酸甜苦辣和喜怒哀乐。它运用独特的创意、深刻的内涵等手段来传达鲜明的立场及健康的思想，从而正确引导社会公众。公益广告是面向全体社会公众的一种信息传播方式，所以公益广告拥有最广泛的广告受众。公益广告容易深入人心，因为它根植于社会现象，解决与普通大众息息相关的社会问题，这就更容易引起公众的共鸣。

流行语的规范问题是与每一个社会成员密切联系的社会问题，公益广告在这一问题上同样可以发挥其强大的引导作用。目前，尚未见针对规范使用流行语而制作的公益广告。但近期由国家互联网信息办公室主办的"2015中国好网民"公益广告设计活动对此已有所涉及。"2015中国好网民"公益广告设计活动面向全国普通网民、高校师生、广告、影视创作爱好者以及广告公司等专业机构，广泛征集平面和视频公益广告作品，通过网络投票及专家评审的方式评出获奖作品。之后将会在全国范围推广本次活动的优秀获奖作品。这种"从民间来，到民间去"的公益广告征集活动值得借鉴。

第二，策划电视节目。几乎所有的电视节目都可为流行语的规范工作所用，其中能以专题方式呈现的主要有综艺节目。

在此方面，有一些成功的案例可资借鉴，例如《中国汉字听写大会》《中国成语大会》等。这些综艺节目以非常单纯、简朴的状态呈现，但却可以吸引观众在电视机前同步参与，在游戏中学习知识、领略汉字、汉语之美。电视台完全可以以流行语为素材，以规范流行语为主旨，筹划一档综艺节目。通过此节目，可以全民赏析优秀流行语，抵制低劣流行语。例如可以设计同义词或同义短语替换环节，以质量低劣、品位不高的流行语为题，让选手以语言中已有的符合规范、表意更准确的词语来加以替换。如此可以引导大家发掘汉语词汇的表现力，调动大家认真掌握汉语中固有词语的积极性。最近流行的将流行语翻译成文言文的游戏便有可借鉴之处，例如"你这么厉害，咋不上天呢？"译为"汝乃天骄，何不上九霄？"、"撩妹/撩汉"译为"挑兮狎兮，欲成吾妻；逗乎昵乎，终成吾夫""友谊的小船，说翻就翻"译为"与子同游，动辄覆舟""宝宝心里苦，但宝宝不说"译为"孺子含辛，隐忍不噴""老司机带带我"译为"太仆老识途，携我同游乎""我已经使出了洪荒之力"译为"太古滔滔之气，一泄于此""鬼知道我经历了什么"译为"阳世之人，未解吾之千千劫也""A4腰"译为"一纸束楚腰"。

　　第三，创作相声、小品。相声和小品是群众喜闻乐见的表演形式，它扎根于民间、源于生活，语言幽默，内容与时俱进、针砭时弊。现实社会中的热点话题往往是相声、小品创作的源头活水，因此它的内容往往是普通民众耳熟能详密切关注的事件或社会现象，以此为内容的相声、小品作品极能引起受众的兴趣。相声、小品的欣赏过程能够更好地实现"寓教于乐"的目的，在笑声中受到了潜移默化的教育，因而相声、小品艺术深受广大群众的欢迎。相声、小品创作者不妨创作一些有关流行语的作品，惩"恶"扬"善"，使受众提高规范意识。应该有以流行语规范为主题的相声和小品出现在春节联欢晚会中，以传递正确的流行语使用观并引发观众对不规范流行语"横行"现象的思考，而不仅仅是在春晚节目中沿用毫无新意的流行语或试图创造一些并不高明的"流行语"来博观众一笑。

第四，开设课程、讲座。最爱使用流行语的是青少年，而大多数青少年尚集中于校园之中，这一高频使用流行语的人群的集中性为流行语的规范提供了契机——将流行语使用作为一门课程来对待。学校不妨将流行语使用作为课程来教学，进行规范，特别是针对学生使用频率高、容易使用的流行语进行规范，引导学生区分优劣与雅俗。同时，也可以邀请一些专家学者走进校园、走进课堂，举行有关流行语规范的讲座。

## 第三节 大众媒体在流行语规范工作中的责任

此处所谓的大众媒体主要指面向大众的报刊、广播、电视和互联网等。大众媒体主要运用语言来传播信息，因此大众媒体在向大众传播信息的同时，也在传播语言。更为重要的是，大众媒体具有语言方面的"示范"作用。所以，大众传媒在规范流行语方面责任重大。要肩负起这一责任，大众媒体需要从多个方面努力。

### 一 建设高素质的新闻队伍

大众媒体是传递信息的媒介，要求准确如实地传达信息，不能使用不规范的语言，更不能随意创造不规范的词语。流行语的不规范问题在某种程度上直接反映了中国大众媒体道德的缺失。大众媒体在报道社会热门新闻和恶性事件时，往往罔顾事实真相和媒介素养，倾向于利用各种批判、粗俗、庸俗、骂詈之流行语来吸引眼球，从而加速了不规范流行语的传播和泛滥。

大众媒体是流行语得以传播的主要渠道，各媒体若能把好源头关，便可在极大程度上削减不规范流行语的泛滥之势。因此，大众媒体要真正担负起这一责任，就必须提高媒介素养，建设高素质的新闻队伍，不为不合语法规范、格调低下或内容粗鄙的不规范流行语提供传播渠道。

大众媒体是民众接收信息的第一道过滤器，只有大众媒体有了责任意识，同时媒体人有了承担责任的能力，才能够在浩繁的信息中择取有助于民众的、有助于社会文明建设的信息。就流行语的规范而言，一方面，媒体人应充分认识不规范流行语的危害，从而培养自己的责任意识，杜绝不规范流行语通过大众媒体传播的现象；另一方面，媒体人应主动学习语言文字规范理论，培养识别不规范流行语的能力。

## 二 自觉使用规范文明用语

不规范流行语有多方面的危害，而这些危害可能因为大众媒体的广泛传播而扩大。因此，大众媒体要自觉使用规范文明用语，坚决抵制不规范流行语。

媒体在向大众传播信息的同时，也在向社会传播语言与语言规范。媒体的语言实践对语言规范的形成和发展起着相当重要的作用。语言文字规范工作要以新闻媒体为榜样，媒体应当十分重视自己的语言运用，为社会树立语言运用的榜样。

大众媒体在自觉使用规范文明用语的同时，还要坚决抵制和拒绝使用不规范的流行语。抵制不规范流行语，大众媒体至少可可以从三个方面着手。首先，不使用不规范流行语。不以猎奇的心态使用不规范流行语，更不能为了吸引受众眼球、增加文章的吸引力而去使用不规范流行语。其次，不创造不规范的新词语。一些大众媒体为了表现自己独树一帜的风格或者是为了追寻一种创新的形式，在报道中自己试图标新立异地"创造"一些词语。这些看似成功的创造或许可以吸引受众的注意力，一时间从众多的报道中脱颖而出，但这是极不负责任的示范。最后，呼吁大众抵制不规范流行语。大众媒体应充分利用其社会影响力大、受众面广的优势，及时发布国家所颁布的语言文字规范方面的政令法规，还可以结合实际的语言生活对政令法规进行阐释，以使大众更好地理解、领会其内涵。

大众媒体不仅要坚决抵制不规范流行语，而且要对那些因疏忽而使用不规范流行语的现象进行内部纠正和外部校准。早在1948年，毛泽东在《对晋绥日报编辑人员的谈话》一文中就明确指出："报上有了错字，就把全报社的人员集合起来，不讲别的，专讲这件事，讲清楚错误的情况，发生错误的原因，消灭错误的办法，要大家认真注意。这样讲上三次五次，一定能使错误得到纠正。"[①] 无论什么时代，这一认真对待语言文字问题，纠正语言文字错误的方法都是不会过时的。对待错字是如此，对待不规范的流行语亦不例外。大众媒体除了可以自我内部纠正外，还可聘请语言学家进行外部的监测和校准。例如，20世纪80年代，BBC每年都会聘请一位语言学家监听它的新闻和评论，找出其中错用的字或不符合语法的句子，公之于世。这样既可以改进工作，也可以"纯洁"语言。

---

[①] 《毛泽东选集》第4卷，人民出版社1978年版，第178页。

### 三 积极主动引领公众舆论

大众媒体既要满腔热情为受众服务，又要切实肩负起引领公众舆论的主体责任。

大众媒体应提升流行语敏感性，深入分析不规范流行语泛滥的社会危害，注意疏导民众情绪，引导公众自觉维护良好的舆论氛围。有些频繁为大众媒体所使用的流行语带有明显情感色彩和意志，如"大妈""官二代""富二代""砖家""叫兽""医牲"等。这些流行语中隐含了微妙的感情色彩，极易引发接受者头脑中的刻板印象，将它们与不相干的经验和感情联系在一起，从而加深大众的仇富、仇官和反智的心理，不利于社会的和谐稳定和进步。当新闻报道中的当事人被贴上这些"标签"的时候，事件本身的客观性已被大大削弱。有网民感叹当下的网络舆论逻辑："警察和平民，警察错；城管和小贩，城管错；公务员，和谁冲突都错；官员，逢事必错；两个普通人，有钱的一方错；医院和病号，医院错；男人和女人，男人错；两个开车的打架，开好车的那个错。"面对这些畸形逻辑，大众媒体难辞其咎。

大众媒体对此类流行语要有高度的敏感性和预见性，不能随大流地（有的甚至故意）运用这些流行语，推波助澜。而应该客观真实地报道相关事实真相，安抚民众情绪，引导大众客观、冷静地对待这些个案，不能以偏概全。

## 第四节 个体在流行语规范工作中的责任

将流行语的发展引上一条健康文明的道路，不仅需要大众传媒从传播源头上的控制，还需要政府对大众媒体的监督和社会文化风气的引导，更重要的是个体——作为流行语的创造者、接受者和传播者需要提高自我的媒介素养，增强语言羞耻心。

## 一　提高自我媒介素养

当下学术界许多对"媒介素养"的研究着重于网络传媒，忽略了"媒介信息"的广泛内涵。流行语作为一种语言符号，也是媒介信息的一种。个体是流行语的创造者、传播者以及接受者，因此要革除不规范流行语的弊端，必须提升个人的自我媒介素养。

自我媒介素养是个人素养水平的组成部分，自我媒介素养的培养和提升，有助于我们整个人素养的提高，进而有助于提高整个社会文明的程度。在自媒体时代，人人都可以是新闻发布者，人人都是业余媒体人。因此，个体提高媒介素养有着更为重要的意义。

就流行语而言，要达到提升自我媒介素养，就要了解什么是流行语，哪些是不规范流行语。对于某一个具体的流行语，我们需要知道它表达的表面义、它的引申义，它产生的社会背景和它适用的语境。倘若我们能够对流行语做这般审视，不但可以从当下盛行的流行语中得到更多的信息和知识，有利于自我思考，更能够避免因为不明就里而盲从。所以对待一个自己不了解的流行语，个体需要去全方位地认识和辨析，这样才能避免使自己成为一些不规范流行语的传播者。

## 二　增强"语言羞耻心"

语言羞耻心至少有两方面的内涵：一是以规范地高水平地使

用语言文字为荣，以语句不畅、错别字连篇为耻；二是从言语内容中所反映出的人的羞耻心、道德感。现在不少人失却了"语言羞耻心"，有些人为寻求所谓的新的"话语"，而一味地要"超越语言"，有意破坏语言结构规律；更有些人不避低俗、暴力甚至污秽的流行语，甚而以此为个性。

《网络低俗语言调查报告》指出，网络语言环境中低俗语言的使用，主要有以下三个方面的现象：以情绪发泄为目的的谩骂；以恶意中伤为手段的语言暴力；以粗鄙低俗为个性的表达。上述三个方面的现象无不与不规范流行语有关，无不体现出大众"语言羞耻心"的泯灭。

言由心生，就不规范的流行语被滥用而言，语言羞耻心的泯灭是道德羞耻心失落的外在表现。纵观网络日常聊天语言，低俗、污秽、带有性别歧视的不规范流行语随处可见。尼玛、屌丝、逗比、砖家/叫兽、艹、你妹、装逼、草泥马、我靠/我擦/我肏、屮艸芔茻、妈蛋、逼格、特么的、撕逼、滚粗、蛋疼、小婊砸、傻×、跪舔、绿茶婊/心机婊、碧莲、碧池、土肥圆、你M的、矮矬穷、焚蛋/坟蛋等字眼屡见不鲜。这些流行语明显背离传统道德观、社会主义价值观和审美观，造成严重的语言污染，给人们的社会生活及社会的道德建设和精神文明建设带来巨大的阻力。

在此状况下，我们必须从强化个体道德素养的角度来解决个体语言羞耻心丧失的问题。从一定程度上来讲，这是解决问题的基本途径之一。只有内在的道德和价值观，才能真正自始至终地指引、约束和规范一个人的行为，使之拒绝接受和使用不规范的流行语。

流行语的规范工作是长期的任务，我们必须坚持不懈地做下去。因为这个问题是涉及全社会不同领域、不同阶层、不同年龄的社会问题,所以必须调动与之相关的所有力量,才能逐步见到成效。全体社会成员应该加强规范意识,并且身体力行;政府相关职能部门必须加强法律法规及相关制度建设;媒体必须加强队伍素质建设,把好语言的质量关;专家学者必须积极研究,解释这一语言现象,并建言献策。

最后,需要指出的是,流行语是语言词汇发展中的新成分,是任何社会、任何时代都会出现的一种反射镜,不规范的流行语只是众多流行语中的少部分,我们不应因噎废食,不能因为流行语中存在不规范的成分就否定流行语的社会价值。

# 参考文献

## 一 专著

[英]安东尼·吉登斯:《社会学:批判的导论》,郭忠华译,上海译文出版社2013年版。

曹林:《不与流行为伍——对中国社会流行谬误的批判》,中国发展出版社2013年版。

陈原:《在词语的密林里》,生活·读书·新知三联书店2005年版。

[英]戴慧思:《中国都市消费革命》,黄菡等译,社会科学文献出版社2006年版。

[美]戴维·斯沃茨:《文化与权力——布尔迪厄的社会学》,陶东风译,上海译文出版社2012年版。

[美]道格拉斯·凯尔纳:《媒体奇观——当代美国社会文化透视》,史安斌译,清华大学出版社2003年版。

[美]道格拉斯·凯尔纳:《媒体文化:介于现代与后现代之间的文化研究、认同性与政治》,丁宁译,商务印书馆2012年版。

樊浩等:《中国大众意识形态报告》,中国社会科学出版社2012年版。

方心清、王毅杰：《现代生活方式前沿报告》，社会科学文献出版社2006年版。

高虹：《流行词语看中国（1978—2008）》，四川文艺出版社2008年版。

郭大松、陈海宏编：《五十年流行词语1949—1999》，山东教育出版社1999年版。

郭沫若：《中国古代社会研究》，新文艺出版社1952年版。

侯敏、周荐主编：《2010汉语新词语》，商务印书馆2011年版。

侯敏、邹煜主编：《2012汉语新词语》，商务印书馆2013年版。

黄宏：《传媒素养教程》，浙江大学出版社2013年版。

季羡林：《中外文化交流漫谈——从西域文化的传入谈起》，北京大学出版社1996年版。

［英］劳雷尔·J.布林顿、［美］伊丽莎白·洛克斯·特劳戈特：《词汇化与语言演变》，罗耀华等译，商务印书馆2013年版。

［美］路易斯·亨利·摩尔根：《古代社会》，杨东莼、马雍、马巨译，商务印书馆1977年版。

［美］罗洛·梅：《权力与无知——寻求暴力的根源》，郭本禹、方红译，中国人民大学出版社2013年版。

［美］罗纳德·英格尔哈特：《发达工业社会的文化转型》，张秀琴译，严挺校，社会科学文献出版社2013年版。

［美］罗纳德·英格尔哈特：《现代化与后现代化》，严挺译，祁玲玲校，社会科学文献出版社2013年版。

［美］马尔科姆·格拉德威尔：《引爆点——如何制造流行》，钱清、覃爱冬译，中信出版社2013年版。

毛泽东：《毛泽东选集》第3卷，人民出版社1953年版。

毛泽东：《毛泽东选集》第4卷，人民出版社1978年版。

［美］N. 尼葛洛庞帝：《数字化生存》，胡泳、范海燕译，海南出版社1996年版。

［美］瑞秋·卡森：《寂静的春天》，晨星出版社（台湾）1997年版。

宋子然主编：《100年汉语新词新语大辞典》，上海辞书出版社2014年版。

孙卫华：《网络与网络公民文化——基于批判与构建的视角》，中国社会科学出版社2013年版。

王俊秀、杨宜音主编：《中国社会心态研究报告（2012—2013）》，社会科学文献出版社2013年版。

王晓明：《人文精神寻思录》，文汇出版社1996年版。

［美］威尔伯·施拉姆、威廉·波特：《传播学概论》（第二版），何道宽译，中国人民大学出版社2010年版。

夏中华主编：《中国当代流行语全览》，学林出版社2008年版。

熊忠武主编：《当代中国流行语辞典》，吉林文史出版社1992年版。

徐朝晖：《当代流行语研究》，暨南大学出版社2013年版。

赵毅衡：《符号学原理与推演》，南京大学出版社2011年版。

赵元任：《赵元任语言文学论集》，商务印书馆2002年版。

## 二 期刊论文

曹林：《聋子听到哑巴说瞎子看到鬼了》，《采写编》2012年第3期。

陈建飞：《报纸标题傍网络流行语的现象辨析》，《新闻实践》2010年第9期。

关凯：《互联网与文化转型：重构社会变革的形态》，《中山大学学报》(社会科学版) 2013 年第 3 期。

郭莲:《中国博士生与中国公众价值观的比较——"后现代化理论"的验证研究》,《大学·研究与评价》2008 年第 3 期。

郭龙生、孙振国:《媒体语言应用中的问题及对策》,中国应用语言学会编《第三届全国语言文字应用学术研讨会论文集》,香港科技联合出版社 2004 年版。

侯敏:《2010 年度新词语解读》,《语言文字应用》2011 年第 4 期。

胡青青:《网络语言的伦理思考》,《湘潭大学学报》(哲学社会科学版) 2014 年第 6 期。

黄立平、曾子毅:《出"奇"出"彩"出"折"出"新"——谈演讲词写作中的"出格"艺术》,《秘书之友》2015 年第 6 期。

姜胜洪:《当前我国网络流行语中的舆情分析》,《未来与发展》2010 年第 6 期。

劲松:《流行语新探》,《语文建设》1999 年第 3 期。

鞠玉梅:《修辞的本质与功能——兼论修辞与和谐社会的构建》,《福建师范大学学报》(哲学社会科学版) 2007 年第 6 期。

孔国庆、董宜彦:《网络流行语在高校思想政治理论课教学中的有效渗透研究》,《黑龙江高教研究》2010 年第 11 期。

黎昌友:《网络谐音流行语的生成渠道及特点》,《广西社会科学》2009 年第 2 期。

李靖:《流行语之生成理据考察——以〈咬文嚼字〉公布的流行语(2008—2012)为例》,《现代语文》(语言研究版) 2013 年第 7 期。

李丽:《从社会方言与时间方言的角度看当代大学生流行语》,《考试周刊》2010 年第 8 期。

梁华凝、曹立波：《刍议大众流行语的发展》，《前沿》2011年第22期。

梁艳：《现代流行语及其社会文化心理再探》，《西昌学院学报》（社会科学版）2010年第3期。

刘大为：《流行语的隐喻性语义泛化》，《汉语学习》1997年第4期。

刘冬冰、班吉庆：《大众媒体用字规范问题简论——以〈扬子晚报〉为例》，《南京林业大学学报》（人文社会科学版）2011年第2期。

刘红松：《从流行语看词语规范》，《淮北职业技术学院学报》2006年第4期。

刘泽权、张丹丹：《我国当前流行语的语言学与社会学分析》，《燕山大学学报》（哲学社会科学版）2010年第3期。

鲁科颖、杨文全：《当代汉语流行语再探》，《西南民族大学学报》（人文社会科学版）2006年第3期。

眸子：《语言生活与精神文明》，《语文建设》1997年第1期。

聂汉琳：《流行语"貌似"的语料研究》，《内蒙古农业大学学报》（社会科学版）2010年第1期。

潘苏悦：《流行语的语言变异探析——以2009—2012年十大流行语为例》，《学术探索》2013年第12期。

邱雪玫、姜莹：《从流行语定义的嬗变看流行语对现代汉语词汇、语法系统的渗透》，《淮海工学院学报》（社会科学版）2010年第2期。

沈娜：《网络流行语"泪"的动词用法及其相关构式》，《现代语文》2010年第8期。

宋子然：《〈汉语新词新语年编〉举例》，《四川师范大学学报》

（社会科学版）2004 年第 5 期。

王冬佳：《当下大学校园流行语特征浅析》，《考试周刊》2010 年第 4 期。

王仕勇：《近十年我国网络流行语研究综述》，《重庆工商大学学报》（社会科学版）2012 年第 5 期。

王晓红：《从校园流行语分析大学生的个性心理》，《语文学刊》2006 年第 2 期。

王勇、赵晓光：《校园流行语的符号学——心理学视角研究》，《山东教育学院学报》2010 年第 5 期。

王云辉：《试析语言学视野下的流行语"美女"》，《现代语文》2010 年第 2 期。

吴学琴：《日常生活化的意识形态与新中国流行语的变迁》，《马克思主义研究》2010 年第 3 期。

吴振兴、杨小平：《当代影视中的流行语传播与接受》，《文艺争鸣》2011 年第 4 期。

夏中华：《关于流行语流行的基本理据的探讨——基于近三十年汉语流行语的考察和分析》，《语言文字应用》2010 年第 2 期。

夏中华：《关于流行语性质问题的思考》，《语言文字应用》2012 年第 1 期。

杨萍：《网络流行语：网民自主话语生产的文化景观》，《今传媒》2010 年第 5 期。

张蕾：《近三十年中国流行语的文化阐释》，《文艺研究》2011 年第 12 期。

张丽红：《大学校园流行语的模因理据分析》，《湖北广播电视大学学报》2010 年第 5 期。

张家瑞、高蓓蓓：《网络流行语的秘密：模因》，《四川教育学院学报》2010年第2期。

赵丽娜、沈向荣：《流行语的特点及语言学、心理学解释》，《江西科技师范学院学报》2007年第1期。

赵毅衡：《反讽：表意形式的演化与新生》，《文艺研究》2011年第1期。

赵毅衡：《中国符号学六十年》，《四川大学学报》（哲学社会科学版）2012年第1期。

赵毅衡：《重新定义符号与符号学》，《国际新闻界》2013年第6期。

赵曰超、秦启文、梁芷铭：《网络流行语流变规律研究——对2003年至2012年网络流行语的分析》，《新闻界》2013年第14期。

郑崇选：《三十年流行语中的当代消费文化变迁》，《上海商学院学报》2010年第5期。

郑庆君：《流行语"被+××"现象及其语用成因》，《西安外国语大学学报》2010年第3期。

## 三 学位论文

曹卫明：《近三十年流行语研究》，硕士学位论文，浙江大学，2010年。

贾伟：《青年文化对当代大学生思想影响研究》，硕士学位论文，西北民族大学，2014年。

李金来：《论文学的精神生态价值》，硕士学位论文，苏州大学，2009年。

李靖：《双关辞格的多角度论析》，硕士学位论文，天津师范大学，2012年。

李娟：《基于生态语言学理论的现代汉语流行语研究》，硕士学位论文，西北大学，2012年。

罗丹:《网络中自我伦理危机及其消解》,硕士学位论文,南京信息工程大学,2012年。

吕红波:《论语文教育对时尚用语的化用》,硕士学位论文,湖南师范大学,2008年。

牟莉:《近十年国内新闻流行语研究》,硕士学位论文,重庆师范大学,2014年。

南海英:《2008—2011年流行语研究》,硕士学位论文,黑龙江大学,2012年。

乔峥:《大众媒体公共权力的泛化风险与对策分析》,硕士学位论文,西北大学,2013年。

史永浩:《2010年度新词语研究》,硕士学位论文,河南大学,2012年。

王锋:《当代汉语流行语语义语境问题探析》,硕士学位论文,广州大学,2011年。

韦玉梅:《论网络负面社会心理的成因及调控》,硕士学位论文,广西民族大学,2012年。

谢语蔚:《多元媒体时代大都市城市形象的建构与传播》,硕士学位论文,西南政法大学,2012年。

徐晨:《流行语与社会文化心理嬗变研究》,硕士学位论文,华中师范大学,2006年。

徐佳:《现代流行语研究》,硕士学位论文,天津大学,2010年。

张陈晨:《近十年流行语研究》,硕士学位论文,安徽大学,2012年。

张莉萍:《新闻标题语言运用研究》,硕士学位论文,安徽大学,2010年。

张丽萍:《央视春晚中的农民形象再现研究》,硕士学位论文,西北师范大学,2011年。

# 后　记

　　本书是本人 2010 年国家社会科学基金项目"当代流行语的社会价值研究"（项目编号：10XSH013）的最终成果之一。其另一成果，名为《100 年汉语新词新语大辞典》，其初衷是供本书研究的资料性纂辑，但后来却编辑为辞典，由上海辞书出版社提前于 2014 年出版。本书属于研究性文字，一方面由于作者水平有限，另一方面是"流行语"这个论题政治敏感度高，新闻与出版部门尤其是近几年来审查得很严，书中的例子几经删改，所以迟至今日方得脱稿出版。

　　本书关于当代流行语的社会价值研究，力求在研究理念、研究方法，特别是研究视角方面探索创新。从社会学的视角看，流行语是一种社会现象。它的价值在于社会历史的变迁、社会生活的变化都能在流行语中得到反映。从语言学角度讨论流行语，除了要考虑其流行性外，还必须考虑其创新性。只有语音、语义、语法的创新，才能赋予流行语以附着力，从而使之具备流行性能。研究当代流行语还应该借鉴中国传统文化的研究精华，如孔子将《诗经》里流行歌谣的社会作用归纳为四点："兴""观""群""怨"，大意是激发情志、观察世界、结群交好、讽怨时弊。

这是我国有名的古代文论经典，也大致概括了当代流行语的社会价值，本书予以现代化的诠释并加以借鉴吸取。本书首次尝试引入生态批评理论、符号学理论、社会奇观理论对当代流行语的社会价值进行分析研究，使我们更容易窥见流行词语所承载的意义价值和文化心理，这对于我们更好地监控、规范流行语的使用具有重要作用。

全书共五章，著者三人，其分工情况是：本人因是项目负责人，所以署名在先，负责全书篇章统筹设计，并具体撰写第四章内容；王勇撰写的是第二、五章，并负担全书电脑编排组织工作；李金来撰写的是第一、三章。本书所采用的研究新视角，如"当代流行语的生态批评研究""当代流行语的符号学研究""当代流行语的奇观研究"，敬请读者不吝指正。

本书第三章第二节"当代流行语的符号学研究"成稿之后，曾请国内著名符号学专家四川大学赵毅衡教授审读，谨书此以致谢忱。

宋子然
2020 年 9 月 19 日